AF377734

La conexión anunnaki

HEATHER LYNN

La conexión anunnaki

Deidades sumerias, ADN alienígena y el destino de la humanidad

EDICIONES OBELISCO

Nota del traductor y el editor

Los tiempos y la justicia social exigen que nos enfrentemos a nuevos retos que, hace ya mucho tiempo, deberían haberse asumido. Uno de ellos es el del lenguaje de género, y sin duda el castellano no es un lenguaje fácil para conciliar la igualdad de género.

A lo largo de este texto, se ha intentado equiparar géneros en el lenguaje. Considérese ésta una advertencia para que nadie se asombre ante la utilización indistinta del masculino o el femenino en el uso de sustantivos o adjetivos.

Colección Crónicas de la Tierra
La conexión anunnaki
Dr. Heather Lynn

1.ª edición: noviembre de 2021
Título original: *The Anunnaki Connection*

Traducción: *Antonio Cutanda*
Corrección: *Sara Moreno*
Diseño de cubierta: *TsEdi, Teleservicios Editoriales, S. L.*

© 2020, Dr. Heather Lynn
(Reservados todos los derechos)
© 2021 Ediciones Obelisco, S. L.
(Reservados los derechos para la presente edición)

Edita: Ediciones Obelisco, S. L.
Collita, 23-25. Pol. Ind. Molí de la Bastida
08191 Rubí - Barcelona - España
Tel. 93 309 85 25
E-mail: info@edicionesobelisco.com

ISBN: 978-84-9111-779-7
Depósito Legal: B-16.391-2021

Impreso en los talleres gráficos de Romanyà/Valls S. A.
Verdaguer, 1 - 08786 Capellades - Barcelona

Printed in Spain

*Dedicado a aquellas personas
que trasnochan para soñar,
cuando el resto del mundo sigue
dormido en la oscuridad.*

Prefacio

Como humanos finitos que somos, llevamos a cabo una búsqueda incesante de nuestro lugar dentro de un cosmos infinito. Para las gentes de la antigüedad, la experiencia humana era de carácter dual, fuera el bien frente al mal, la luz frente a la oscuridad o el cielo frente a la tierra. Según el gran experto en mitología comparada Joseph Campbell, «Todo en el campo del tiempo son pares de opuestos» (Campbell, 2012, p. 125). Nuestra propia historia está arraigada en la dualidad, pero, como también señaló Campbell, el pensamiento mítico trasciende la dualidad. Y es a través del pensamiento mítico como podemos apreciar plenamente la profunda conexión que tenemos con los anunnaki. En este libro nos ocuparemos del tema de los anunnaki, de los orígenes de la humanidad y de los extraterrestres con el respeto y la seriedad que merecen. Pero, antes de intentar comprender las conexiones que se proponen en este estudio, tendremos que abordar primero lo que entendemos por el término mito.

Normalmente, se acepta que los mitos constituyen la forma en la que la gente de la antigüedad explicaba lo inexplicable. Sin embargo, esta interpretación no es del todo satisfactoria y, por otra parte, da escaso crédito a nuestros distantes antepasados. Personalmente, sostengo que el mito no es una búsqueda de significados, en tanto en cuanto los significados son productos de la mente racional; más concretamente, del hemisferio izquierdo, la sección lógica del cerebro, que conecta los detalles del presente para categorizar y organizar la información. El hemisferio izquierdo piensa en términos de lenguaje, y es la voz interior que establece significados entre el mundo interno y el externo. Sin embargo, el mito, por su propia naturaleza, dispone del potencial para trascender incluso esta dualidad interior. El lenguaje del mito no es en modo alguno racional, pero tampoco es irracional. Es pre-racional. El mito es el lenguaje de los sueños, los símbolos y los arquetipos. Es el modo en el que las personas de la antigüedad –y, con el tiempo, nosotras– compartimos nuestras percepciones universales y nuestras visiones del mundo entre nosotras. Así pues, los dioses, las diosas y los mitos de la antigüedad no deberían juzgarse exclusivamente desde una perspectiva racional, sino que deberían valorarse por su capacidad para trascender tanto el tiempo como el espacio. Es esta naturaleza trascendente del mito la que puede abrir la puerta para la ascensión de la propia humanidad.

Agradecimientos

Me gustaría dar las gracias, en primer lugar, a toda la plantilla de Red Wheel/Weiser, sobre todo a mi editor en New Page Books, Michael Pye, por su inmensa fe y su paciencia. Gracias a tantos investigadores e investigadoras alternativas como me han inspirado y me han llevado a formularme preguntas de mayor alcance, sobre todo a Michael Cremo, por animarme a ir siempre un paso más allá. Gracias a Gary A. David, por la devoción que puso en sus investigaciones y por compartirlas conmigo y con el mundo. Gracias al doctor John DeSalvo, por su sabiduría y, más importante aún, por su amistad. Gracias también al incomparable Edmund Marriage. Y, por último, pero no menos importante, gracias a mis lectoras y lectores por la valentía exhibida al aventurarse a ir más allá de la narrativa histórica establecida para explorar ideas radicales y posibilidades revolucionarias.

Conectando los puntos

La omisión es la más poderosa forma de mentir, y es deber del historiador asegurarse de que esas mentiras no consigan introducirse en los libros de historia.

GEORGE ORWELL, novelista británico

Durante los últimos doscientos años, el antiguo Egipto atrapó nuestra imaginación. La campaña napoleónica de Egipto en los territorios otomanos de Egipto y Siria –expedición que llevaría al descubrimiento de la piedra de Rosetta– puso en marcha un fenómeno conocido como *egiptomanía*. Tan extendida fascinación con el antiguo Egipto se acrecentó con el descubrimiento de la tumba del rey Tutankamón por parte de Howard Carter, en 1922. Y la egiptomanía aún es reconocible en la cultura posmoderna en todas partes, desde el entretenimiento hasta la arquitectura.

En este nuevo milenio, una civilización diferente y aún más antigua, la de los sumerios, ha atrapado también la imaginación de muchas personas en todo el mundo, sumergiéndonos en otra manía más: la *Sumer-manía*. Gracias a Internet, nos encontramos con información sobre los sumerios por todas partes, especialmente sobre su panteón de dioses y diosas, conocidos como los anunnaki. En el momento de escribir este libro, la búsqueda de la palabra «sumerio» en YouTube nos ha dado 762 000 resultados, mientras que el término «anunnaki» ofrecía más de 509 000. Ésta es la muestra de una pujante fascinación en casi todos los medios. Lo que en otro tiempo fue una subcultura se está convirtiendo poco a poco en cultura dominante, y por buenos motivos. Los sumerios fueron ciertamente excepcionales en muchas cosas, como descubrirás a lo largo de este libro. Fueron tan excepcionales que incluso el mundo académico se ha llegado a obsesionar con preguntas no resueltas acerca de quiénes fueron realmente los sumerios y de dónde vinieron. Los expertos creen que todos los pueblos conocidos de la región de Mesopotamia hablaban lenguas semitas, pero los sumerios no, y esto plantea lo que muchos han llamado «el problema sumerio».

Propuesto por el profesor Jonathan Ziskind en 1972, el problema sumerio se plantea cómo puede ser que la lengua sumeria fuera única entre los pueblos del Oriente Próximo de la antigüedad; todo apuntaría a que deberían haber emigrado de algún otro lugar lejano (Ziskind, 1972, p. 41). Pero la lengua sumeria no es lo único que sitúa a esta antigua civilización aparte del resto. Sus conocimientos del cosmos eran sorprendentes por su precisión, tanto, que influirían posteriormente en civilizaciones tan avanzadas como la de Egipto, Grecia e incluso nuestra propia cultura moderna. ¡No resulta difícil comprender por qué los sumerios resultan tan fascinantes!

Sin embargo, la creciente obsesión por los sumerios y los anunnaki plantea más preguntas que respuestas. Aunque algunos autoproclamados expertos han propuesto intrigantes teorías alternativas acerca de los anunnaki, muchas de estas teorías caen en uno u otro de los diversos sesgos que socaban sus argumentos. En primer lugar, apoyan sin cuestionarse la obra de Zecharia Sitchin, un economista y asiriólogo aficionado que dio una interpretación singular a los mitos sumerios, fomentando la teoría del paleocontacto o, como la industria del entretenimiento la llama ahora, la «teoría de los astronautas de la antigüedad». En el extremo opuesto, hay también académicas y académicos convencionales que estudian a los sumerios y a los anunnaki. La mayoría de estas personas son titulares de puestos en las universidades y no admiten teorías alternativas. El absoluto descrédito que estos pocos investigadores vierten sobre los primeros impide que un creciente número de personas que exige saber la verdadera historia de los anunnaki pueda conectar los puntos. Tal cerrazón mental no sirve para otra cosa más que para dividir aún más el campo; pero, por desgracia, estas académicas también dan la impresión de estar ocultando algo en lo más profundo de su torre de marfil universitaria. Y lo único que consiguen con este secretismo es incrementar extraordinariamente las especulaciones.

En su infinita sabiduría, mi abuela, que era de los Apalaches, solía decir que quienes no tienen nada que ocultar no ocultan nada. Así pues, ¿qué podrían estar ocultando estas personas? Esa creciente división y secretismo ha dado lugar a un abismo que algunos oportunistas buscan ahora rellenar con una fantasía desbordada a fin de vender innumerables libros, DVD, rutas guiadas y mucho más. Las creencias populares van desde lo mundano hasta lo fantástico: evidencias de gigantes, de extraterrestres, de tecnología en la antigüedad, etc. Pero ¿qué hay de verdad? La humanidad tiene derecho a saber.

Estamos viviendo en una era en la que pocas son las personas que intentan genuinamente resolver los misterios de la antigüedad. Pero esas pioneras intelectuales, que lo arriesgaron todo para ofrecernos formas diferentes de abordar los textos antiguos, las civilizaciones perdidas y la verdad sobre el origen de la humanidad, han ido desapareciendo. Todavía quedan unas pocas que siguen luchando por lo que creen, pero no se puede negar que no les queda mucho tiempo. Para ellas es habitual despertarse de pronto una mañana y enterarse de que otro gran investigador ha fallecido.

¿Dónde nos deja eso a todas aquellas personas que seguimos haciéndonos preguntas sobre estos grandes misterios? Enciende la televisión por cable cualquier día de la semana y te encontrarás con maratones de programación donde se embellece el trabajo de estas investigadoras e investigadores. Algunos programas llegan tan lejos que incluso resultan cómicos. ¿Acaso el estudio de esta gran civilización ha llegado a caer tan bajo como para que un canal de televisión por cable nos intente hacer creer que los sumerios cabalgaban sobre dinosaurios y establecieron contacto con los vaqueros del salvaje Oeste? (Pues sí, eso he llegado a ver en un programa).

¿Qué ha ocurrido? Con los medios de comunicación convencionales burlándose de este gran misterio y la vieja guardia académica ignorándolo, ¿adónde te puedes volver en busca de respuestas? A Internet, claro está. Pero aunque Internet ha permitido que los investigadores establecieran contacto entre sí y que sus hallazgos hayan llegado al gran público, también ha tenido una consecuencia desafortunada: la de fomentar un clima de desinformación y de noticias falsas, convirtiéndose en la plataforma perfecta para los vendedores de humo. Por tanto, para aquellas personas que buscan la verdad acerca de los anunnaki, ¿cómo podríamos conectar los puntos que nos permitan crear una imagen precisa del tema?

El acceso a las evidencias referentes a los anunnaki y su conexión con el origen de la humanidad sigue estando restringido merced a un mecanismo de control por parte de las élites académicas, un mecanismo de control que el escritor Michael Cremo ha denominado «el filtro del conocimiento» (Cremo y Thompson, 1993). El filtro del conocimiento es una realidad, y yo misma lo he visto en acción tanto en mi época de estudiante de grado como siendo ya candidata al doctorado. Sin embargo, basándome en esta experiencia personal, he tomado este concepto de Cremo e, incluso, lo he llevado un poco más allá. Creo sinceramente que este filtro del conocimiento es el compartimentado brazo de un mecanismo de control más grande al que yo denomino complejo industrial académico. Una de las consecuencias de este mastodonte del secretismo es que existen evidencias que todavía no pueden examinarse; no, al menos, en tanto no se desvelen o se liberen públicamente. Por tanto, no voy a poder decirte que en este libro voy a responder definitivamente a todas las preguntas que tienes acerca de los anunnaki. Mi única esperanza es poder proporcionarte más puntos –puntos de datos históricos, como las historiadoras los denominamos–, porque cuantos más puntos tengamos, más clara se nos volverá la imagen. Como historiadora, se me ha formado y educado al modo convencional. Sin embargo, he adoptado un enfoque no convencional a la hora de estudiar los misterios de la antigüedad.

Mientras trabajaba como arqueóloga, descubrí que gran parte de lo que sabemos de la historia se basa en el consenso de una élite de personas e instituciones que, con frecuencia, transpira motivaciones políticas. Tras este descubrimiento, me embarqué en un viaje espiritual que me llevó a romper con las corrientes convencionales para ir en busca de la verdad en lo relativo al origen de la humanidad, y no he hecho otra cosa que encontrarme con todo un mundo de engaños. En los cavernosos sótanos de museos de todo el mundo, miles de objetos se ocultan a la vista del público porque se consideran «demasiado amenazadores» para la narrativa histórica establecida. Mientras tanto, oscuras organizaciones y corporaciones multinacionales, que blanquean dinero a través de las universidades, financian rutinariamente excavaciones arqueológicas secretas. En mi búsqueda, me he infiltrado en organizaciones secretas, he descifrado textos antiguos y he investigado innumerables documentos desclasificados del gobierno. En este libro, investigaré la conexión anunnaki para descubrir la verdad que se oculta tras ellos, incluyendo:

- ¿Quiénes son realmente los anunnaki?
- ¿Hasta qué punto son fiables las actuales traducciones de textos sumerios, y cómo podemos saber de quién fiarnos?
- ¿Qué papel podrían haber jugado los anunnaki en el origen del ser humano?
- ¿Existe alguna conexión entre los anunnaki y otros dioses? ¿Y con los demonios?
- ¿Dónde están los anunnaki ahora? ¿Podría su regreso significar el fin del mundo?

Esta búsqueda puede parecer un empeño excesivamente ambicioso, habida cuenta de la inmensa cantidad de información que existe sobre los anunnaki. Y quizás sea así. Pero creo que es deber tanto de historiadoras como de arqueólogas hallar la verdad y aclarar el pasado, dejando a un lado las mentiras sistémicas aceptadas. Como E. B. Tylor, padre de la antropología cultural, dijo en cierta ocasión, «Toda posible vía de conocimiento debe ser explorada, y toda puerta que se encuentre hay que comprobar si se puede abrir». Éste es el motivo por el cual presento aquí la totalidad de los hechos, tal como los conocemos hoy en día, así como las teorías, tanto convencionales como marginales, para que tú puedas sacar tus propias conclusiones.

CAPÍTULO 1

La aparición repentina de una civilización

La civilización apareció la primera vez que una persona furiosa lanzó una palabra en vez de una piedra.

SIGMUND FREUD,
neurólogo austríaco y padre del psicoanálisis

Hace 200 millones de años, los dos supercontinentes de la antigüedad, Laurasia, en el norte, y Gondwana, en el sur, comenzaron a acercarse, y posterior colisión hizo que se desgajaran multitud de masas costeras, creando así lo que ahora conocemos como Oriente Próximo. El desplazamiento de la placa arábiga forzó el descenso de la placa iraniana, creando así el golfo Pérsico y las tierras bajas mesopotámicas. Y este mismo proceso produjo la elevación de otras tierras, formándose así la cordillera de los montes Zagros.

Las transformaciones en el nivel del mar continuaron durante cientos de miles de años y, luego, al término de la última glaciación, algo importante ocurrió. Ingentes masas de hielo que cubrían las regiones polares se fundieron, provocando un aumento asombroso del nivel del mar, según sabemos ahora. En un estudio publicado por la revista *Global and Planetary Change*, se descubrió que el nivel del mar ascendió en aquella época, al término de la última glaciación, un promedio de casi un metro por siglo, con períodos intermitentes de dos metros y medio de elevación por siglo (Stanford *et al.,* 2011). Este proceso se prolongó hasta hace unos 6 000 años, hasta el período Ubaid (h. 6500 a 3800 a. C.), más o menos la época en la que se creó la antigua ciudad-Estado sumeria de Ur. Por entonces, el nivel del mar en el golfo Pérsico era mucho más elevado que ahora. Pero, además del cambio en el paisaje, el clima se hizo cálido y húmedo, favoreciendo la aparición de densos bosques al este de esta región, en los montes Zagros, actualmente en Irán. Había allí coníferas y árboles caducifolios, como pinos, enebros, robles y cedros, que son citados en la obra literaria más antigua que se conoce, *La epopeya de Gilgamesh*. Oriente Próximo se convirtió en una tierra rica en llanuras fértiles y, con el tiempo, se convirtió en hábitat de diversos animales terrestres como gacelas, ovejas, cabras y vacas. Esto atrajo inevitablemente a la región a muchos seres humanos, viendo en aquellas tierras una oportunidad para el crecimiento. La región que los expertos denominan el «Creciente Fértil» fue hogar de muchos pueblos prehistóricos. Esta región, conocida en general como Mesopotamia, se extiende entre dos ríos y alrededor de ellos, el Tigris y el Éufrates, que tienen sus fuentes en las fronteras de las actuales Siria y Turquía, cruzan el actual Irak de noroeste a sudeste y desembocan en el golfo Pérsico. Cerca de estos dos ríos, en sus fértiles valles, crecieron las primeras ciudades-Estado de la región: Kish, Lagash, Ur, Uruk, después Acad y, posteriormente, Babilonia.

En los registros arqueológicos no existen indicios de poblaciones humanas permanentes y organizadas con anterioridad al auge de la civilización sumeria. Sabemos de sociedades primitivas y sorprendentemente complejas formadas por poblaciones cazadoras-recolectoras, como Göbekli Tepe, donde se han hallado evidencias de celebración de festividades, banquetes, danzas y de espiritualidad. También Stonehenge parece haber sido un lugar de celebración ritual de masas y de una importancia espiritual significativa. Sin embargo, conviene recordar que estos emplazamientos, aunque absolutamente fantásticos, no pueden verse como asentamientos permanentes ni como centros urbanos, pues todavía no se han encontrado vestigios de plantas o animales domesticados en Göbekli Tepe (Peters, Schmidt, Dietrich y Pöllath, 2014). Y ésta es una de las principales evidencias, si bien circunstancial, para sustentar la idea de que el simbolismo y la religión llevaron al desarrollo de la agricultura y la domesticación, y no al revés (Peters, Schmidt, Dietrich y Pöllath, 2014). Así pues, aunque hubo culturas avanzadas de cazadores-recolectores en la región mucho antes de la aparición de los sumerios, estas culturas carecían de los atributos clave de lo que los expertos definen como *civilización.*

Arqueólogas e historiadores disponen de una serie de rasgos que, juntos, configuran la definición de lo que entendemos como civilización. La mayor parte de estos rasgos los catalogó el arqueólogo Vere Gordon Childe (1892-1957), que fue profesor en Edimburgo. Según Childe, para considerar que un colectivo humano conforma una civilización, y no, por ejemplo, una tribu o una agrupación, debe disponer de (Trigger, 2010):

- Grandes centros urbanos
- Ocupaciones especializadas a tiempo completo
- Productores primarios de alimentos que tributan con excedentes a una deidad o dirigente
- Una arquitectura monumental
- Una clase dirigente, exenta de la realización de trabajos de carácter físico
- Un sistema de registro de la información (escritura)
- El desarrollo de unas ciencias exactas y prácticas
- Un arte monumental
- La importación regular de materias primas
- Una estructura de clases (campesinos, artesanos, dirigentes)
- Una religión/ideología de Estado
- Estructuras estatales persistentes

Algunos colectivos organizados de seres humanos compartieron *algunos* de estos rasgos. La cultura ubaid, por ejemplo, desarrollo una cerámica pintada, herramientas de terracota y los comienzos de una arquitectura sagrada distintiva. No obstante, no mostraban todos los rasgos que Childe considera necesarios, como el disponer de un gran centro urbano o de arte monumental. Se cree que la cultura ubaid fue la primera cultura en conducirse como una fuerza civilizatoria en la región porque desarrolló técnicas agrícolas, comercio y ciertas industrias. Pero por avanzadas que fueran sus gentes, palidecen en comparación con el pueblo sumerio.

El descubrimiento de los sumerios trastocó las creencias previas acerca del surgimiento de la civilización humana. ¿Quiénes eran estas gentes, y por qué no aparecían en ningún registro arqueológico o histórico durante más de 2 000 años (Kramer, 1963)? No hay duda de que la gente de la antigüedad era inteligente, creativa y sumamente compleja, al igual que la gente de ahora, pero los sumerios destacan por encima de los demás como los más inusuales. De hecho, los expertos dicen que los sumerios exhibían un «intelecto creativo inusual» (Armstrong, 2015), algo que queda claro si tenemos en cuenta que, en sólo 300 años, después del período Ubaid –históricamente, un simple parpadeo–, emergieron enormes y complejas construcciones, una teología, tecnologías avanzadas, ciencia, matemáticas y una forma de gobierno. Se trata de invenciones completamente distintas a cualquier otra cosa que hubiera conocido el mundo hasta aquel momento, y cambiarían para siempre el rumbo de la cultura humana.

Lo que viene a continuación es una lista de algunas de las invenciones y tecnologías que se acreditan a los sumerios (Kramer, 1988):

- La invención del tiempo basado en incrementos de sesenta
- La astronomía
- Pesos y medidas
- Embarcaciones de vela
- Mapas
- Energía eólica
- Un congreso bicameral con un senado y una cámara de representantes
- Bibliotecas
- Escuelas y universidades
- El concepto de carrera profesional
- El clero
- Las matemáticas
- La geometría
- El círculo de 360°
- La rueda
- Los vehículos con ruedas
- Economistas
- Filósofos
- El concepto de un fin para la jornada laboral o escolar
- Los sindicatos

- La cirugía
- La odontología
- La optometría
- Las pastillas
- Los créditos y la financiación
- Los abogados
- Los banqueros

Como se puede ver, esto no son herramientas de piedra ni chozas. Se trata de habilidades enormemente intelectuales y transmisibles, arraigadas en un tipo de pensamiento más profundo y conceptual. El primer centro urbano se formó, al menos, en el cuarto milenio a. C. Estas primeras civilizaciones comenzaron con los sumerios e incluirían posteriormente a los acadios, los babilonios y los asirios. Este increíble salto desde el grupo de cazadores-recolectores hasta una civilización moderna desconcierta a los expertos. Pero no es esto lo único que encuentran difícil de explicar. El aspecto más controvertido, hasta el momento, guarda relación con lo distintivo de la lengua sumeria. De hecho, la lengua sumeria resulta tan desconcertante que la han calificado como «el problema sumerio». ¿Qué es exactamente lo que hace que esta lengua sea un problema?

Pues que el sumerio no encaja con ninguno de los principales grupos lingüísticos, lo cual ha llevado a los expertos a concluir que, dado que todos los demás pueblos mesopotámicos hablaban lenguas semitas –es decir, la rama del grupo de lenguas afroasiáticas que tuvo su origen en Oriente Próximo–, los sumerios tendrían que haber emigrado desde algún otro lugar lejano (Ziskind, 1972). Los investigadores descubrieron el problema sumerio cuando arqueólogos franceses y estadounidenses encontraron, a finales del siglo XIX y principios del XX, inmensos depósitos de tablillas cuneiformes en las antiguas ciudades de Lagash y Nippur, similares a las ya conocidas tablillas acadias. Y, cuando los expertos descifraron finalmente esas tablillas, descubrieron que un gran número de palabras y de valores silábicos no se correspondían del todo con la gramática y el vocabulario semita conocidos hasta la fecha. No tardaron en darse cuenta de que lo que habían descifrado no era acadio en modo alguno, sino una lengua completamente desconocida. La lengua sumeria era un enigma y lo sigue siendo cien años después de su descubrimiento.

Por aclarar las cosas, los acadios llegaron después de los sumerios, cuando Sargón de Acad (el Grande) se apoderó de Sumer y reinó sobre Mesopotamia, creando así el primer imperio del mundo, el Imperio acadio, en 2334 a. C. Sin embargo, los acadios siguieron utilizando el sumerio en sus tablillas, del mismo modo que se usó el latín durante la Edad Media y el principio de la Era Moderna. La lengua sumeria se preservó como una «lengua de aprendizaje y de elevado intercambio cultural» (Ziskind, 1972, p. 3). Es éste un testimonio del respeto que sentían los acadios por esta avanzada cultura.

Pero volviendo al tema principal, ¿qué provocó tal cambio cultural desde una sociedad cazadora-recolectora hasta una sociedad con los rasgos reconocibles de una civilización?

Copia de una inscripción votiva bilingüe (sumerio-acadio)
de Rimush, rey de Acad. Hacia el 2270 a. C.

La teoría normalmente aceptada plantea que un incremento en la competencia por los recursos generó la necesidad de más mano de obra, y que esta nueva clase obrera precisaba de dirección y gestión, lo cual llevó al desarrollo de una superestructura estatal y un gobierno. Posteriormente, la burocracia introducida por este nuevo sistema de gobierno habría precisado de una estructura física de apoyo, como templos y centros administrativos. Más tarde, la creciente centralización de la actividad económica debió de exigir el desarrollo de métodos más precisos de registro, dando así paso a la invención de la escritura, las matemáticas, etc. Estas habilidades tenían que ser transmitidas, de ahí el desarrollo de escuelas para formar a una mano de obra especializada. Se formaba a la gente para convertirse en escribas, gestores, habilidosos artesanos, constructores, médicos, científicos, sacerdotes y otros cargos en elevados niveles gubernamentales. Para entonces, se había dado toda una transición desde el clan o la ley tribal hasta un estado de gobernanza moderno reconocible. En términos arqueológicos se denomina a este cambio la *Revolución Urbana*.

La sagrada trinidad sumeria: Poniendo los cimientos

El simbolismo y la religión llevaron al desarrollo de la agricultura y la domesticación, y no al revés (Peters, Schmidt, Dietrich y Pöllath, 2014). La religión fue el catalizador de todo con anterioridad a la Revolución Urbana. Comprender esta idea es tomar conciencia de cuán importante era la religión para los sumerios. Podemos deducir que las culturas cazadoras-recolectoras y precivilizadas valoraban también enormemente los rituales y la espiritualidad. Sin embargo, en un momento determinado, probablemente con los sumerios, los rituales se organizaron en una religión. Los sumerios tenían una estructura muy clara para su espiritualidad y sus ritos, algo que sabemos gracias a los escritos que dejaron tras ellos. Los mitos mesopotámicos que nos han llegado son relatos escritos que, en un principio, se perpetuaban a través de la tradición oral. Por tanto, tenemos que intentar comprender su significado dentro de un contexto más amplio, el del subtexto mayor que se daba por sobrentendido dentro de la sociedad y que no se plasmó por escrito. Tampoco ayuda el hecho de que muchas de las tablillas en las cuales se registraron estos mitos estuvieran rotas, algo que resulta bastante habitual en el estudio de los textos sumerios –de hecho, en todos los textos antiguos–. Así pues, a medida que avances en la lectura de este capítulo, recuerda que la visión general de la religión sumeria que se te va a ofrecer aquí es la interpretación normalmente aceptada por expertos y expertas. En modo alguno es todo cuanto hay que decir al respecto ni tampoco la única interpretación posible. No obstante, convendrá establecer una narrativa base para los dioses y diosas mesopotámicas con el fin de que dispongas de un buen punto de referencia cuando llegue el momento de analizar interpretaciones alternativas a estos mitos, a medida que este capítulo se desarrolle.

Aunque existen multitud de volúmenes de textos sumerios a la espera de ser estudiados, de entre los traducidos hasta la fecha, más de cincuenta cuentan relatos de las diosas y dioses sumerios a los que se dio en llamar los anunnaki. Estos relatos son siempre fragmentarios y, claro está, no forman un conjunto coherente, dado que existen diferentes versiones o variantes en las tramas, las genealogías divinas, etc., y en ocasiones hacen referencia a otros relatos que aún no hemos descubierto. De aquí las dificultades a las que nos enfrentamos para comprender con claridad las creencias de los sumerios. Con todo, un buen número de grandes figuras emergen de forma relativamente coherente a partir de los registros históricos.

La religión mesopotámica no es sólo politeísta, no sólo consta de una multiplicidad de dioses; sino que, en contra de la creencia habitual, resulta bastante difícil saber el número exacto de dioses y diosas que la componen, porque no siempre resulta fácil determinar si un nombre representa a un dios hasta el momento desconocido o si es un epíteto de un dios ya conocido. A medida que se descubren y se descifran textos, vamos obteniendo una imagen más clara, pero para esto necesitamos tiempo. A partir del tercer milenio, las ciudades-Estado de Mesopotamia parece que acordaron un panteón común, al que cada ciudad añadió algún tipo de panteón local. Las divinidades eran jerárquicas, según el modelo del poder real, sobre todo al diferenciar entre los anunnaki, los «grandes» dioses, y los igigi, los «pequeños» dioses. El dios que ejercía el poder supremo era Enlil, cuyo santuario se encontraba en Nippur, que constituía la capital religiosa, que no política, del país. Y parece ser que, con el tiempo, la religión mesopotámica se concentró en torno a un número más reducido de grandes figuras divinas, en la medida en que los «grandes» dioses absorbían las prerrogativas de deidades mucho menos importantes y desarrollaban una personalidad propia. Con el tiempo, Babilonia llegaría a centrarse en un dios único y nuevo, Marduk, a quien los babilonios veían como al sucesor espiritual de Enki, sobre todo en el papel que desempeñó en la creación de los seres humanos. Y, aunque no podemos considerarlo como una forma de monoteísmo, todos los poderes supremos quedaron congregados en las manos de un único dios supremo.

Al estudiar a los anunnaki, una queja habitual es que resulta complicado seguir el rastro de quién es quién. La mayoría de las veces, los nombres de dioses y diosas se nos dan tanto en sumerio como en acadio, del mismo modo que con las divinidades griegas y romanas. Por ejemplo, la diosa griega del amor, Afrodita, era conocida como Venus por los romanos. Y lo mismo ocurre con Mesopotamia, donde los nombres de las principales deidades se suelen presentar así: nombre sumerio/nombre acadio. Esto puede confundir mucho en un principio, pero puedo asegurarte que, tras la lectura de este libro, comprenderás mejor la naturaleza de estas deidades. En el capítulo 3 tienes un perfil y una descripción de cada deidad anunnaki, que te servirá de guía de referencia en tu posterior estudio. Pero, de momento, echemos simplemente un vistazo a algunos puntos generales para, de este modo, obtener una idea más ajustada de la visión sumeria del mundo.

De forma un tanto similar a la religión cristiana, los sumerios tenían también una santísima trinidad, formada por An/Anu, Enlil/Ellil y Enki/Ea. Los tres dioses principales del panteón mesopotámico eran reconocidos como los dioses supremos en todas las ciudades-Estado y se citaban por orden de importancia decreciente. An/Anu era el dios padre de Enki y Enlil, con quienes posteriormente sería sincretizado. El sincretismo religioso se da cuando los símbolos, deidades, mitos o rituales de una religión se combinan con los de otra religión o con una combinación de componentes de diferentes religiones para conformar un nuevo sistema. El término *sincretismo* se remonta al griego συγκφητισμός, y significa «unión». Éste es el motivo por el cual, cuando leemos algo acerca de los sumerios, podemos encontrarnos con referencias a An y Anu como identificando al mismo dios.

A Enki se le suele describir en términos muy reales, biológicos, en tanto que a Enlil se le describe como a un espíritu, o «Señor Espíritu». La palabra sumeria *líl,* cuyo equivalente acadio es *zaqîqu,* significa «espíritu, fantasma, encantado» (Michalowski, 1989, p. 98; Tinney, 1996, pp. 129-130; Michalowski, 1996). Pero hay expertos que dicen que ésta no puede ser una traducción correcta, porque no parece tener sentido en el contexto de las capacidades mitológicas de este dios. Veremos esto con más detalle en el capítulo 4. Sin embargo, lo que sí queda claro en este contexto son los orígenes sumerios de una trinidad patriarcal compuesta por un padre celestial, un hijo y un espíritu santo, todos los cuales tenían un poder igual, aunque compartido, sobre la humanidad.

Éstas eran las tres deidades principales. No obstante, la progenie de An no terminaba ahí, y sus otros hijos e hijas serían conocidos como los anunnaki. Sin embargo, los expertos no tienen claro si los anunnaki eran o no verdaderas deidades. Los detalles relativos a este misterioso colectivo están muy dispersos. De hecho, nadie sabe siquiera con seguridad cuántos anunnaki había en total. En un texto se sugiere que eran unos cincuenta, mientras que en otro dice que eran siete. Un relato completamente aparte cuenta que Marduk asignó a 300 anunnaki para cumplir con sus obligaciones en los cielos, y a otros 300 en el inframundo, totalizando así 600 anunnaki. Así pues, no existe consenso sobre el número de anunnaki.

El propósito principal de estos seres, tal como se explica en el mito sumerio *Enki y el orden mundial,* era decidir el destino de los seres humanos. También se dice que residían en el inframundo. Muchos relatos populares modernos nos llevan a pensar que a los anunnaki se les dio culto religioso; y, aunque esto podría parecer lógico, no existen evidencias contundentes de ello en los registros arqueológicos, con la excepción de sólo tres declaraciones en textos administrativos del período de Ur III, que dan a entender que se hacían ofrendas a los anunna (anunnaki). En los mitos de Mesopotamia, sin embargo, su importancia difiere. Por ejemplo, a Enki se le representaba como inferior en rango a An y Enlil; y, en algunos casos, como en el mito de la inundación, Enki tenía una importante intervención. An era el dios de «lo alto». Se decía que había sido el primer dios en gobernar el universo, quien había establecido el orden cósmico; pero en la mayoría de los relatos está como más apartado, dejando el poder a su hijo Enlil.

El santuario principal de Enlil estaba en Nippur, desde donde gobernaba al pueblo. Enlil estaba ligado al cielo y al aire, y era similar al dios griego Zeus en que era el líder supremo de los dioses. Pero las similitudes se detienen ahí, pues Enlil no era el más fuerte de los dioses, y estaba lejos de ser el más sabio. Varios mitos le dan a Enlil un papel sorprendentemente pequeño en la creación del universo. Hay mitos que incluso lo retratan como torpe o brutal. El santuario central de Enlil estaba en el templo de Ešumeša, en Nippur. Enlil tenía una esposa, una diosa llamada Ninlil. Juntos, Enlil y Ninlil formaban una pareja real, comparable a Zeus y Hera.

A Enki/Ea se le suele representar como al más inteligente e ingenioso de los dioses, por lo que ejercía funciones técnicas en el poder. Con frecuencia le llaman *Nudimmud,* «aquél cuya ocupación es manufacturar y producir». Símbolos divinos de poder, que aparentemente representaban diversos aspectos de la vida civilizada, se «concretaron» bajo el aspecto de joyas o talismanes que incrementaban el poder de un dios cuando estos objetos se los concedía otro dios. Enki tenía un importante santuario en Eridú. En la geografía mundial mítica, An y Enlil residían en el palacio de los dioses celestiales, An en un lugar más elevado que Enlil, mientras que Enki, aunque frecuentemente se mudaba también arriba, disponía de una residencia aparte, el Abzu, caracterizada por hallarse bajo la capa freática de agua dulce sobre la cual flota el disco plano de la Tierra donde habitan los humanos. Enki creó también a los Apkallu, los Siete Sabios, los «sumamente expertos» del Abzu, que adoptaron la forma de un pez con una segunda cabeza con rostro humano. Enki utilizaba a los sabios como intermediarios para llevar la cultura y la civilización a los seres humanos. Según el mito, los Apkallu se salvaron de la Gran Inundación, el mismo diluvio que, según los expertos, debió de ser la fuente original del diluvio de la Biblia. Pero existen otros muchos dioses y mitos sumerios que guardan una relación directa con los relatos del Antiguo Testamento. Esta conexión bíblica es uno de los muchos motivos por los que los dioses de Mesopotamia merecerían un estudio más profundo, no precisamente para reforzar los argumentos de una religión u otra, sino para remarcar el incontrovertible hecho de que estos anunnaki conservan su conexión con la humanidad incluso ahora, después de miles de años.

Lo que hemos visto hasta aquí es la narrativa aceptada de los dioses mesopotámicos, pero ésta no es en modo alguno la única interpretación.

A pesar de la importancia de los textos sumerios, historiadores e historiadoras aún tienen que descifrar la mayor parte de lo que se ha excavado, lo cual deja una brecha en nuestra base colectiva de conocimientos, que se ha ido ampliando a lo largo de tantos años. De hecho, da la impresión de que en cuanto se resuelve un misterio aparece otro. El mundo académico aún no se ha puesto de acuerdo en muchos aspectos del Problema Sumerio, un asunto mucho más importante que una simple cuestión de origen. Y así, ha habido quien ha dado un paso al frente para ofrecer sus teorías e interpretaciones de los mitos sumerios, dejando aún más preguntas por responder. Una de las figuras más populares en esta búsqueda fue Zecharia Sitchin.

Una novedosa perspectiva

Mucha gente ha oído hablar de los anunnaki bien a través de los relatos académicos convencionales o bien a través de los medios de comunicación populares. Los anunnaki y sus mitos llamaron la atención del público cuando el escritor Zecharia Sitchin reinterpretó estos mitos en su libro *El 12.º planeta*, en 1976.[1] Fue en este libro, así como en otros posteriores, donde Sitchin presentó una cosmología alternativa sobre los anunnaki. Sitchin fue, hasta cierto punto, una figura controvertida. La mayoría del mundo académico desestima sus interpretaciones sobre las tablillas sumerias y considera que sus teorías son pseudociencia. Otros expertos le respetan por su pasión y su dedicación, así como por haber sacado a la palestra los mitos sumerios. Pero ¿quién fue Sitchin?

Zecharia Sitchin nació en Bakú, la capital y la ciudad más grande de Azerbaiyán, en 1920. Vivió en Palestina durante treinta años para, finalmente, trasladarse a Estados Unidos. Durante su estancia en Oriente Próximo, Sitchin aprendió hebreo antiguo. Estudió ciencias económicas en la Universidad de Londres y fue editor y periodista en Palestina durante el mandato británico antes de mudarse a Nueva York en 1952, donde trabajó como ejecutivo para una naviera. A pesar de tener un empleo de lo más mundano, Sitchin no perdió su pasión por la historia y la arqueo-

---

1. Publicado por Ediciones Obelisco en 2006.

logía, y era profundamente religioso. Dedicó gran parte de su juventud a reunir materiales sobre las culturas prehistóricas y, con el tiempo, aprendió sumerio de manera autodidacta.

La teoría de Sitchin quedó perfectamente expuesta y matizada en siete libros que constituyen la serie que él mismo denominó Las Crónicas de la Tierra. Su reinterpretación de los mitos sumerios está claramente influenciada por los trabajos previos de otros autores que creían en la teoría del paleocontacto, popularmente conocida hoy como la teoría de los astronautas de la antigüedad o la teoría alienígena de la antigüedad. Las influyentes obras de teóricos de los astronautas de la antigüedad como Erich von Däniken e Immanuel Velikovsky sugieren que seres extraterrestres desempeñaron un papel importante en la historia antigua. Todos estos teóricos reinterpretan los mitos de Mesopotamia desde una perspectiva moderna, de la era espacial, motivo por el cual comparten atributos comunes. En el siguiente capítulo examinaremos las teorías de Immanuel Velikovsky, pero, primero, echemos un vistazo a los puntos de vista de Sitchin en una versión muy condensada.

Según Sitchin, el universo no siempre fue tal como lo conocemos hoy en día. En los orígenes, había un huevo cósmico, una masa atómica concentrada que estalló tras alcanzar un teórico «límite de densidad», hace alrededor de 15 000 millones de años. Este abrumador acontecimiento arrojó escombros cósmicos por todo el espacio. Algunos de esos fragmentos incandescentes formaron las estrellas, mientras que otros se enfriaron y formaron planetas y meteoritos. Los restos de la explosión, viajando por el espacio, terminaron formando las galaxias que constituyen el universo. Posteriormente, las fuerzas gravitatorias de nuestro sistema solar atrajeron a un planeta rojizo llamado Nibiru, que se introdujo en nuestro sistema por debajo de la eclíptica, pasando a través de las órbitas de Neptuno y Urano.

La intensidad de su campo magnético hizo que Urano girara sobre su costado, permitiendo así el paso a Nibiru. Por entonces no existía el planeta Tierra, pero sí un planeta mucho más grande llamado Tiamat, que estaba cubierto principalmente de agua. En el curso de su trayectoria, uno de los satélites de Nibiru impactó contra Tiamat y lo partió en dos mitades. La mitad que recibió el impacto quedó pulverizada y dio origen al cinturón de asteroides existente entre Marte y Júpiter. La otra mitad de

Tiamat salió despedida hacia una órbita más cercana al Sol, la actual órbita terrestre. Durante este proceso, la gravedad de la Tierra atrapó a una de las lunas de Nibiru, tomándola como satélite propio. El primer tránsito de Nibiru por el sistema solar fue el responsable de la actual configuración de éste. Plutón era una luna de Saturno que, atraída por la gravedad de Nibiru, terminó alejándose y tomando una órbita propia alrededor del Sol. Nibiru tiene un período orbital de 3600 años, y se mueve en torno a dos soles. Sitchin afirmaba que los sumerios describían a Nibiru como cuatro veces más grande que la Tierra, y que Nibiru era el responsable de las grandes catástrofes que se producían en la Tierra cada vez que Nibiru atravesaba el sistema solar. Sitchin decía que la aproximación de este planeta fue lo que provocó el diluvio, tanto del mito mesopotámico como de la Biblia, debido a un desplazamiento de los polos de la Tierra.

En el relato de Sitchin, Nibiru era el planeta madre de un pueblo que los antiguos describieron como una «raza de dioses», o anunnaki. Tales dioses visitaron la Tierra en el pasado y tuvieron una profunda influencia en la cultura humana. Según las propias traducciones de Sitchin, *anunnaki* significa «aquellos que descendieron de los cielos», también conocidos como *nefilim* o *elohim* por los hebreos, y como *neter* por los antiguos egipcios. Estos dioses alienígenas aterrizaron en la antigua Mesopotamia hace alrededor de 450 000 años, y colonizaron la Tierra con la intención de extraer grandes cantidades de oro. Anu, Enki y Enlil llegaron al sur de Mesopotamia, donde establecieron el asentamiento de Eridú, que, según la traducción de Sitchin, significa «hogar lejos del hogar».

Sitchin proseguía su relato afirmando que los anunnaki construyeron después las instalaciones necesarias para la colonización del planeta y para sus trabajos de minería; y que, con el fin de asegurar su subsistencia, crearon el Edén, lo que vendría a ser un complejo agrícola y ganadero. Poco después, descubrirían abundantes depósitos de oro en el sur de África, por lo que Anu, satisfecho, dejó el mando de la misión a Enlil, mientras Enki gestionaba las minas de oro en lo que hoy en día es Zimbabue. Pero los anunnaki que le acompañaban, que no estaban acostumbrados a un trabajo tan duro, no tardaron en rebelarse, lo cual nos retrotrae al relato bíblico en el cual hay una rebelión contra los elohim.

Sin embargo, Enki propuso una posible solución al problema. Enki había estado estudiando a algunos grupos de *Homo erectus* que, por entonces, habitaban el sur de África, y pensó que quizás ellos podrían llevar a cabo los trabajos mineros. Hizo capturar a una hembra y se la llevó a Enlil. A partir de este punto, Sitchin reinterpretaba la historia de la creación de un modo más científico que narrativo, al afirmar que los anunnaki manipularon genéticamente un óvulo de esta hembra, para injertarle a continuación el ADN de la esposa de Enki, Ninhursag. De este modo, hace alrededor de 200 000 años, los anunnaki desarrollaron un híbrido estéril, inteligente y físicamente fuerte. Lo llamaron *lulu* y procedieron a clonarlo. Los lulu fueron creados con el único propósito de obedecer y trabajar. Entusiasmado y divertido con el experimento, Enlil ordenó a sus científicos anunnaki que crearan otros seres nuevos mezclando el ADN del lulu con el de otros animales de la Tierra, creando así una multitud de quimeras.

La creación de estas quimeras explicaría supuestamente la existencia de tantos dioses primitivos antropomórficos, así como las versiones mixtas de humanos y animales. Pero dado que se trataba de clones genéticamente modificados, estos seres no podían tener descendencia. Entonces, Enki pensó que sería bueno que el lulu tuviera descendencia. Enlil se mostró en desacuerdo, pues temía que la nueva especie se multiplicara de manera incontrolable y pudiera rebelarse, perjudicando a la larga la misión de los anunnaki en la Tierra. Pero Enki respondió que, con un número tan limitado de lulus, la misión fracasaría. De modo que Enlil, a regañadientes, terminó aprobando la fertilización del lulu, creando así al primer hombre o *Adamah* (origen del nombre Adán).

Con el transcurso del tiempo, la idea de que el adamah pudiera ser peligroso debido a que conservaba sus atributos y comportamientos de cazador-recolector dividió a los anunnaki. Enlil recibió el apoyo de la familia real y el Ejército, todos los cuales deseaban eliminar al adamah en favor de los controlables y dóciles clones de lulu. Por su parte, Enki, apoyado por científicas y científicos, creía que un adamah educado y bien entrenado constituiría un valioso recurso para los anunnaki, y que, en el futuro, cuando éstos regresaran a su hogar, los adamah podrían gobernar la Tierra. Por desgracia para los adamah, Enlil montó en cólera cuando se enteró de que humanos y anunnaki habían comenzado a establecer relaciones sexuales e incluso a procrear. Acusó a las hembras humanas del pecado original e, intentando evitar que el problema llegará a Eridú, dio orden de que expulsar a los seres humanos del Edén, episodio que también aparece en la Biblia.

Mientras tanto, en África, Enki había comenzado a transmitir conocimientos a determinados seres humanos con el fin de crear el primer linaje de reyes. Les concedió el título de sacerdote y fundó la primera escuela de misterios. La norma en la escuela era de una obediencia total y absoluta, so pena de ser castigados con la muerte. Los reyes adoptaron la idea del poder absoluto, de tal manera que terminaron sometiendo y explotando a los trabajadores y haciendo uso de la violencia para controlarlos. También se capturó a seres humanos primitivos con el fin de convertirlos en esclavos tras las correspondientes manipulaciones genéticas.

Posteriormente, el sistema colonizador alienígena entró en declive debido a la baja productividad y a las rebeliones de los esclavos humanos, sobre todo en las minas. Se establecieron linajes de reyes y se registraron sus nombres en lo que hoy conocemos como la Lista de los Reyes Sumerios, considerados posiblemente progenie directa de los propios anunnaki. Estos reyes fueron los primeros iniciados de la escuela de misterios, versados en ciencias tales como las matemáticas y la astronomía, y con conocimientos amplios en medicina, arquitectura e ingeniería.

Según la línea temporal de Sitchin, Anu murió hace 100 000 años y le sucedió Enlil como rey de los dioses. Al asumir el cargo, Enlil tuvo que regresar a Nibiru, mientras Enki, su hermanastro, hijo de una concubina, sabiendo que no podía aspirar al trono, continuó en la Tierra, viendo en nuestro planeta sus propios dominios. Enlil, enfurecido, partió, mientras que Enki, no sabiendo qué hacer con todo el oro abandonado, comenzó a darlo a modo de regalo a los más fieles de entre los humanos. Después, hace alrededor de 50 000 años, Enki abandonó África y se trasladó a Eridú, acompañado por sus más leales reyes, sacerdotes e iniciados, así como por su pueblo, dando lugar de este modo a la primera migración humana de importancia desde África a Oriente Próximo. Tiempo después, habría una revuelta en Nibiru, tras la cual Enlil sería desterrado por su propia familia real. No mucho después, Enki sería llamado a Nibiru como heredero al trono. Con este episodio, hace alrededor de 5 000 años, los anunnaki abandonaron la Tierra.

Panspermia

Sitchin, que falleció en 2010, no era el único que creía que la humanidad era el producto de una manipulación genética realizada por extraterrestres, pues las teorías genómicas extraterrestres se remontan incluso a la época clásica. El filósofo griego Anaxágoras puso los cimientos de la hipótesis de los astronautas de la antigüedad con su concepto de panspermia. Anaxágoras creía en la existencia de unas minúsculas semillas o *spermata* por todo el cosmos –de ahí el prefijo *pan*–. Posteriormente, en el siglo XVIII, Benoît de Maillet ahondó en la idea al afirmar que estas «semillas» habían caído del espacio en el océano. En general, la premisa básica de la panspermia es que la vida primitiva, teniendo su origen en otro cuerpo sideral, había sido depositada en la Tierra a través de un cometa, un asteroide o cualquier otro tipo de detrito espacial.

La panspermia ofrece una alternativa a lo que el mundo científico denomina abiogénesis, o generación de vida a partir de materia no viva. Desde esta hipótesis, la vida primitiva pudo haberse formado originalmente en algún otro punto del universo, y los fundamentos de la vida podrían haberse sembrado en la Tierra al igual que en cualquier otro planeta habitable. En 1903, Svante Arrhenius (1859-1927), físico y químico sueco ganador del Premio Nobel, formalizó el concepto de panspermia, teorizando que esporas microbianas podrían haberse difundido por el espacio merced a la radiación emitida por las estrellas, y que estas esporas fueron, posiblemente, las simientes de la vida en la Tierra primitiva (Arrhenius, 1908).

La teoría de la panspermia atrajo un gran interés posteriormente, durante los siglos XIX y XX, merced a diversos investigadores, entre los cuales destacan Leslie Orgel y su colega, el fallecido premio Nobel británico Francis Crick. Aunque a Crick se le recuerda principalmente por el codescubrimiento de la estructura de doble hélice de la molécula de ADN, Orgel y Crick tomaron la teoría de la panspermia y la desarrollaron en otras líneas, proponiendo la teoría de la panspermia dirigida. Así, uno de los científicos responsables del descubrimiento de la estructura del ADN fue también uno de los primeros teóricos de los astronautas de la antigüedad. Vamos a dejar que eso tome cuerpo en nuestra mente por unos instantes.

¿Cómo puede ser que dos científicos serios y aclamados llegaran a la conclusión de que hubo una intervención alienígena en los genes de la humanidad? Tras investigar la estructura del ADN, Crick comenzó a albergar serias reservas en cuanto a la posibilidad de que el ADN humano hubiera evolucionado de manera natural; todo ello debido a la complejidad de nuestro ADN. Él y Orgel afirmaban que pequeños gránulos de nuestro ADN podrían lanzarse al espacio con un cohete, disponiendo así de la posibilidad de colonizar otro planeta. De este modo, una futura civilización, ante una potencial catástrofe terrestre, tendría la posibilidad de transmitir sus materiales genéticos.

En 2018, treinta y tres científicos y científicas de universidades muy respetadas publicaron un artículo en una revista revisada por pares: *Progress in Biophysics and Molecular Biology* [Avances en biofísica y biología molecular]. Este artículo, titulado «Cause of the Cambrian Explosion– Terrestrial or Cosmic?» [La causa de la explosión cámbrica, ¿terrestre o cósmica?], generó un fuerte impacto en toda la comunidad científica, ya que en él se ofrecen algunas de las más increíbles evidencias de panspermia desde la década de 1970. Pero habría que insistir en que el artículo fue sometido a un exigente escrutinio durante un año, ya que superó una intensa revisión por pares antes de ser publicado. Esta controvertida teoría desafía abiertamente la hipótesis de la abiogénesis aceptada convencionalmente, que sugiere que, en un momento determinado de la antigüedad, las condiciones en la Tierra hicieron posible una serie de complejas reacciones químicas orgánicas que llevaron a la aparición de las primeras formas de vida primitiva. De esta «sopa primordial» emergió ARN capaz de replicarse durante un período de 800 millones de años, tras la estabilización de la corteza terrestre (Steele *et al.*, 2018). Aunque este proceso es plausible y su potencial está asumido por el mundo científico, lo que sigue sin estar claro es cómo, exactamente, se codificó la información en ácidos nucleicos como el ADN y el ARN, para formar posteriormente un sistema de herencia y expresión genética. Con todo, muchas científicas y científicos coinciden en que la abiogénesis es la mejor hipótesis que tenemos sobre el origen de la vida en la Tierra.

No obstante, el controvertido artículo sobre la panspermia se basa en datos experimentales y observacionales clave de los últimos sesenta años, datos coherentes con–la tesis Hoyle-Wickramasinghe (H-W) de biología cometaria (cósmica) o pronosticados por ella (Steele *et al.*, 2018). El modelo H-W plantea:

> que la vida se sembró en la Tierra gracias a cometas portadores de vida en cuanto las condiciones de nuestro planeta permitieron que la vida floreciera (hace más o menos 4100 millones de años); y que organismos vivos como bacterias, virus, células eucariotas más complejas y organismos resistentes al espacio, [...] quizás incluso óvulos fertilizados y semillas de plantas, pueden haber caído desde entonces en la Tierra, impulsando aún más el progreso de la evolución biológica terrestre. (Steele *et al.*, 2018, p. 4)

Lo que este colectivo de investigación sostiene es que en la Tierra no hubo abiogénesis y que, en lugar de ello, la fuente de la diversidad genética, y de especies que parecen estar fuera de lugar, es una lluvia de organismos vivos extraterrestres que se integraron en la Tierra y que recurrieron a un proceso conocido como transferencia genética horizontal, con el cual transmitieron su ARN y su ADN a los genomas de la vida terrestre. Esto significaría que la abiogénesis está equivocada y que la vida en la Tierra no está causada por la selección de mutaciones beneficiosas que tuvieron lugar de forma natural (Steele *et al.*, 2018). Esta novedosa perspectiva a la hora de entender los orígenes de la vida explicaría la existencia de epidemias provocadas por la llegada de diversos retrovirus desde el espacio, apuntando a un retrovirus extraterrestre como causante de la explosión cámbrica.

Un retrovirus es una categoría diferente de virus ARN que exige una transcripción inversa del genoma ARN de cadena simple hasta el ADN intermedio de doble cadena (Actor, 2012). *Transcripción inversa* es el término utilizado para describir la síntesis de una copia de ADN de una molécula de ARN. Los retrovirus pueden transformar las células debido a que deben insertar o integrar sus genomas en el cromosoma de la célula huésped, provocando una mutación antes de que la replicación vírica pueda tener lugar (Payne, 2017).

A modo de evidencia, en las investigaciones se apunta a conocidos retrovirus que, a fin de reproducirse, utilizan la transferencia genética horizontal para integrar su propio material genético en el huésped infectado. La transferencia genética horizontal es la transmisión no sexual de material genético entre genomas no relacionados, que permite que pase material genético entre las fronteras de las especies (Choudhuri y Kotewicz, 2014). Un organismo «infectado» transmitirá el retrovirus a sus descendientes si el virus ha infectado células de la línea germinal, espermatozoides u óvulos, lo que hace que el material genético adquirido se convierta en parte de la herencia de la descendencia, replicándose una y otra vez a lo largo de generaciones.

En el controvertido artículo se afirma que, dado que los retrovirus dependen de su huésped para tener éxito, no pudieron haber aparecido de forma independiente al mismo tiempo. Es más, se puede determinar científicamente que estos retrovirus no existían con anterioridad a la explosión cámbrica, sino que aparecieron con posterioridad a un evento de extinción masiva que tuvo lugar al término del período Ediacárico, hace alrededor de 542 millones de años (Steele *et al.*, 2018). Este hecho apoyaría las sospechas del equipo investigador de que estos complejos virus primitivos eran en realidad extraterrestres y llegaron a la Tierra en los cometas que provocaron la extinción ediacárica. Esto convertiría a estos retrovirus en el propulsor principal de la explosión cámbrica, en tanto en cuanto debieron integrarse en los genomas de innumerables especies terrestres, introduciendo material genético nuevo que dio como resultado una explosión en la diversidad de formas de vida.

Las implicaciones de la hipótesis de la panspermia H-W son extraordinarias, pues significaría que la galaxia en su conjunto constituye una única biosfera interconectada, haciendo que toda forma de vida —sea terrestre o extraterrestre— ¡esté relacionada!

Entonces, ¿dónde están las evidencias? En la investigación se señala al pulpo como principal ejemplo del modo en el que pudo tener lugar esta panspermia vírica. Los cefalópodos, el grupo que comprende a los calamares, los pulpos y los nautilos, viene desconcertando a la comunidad científica desde hace mucho debido a su confuso árbol evolutivo. Estas criaturas aparecieron en el período Cámbrico Tardío, y se creía que provenían del primitivo nautiloide. Sin embargo, el pulpo evolucionó de forma muy diferente, incluso bastante extraña. Su complejo sistema nervioso, su elevada inteligencia y su capacidad para camuflarse parece que se desarrollaron repentinamente, en contraposición a la idea de la evolución a través de adaptaciones, que precisaría de un prolongado período de tiempo. Además, existen evidencias de importantes cambios en el ARN en las estructuras neuronales de los pulpos que no podrían haberse dado por simple adaptación, porque estos genes no se hallaban presentes en sus antepasados primitivos, sino que aparecieron de la nada, llevando a los investigadores a pensar que estos genes provienen de «un distante "futuro" en términos de evolución terrestre o, siendo realistas, del cosmos en general» (Steele *et al.,* 2018, p. 11). ¿Podría ser el pulpo una prueba de la existencia de vida extraterrestre? Si tenemos en cuenta que más del 80 % de los océanos no ha sido cartografiado, observado ni explorado (NOAA, 2009), no hace falta decir que puede haber todavía muchos secretos por descubrir. De modo que podríamos afirmar que la búsqueda de vida extraterrestre puede que nos ofrezca más resultados si nos centramos, antes que nada, en la exploración terrestre.

Ideas como la de la panspermia pueden ser bastante convincentes, porque no se basan en dogma religioso alguno ni en mitos ni leyendas. Sin embargo, existen claras diferencias entre una teoría como la de la panspermia y la teoría de Sitchin. Aunque la teoría de la panspermia dirigida ha ido mejor aceptada por la ciencia dominante que la teoría de Sitchin, no por ello deja de ser contestada e, incluso, ridiculizada. Por tanto, si una teoría como la de la panspermia dirigida, que está apoyada por numerosos científicos, que se remonta a la antigüedad clásica y que incluye a premios Nobel actuales, sigue siendo ridiculizada en los salones de la academia, ¿cómo crees que se recibe la teoría de Sitchin en estos entornos? Como podrás imaginar, a Sitchin se le ve, en el mejor de los casos, como a un pseudocientífico y, en el peor de ellos, como a un embustero. Pero ¿dónde deja eso al público en general?

Esto genera, ciertamente, una enorme brecha tanto en el entendimiento como en la comunicación. Como consecuencia de ello, a las personas se las compara con una de las pocas facetas de un potencial relato. Con el tiempo, a las personas se las sitúa en un «bando» o en el otro. O son creyentes de una versión específica de una interpretación, como la de Sitchin, o forman parte del enfoque convencional. Se nos pone con los «creyentes» o con los «no creyentes», a medida que la brecha se abre cada vez más. Pero sólo si nos atrevemos a cruzar esa brecha podremos acercarnos a la verdad sobre quiénes fueron los anunnaki y qué importancia pueden tener ahora.

¿Por qué tomar en consideración teorías alternativas?

Teorías alternativas e interpretaciones diversas son vitales para la discusión y el debate. La investigación empírica descansa cada vez más en el reduccionismo cartesiano, que propone que los sistemas complejos se pueden explicar, simplemente, dividiéndolos en partes hasta llegar a sus componentes más básicos. Pero, aunque este método puede funcionar con las ciencias exactas, no es el enfoque más eficaz en las ciencias sociales debido a los numerosos puntos de datos que deben estar en su lugar para que el reduccionismo funcione bien. En el estudio del pasado, las historiadoras no disfrutamos del lujo de poder disponer de multitud de puntos de datos. Gran parte de nuestro pasado se ha perdido, enterrado bajo las arenas del tiempo. Además, las variables históricas son en su mayor parte dependientes y no causales, de modo que aislar una variable independiente es alterar la naturaleza del desarrollo histórico.

Es legítima la necesidad de generalizar tomando como base unas variables y sus conexiones para obtener una visión más holística de los acontecimientos del pasado. Pero ¿por qué es tan importante esto? Porque las investigadoras están afinando constantemente sus técnicas para extraer inferencias acerca de los efectos probables de las teorías. En las ciencias exactas, como la informática o la química, los estadísticos intentan desarrollar fórmulas matemáticas para identificar causalidades a partir de los datos. Pero el problema de la estadística es que los resultados numéricos pueden confundir la verdadera causación con una simple diferenciación. Jonathan M. Livengood, profesor de Filosofía de la Universidad de Illinois, sostiene que «los juicios causales ordinarios están estrechamente ligados a juicios morales en general» (Livengood, 2011, p. 4). Esto significa que, cuando los expertos se muestran aún indecisos sobre la teoría correcta de causación real, el resultado es un «ajuste intuitivo» erróneo por parte de los científicos (Livengood, 2011, p. 4). Entonces, ¿hasta qué punto es eso científico?

Yo creo que los sistemas naturales y sus propiedades deben verse como un todo, en vez de simplemente como la suma de un montón de partes. De ahí que prefiera considerar los datos de un modo más holístico, porque la humanidad es un sistema extremadamente complejo cuya función no se puede comprender observando únicamente sus piezas. Necesitamos conectores de puntos con mentes creativas, como Zecharia Sitchin, Erich von Däniken, Immanuel Velikovsky, Ignatius L. Donnelly y otros; conectores de puntos que nos abran la mente a posibilidades externas a nuestras zonas de confort intelectuales. Hasta algunas de las mentes más respetadas de la historia, como la de Isaac Newton, albergaron teorías fantásticas que la gente de su tiempo consideraba supersticiosas o incluso heréticas, y no tuvieron miedo de cuestionar las creencias preexistentes. Son los renegados los que rompen barreras y crean nuevos senderos.

El paleocontacto, bajo cualquiera de sus formas, constituye una idea ciertamente fantástica, con enormes implicaciones para la humanidad; pero ¿qué hay de verdad en ella? ¿Acaso *alguien* cree de verdad en estas teorías? Sin duda, una teoría como la de la panspermia dirigida tiene sus méritos, pero ¿qué hay de la versión de Sitchin, que se puede leer como un cuento de hadas interestelar? ¿Qué hay de la obra de Erich von Däniken, que se ha pasado sesenta y cinco años intentando demostrar que los extraterrestres visitaron la Tierra hace mucho tiempo y ayudaron a darle forma a la humanidad? Von Däniken sostiene que «las evidencias de que los seres humanos han sido influenciados por seres extraterrestres a lo largo de la historia y hasta el día de hoy son cada vez más convincentes» (Von Däniken, 2018, p. 199), y dice que se pueden ver mutaciones artificiales concretas no sólo en el genoma humano, sino también en nuestras tradiciones (Von Däniken, 2018). Puede que resulte fácil pensar que, para creer en tales teorías alternativas, hay que ser una persona crédula, ingenua y poco formada, pero hay científicos, expertas universitarias, teólogos, filósofas, historiadores y grandes corporaciones multinacionales que se toman muy en serio este relato; tan en serio como para arriesgar su dinero y su vida buscando esa verdad. ¿Qué pasaría si la respuesta hubiera estado justo delante de nuestros ojos, imponente como un megalito? La profundidad hasta la que llegan las raíces de la humanidad es casi inimaginable para la ciencia moderna, y sin embargo está escrita en numerosos textos de la antigüedad que se han hallado en todo el mundo.

Como verás, hay mucho más en nuestra historia de lo que se nos ha hecho creer, comenzando por el hecho de que las grandes civilizaciones de la Tierra comparten una chispa común, una chispa que la ciencia no ha hecho hasta ahora otra cosa que rascar en la superficie. Pero lo que están a punto de descubrir sin duda lo va a cambiar todo.

CAPÍTULO 2

Los comienzos primordiales

En todo caos hay un cosmos, en todo desorden hay un orden secreto.

CARL JUNG, psiquiatra y psicoanalista suizo

Del mismo modo que comenzamos el capítulo anterior hablando de la formación de los continentes de la Tierra hace 200 millones de años a partir de la colisión de los dos supercontinentes ancestrales, Laurasia y Gondwana, esta vez comenzaremos hablando de otra colisión, pero no en la Tierra, sino en los cielos. Aunque las teorías que vamos a examinar tienen fallos, convendrá que las abordemos. Una cita, atribuida a veces al poeta romano de la época augusta Quinto Horacio Flaco, mejor conocido como Horacio, dice, «Comienza, sé audaz y atrévete a ser sabio». Comenzando con un examen crítico de las audaces cosmologías de Zecharia Sitchin, y ahora de Immanuel Velikovsky, nosotras también nos atreveremos a ser sabias.

Choque de titanes

Immanuel Velikovsky (1895-1979) fue un científico ruso-estadounidense y un verdadero erudito que estudió Derecho e Historia Antigua, así como Medicina. Tras obtener su licenciatura en Medicina en 1921, emigró a Alemania, para después trasladarse a Viena con la intención de estudiar Psicoanálisis bajo la dirección del primer alumno de Sigmund Freud, Wilhelm Stekel. En 1939, después de aprender psicoanálisis con los maestros, se fue a Estados Unidos y se dedicó a profundizar en los tres arquetipos que más interesaban a Freud: Moisés, Akenatón y Edipo. A continuación, Velikovsky se adentró en el estudio de los textos antiguos, todo lo cual le llevó a formular su teoría radical de que la Tierra había pasado por cierto número de catástrofes a consecuencia de la colisión de Venus y Marte. Según entendía Velikovsky los manuscritos antiguos, esta violenta colisión planetaria fue presenciada por la gente en la Tierra y, posteriormente, registrada por numerosas y dispares civilizaciones de la antigüedad.

Durante el transcurso de sus investigaciones, Velikovsky tropezó con una traducción de uno de los textos clave del antiguo Egipto, cuyo traductor, Alan Gardiner, lo había datado a finales del Imperio Medio. En el papiro se hablaba de cierto número de acontecimientos catastróficos casi idénticos a los mencionados en el libro del Éxodo. Entre las similitudes se encontraban los relatos del agua transformada en sangre, del ganado enfermo, el granizo ígneo, la oscuridad y muchas más. Estas y otras sorprendentes coincidencias entre los textos bíblicos y los egipcios llevaron a este científico a plantear la hipótesis de que el relato del Éxodo no era ni ficción ni alegoría, sino un acontecimiento real de carácter cósmico.

Según Velikovsky, hace poco más de 4 000 años hubo una explosión en Júpiter, que tuvo como resultado que un fragmento del tamaño de un planeta, lo que ahora llamamos Venus, saliera despedido dentro del sistema solar. Este nuevo cometa se precipitó hacia el Sol y entró en órbita elíptica, cruzando la órbita de la Tierra. Alrededor del 1500 a. C., la Tierra atravesó la cola del cometa. Al principio, la atmósfera se llenó de un fino polvo rojo que cayó a la superficie del planeta, coloreando la tierra y contaminando el agua. Pero cuando la Tierra se acercó a la cabeza del cometa, cayeron partículas aún más grandes que se precipitaron sobre la Tierra como una violenta lluvia de meteoritos, como granizo, que claro está que provocó una gran destrucción. Grandes cantidades de hidrocarburos se liberaron en la atmosfera en forma de lluvias, formando lo que ahora son reservas de petróleo; sin embargo, lo peor fue que parte del petróleo que cayó del cielo se encendió merced a los rayos, y de ahí que pareciera que caía fuego del cielo.

Velikovsky creía que esta catástrofe celeste explicaría el destacado papel que Venus jugó en muchísimos mitos, leyendas y textos astronómicos e históricos de la antigüedad. Los relatos persas hablan de un día que duró como tres días, y que luego se hizo de noche, una noche que duró tres veces más de lo habitual. Los chinos escribieron también acerca de un tiempo en que toda la Tierra estaba ardiendo y que el sol no se puso en varios días. Durante este tiempo, la mayor parte de la población del mundo fue destruida, o bien sufrió una terrible hambruna. En la primera parte del códice Chimalpopoca, de México, denominado los anales de Cuauhtitlán, se cuenta que hubo una catástrofe cósmica en un distante pasado que tuvo como resultado una prolongada noche. En las leyendas de la América Central precolombina de las que se tiene constancia se dice que cincuenta y dos años antes había habido una catástrofe que coincidió con el oscurecimiento del sol.

Velikovsky estableció otras muchas conexiones interesantes, pero otro de sus llamativos argumentos fue que las fuerzas electromagnéticas, y no la gravedad, habían influido enormemente en determinados acontecimientos dentro del sistema solar. Velikovsky le escribió una carta a su amigo Albert Einstein en la que afirmaba que el espacio no está vacío y que el electromagnetismo juega un papel fundamental en el sistema solar y en todo el universo. Einstein no se mostró de acuerdo con Velikovsky, algo bastante habitual entre dos amigos que habían discutido teorías juntos durante muchos años. Velikovsky sabía que Einstein necesitaba evidencias, de modo que predijo que si los astrónomos podían detectar emisiones de radio desde Júpiter, esto apoyaría su teoría; y, en 1955, los astrónomos de la Institución Carnegie se quedaron, de hecho, estupefactos al detectar potentes señales de radio emanando de Júpiter.

Sin embargo, la comunidad científica rechazó de plano los planteamientos de Velikovsky, afirmando que las fuerzas electromagnéticas no podían haber tenido tanta influencia. De hecho, los expertos de su época lo ridiculizaron. Sin embargo, como sabemos, Einstein, padre de la teoría de la relatividad general, podía no estar de acuerdo con Velikovsky, pero, con todo, ambos mantenían una asidua correspondencia y discutían sus teorías sin caer en los ataques personales. Este tipo de discurso civilizado, de mentes abiertas, es cada vez más difícil de encontrar en nuestros días. Sólo con que el mundo científico estuviera dispuesto a discutir las llamadas ideas marginales, esto supondría un gran cambio. Pero muchas expertas y expertos modernos no están tan seguras como lo estaba Einstein. Einstein conocía bien su propio intelecto, y no se sentía amenazado por aquellas otras personas que pensaban de modo diferente.

Evidentemente, la teoría de Velikovsky tenía sus defectos; como, por ejemplo, su cronología general de los acontecimientos. Gran parte de sus teorías se basaban en textos bíblicos, sobre todo del Antiguo Testamento, en los que también hay contradicciones. Por ejemplo, existe un testimonio escrito acerca de un avance científico de los babilonios, que en torno al 1600 a. C. descubrieron que Venus no era dos cuerpos celestes diferentes –la estrella del alba y la estrella del ocaso–, sino sólo uno. Sin embargo, se suponía que Moisés había estado esquivando los escombros ígneos de la cola del cometa que debía haber sido el protoplaneta Venus en torno al 1200 a. C. Claro está que esto podría ser una discusión bizantina. Considérese también que la masa de Venus es mucho mayor que la de cualquier cometa. De tal modo que, si la teoría de Velikovsky fuera correcta, resultaría problemática la afirmación de que Venus había pasado por las cercanías de la Tierra, pues la Luna sigue en su órbita. Si, realmente, Venus hubiera pasado entre la Tierra y la Luna, ésta habría salido despedida por el espacio.

Pero no estoy señalando esto para desacreditar a Velikovsky. Yo soy historiadora y arqueóloga, no física o astrónoma, ni tampoco he tenido correspondencia personal con grandes científicos como Einstein, como sí hizo Velikovsky. Como científica social, lo que espero que quede claro es esto: que existen y han existido personas eruditas que han propuesto teorías audaces que cuestionaban las narrativas históricas, e incluso prehistóricas, aceptadas. Una teoría audaz tendrá también defectos, pero hace falta coraje para cometer errores. Una cita atribuida frecuentemente a Einstein señala, «Nadie que no haya cometido nunca un error habrá intentado nada nuevo». Velikovsky no tuvo miedo de cometer errores, y tampoco Sitchin. En ciencia, muchos de los más grandes descubrimientos tuvieron lugar de forma accidental.

Una cosmología sumeria

El relato de Velikovsky se parece al de Sitchin en muchos aspectos. Desde el punto de vista de Sitchin, los seres humanos y las civilizaciones de la antigüedad fueron casi completamente aniquiladas por la colisión de la Tierra con el planeta que él llamó Tiamat, por el dios sumerio. Según esta teoría, la Tierra está llena de rastros de este apocalíptico acontecimiento. Hoy en día, multitud de excavaciones en todo el planeta muestran la destrucción que provocó Tiamat, y muchos textos de la antigüedad hablan de ese desastre, tal como descubrió Velikovsky.

En un principio, la idea de la existencia de planetas desconocidos en el sistema solar no nos llegó desde una hipótesis científica, sino desde un mito. Desde mediados del siglo xx, diversas teorías alternativas hablan de Nibiru, un planeta que, supuestamente, transitaría entre Marte y Júpiter. Sitchin afirmaba que los sumerios conocían la existencia de un «planeta errante» al que llamaban Nibiru. Sostenía que era un cuerpo celeste completamente real, pero fue un poco más allá al declarar que Nibiru estaba habitado por la civilización de los anunnaki, los misteriosos antepasados de la humanidad que crearon al *Homo sapiens* para hacerle trabajar en Mesopotamia y en las minas de oro de África, según sus traducciones. Hay que decir que muchos expertos en historia y en lingüística de Oriente Próximo se opusieron vehementemente a las traducciones de Sitchin. Sin embargo, aunque ciertamente hay numerosos errores en estas traducciones del sumerio, sería un error desestimar por completo sus teorías, pues con Sitchin sucede como con Velikovsky, que, para proponer realmente algo nuevo, tienes que ser lo suficientemente audaz como para cometer algunos errores.

¿Traducciones correctas?

En su libro *El 12.º planeta*, Zecharia Sitchin afirmaba que los textos sumerios habían sido mal traducidos y que constituían relatos acerca del contacto con extraterrestres en la antigüedad. Sostenía que en los textos se hablaba de unos alienígenas tecnológicamente avanzados que habían venido a la Tierra hace más de 400 000 años en busca de oro, metal que necesitaban en su propio planeta, Nibiru, para recomponer su maltrecha atmósfera. Y dice que fueron ellos quienes modificaron genéticamente a la especie humana para esclavizarla en la extracción de los recursos naturales del planeta. Como consecuencia de ello, estos alienígenas o anunnaki se convirtieron en nuestros amos y señores.

Permítaseme abordar algunas de las principales críticas al trabajo de Sitchin. Él mismo afirmaba que era una de las pocas personas en el mundo capaz de leer sumerio; sin embargo, esto es una exageración. Es de sobra conocido que los antiguos mesopotámicos tenían sus propios diccionarios. Se han encontrado muchos libros de texto antiguos, así como tablillas utilizadas por estudiantes para practicar la escritura. Todo esto se ha traducido y se sigue traduciendo desde mediados del siglo xx. Y no sólo se ha traducido, sino que se ha publicado también. Personalmente, poseo bastantes de tales publicaciones, incluida una de William Nesbit, que lanzó en 1914 la Columbia University Press, titulada *Sumerian Records from Drehem* [Registros sumerios de Drehem], que contiene no sólo un tratado de Nesbit, sino también los registros sumerios del emplazamiento de Drehem, situado en el actual Irak. Estas tablillas, desenterradas hace más de un siglo, tratan principalmente de la gestión del ganado cerca de Nippur. No hablan para nada de naves espaciales; pero sí nos dicen que ese asentamiento, al que ellos llamaban Puzrish-Dagan, era un lugar importante durante el siglo xxi a. C. Muchos de los textos descubiertos tratan de registros administrativos como éstos. Además de cierto número de viejos libros disponibles, existen también recursos *online* a los que puede acceder cualquier persona actualmente. El Electronic Text Corpus of Sumerian Literature (ETCSL) [El Corpus de Textos Electrónicos de la Literatura Sumeria], que gestiona la Universidad de Oxford, es el mejor recurso *online* actualizado de traducciones sumerias, donde cualquier investigadora puede hacer búsquedas de forma gratuita.

Muchos expertos en el campo han demostrado que las traducciones de Sitchin efectivamente contenían errores. El principal de ellos es el doctor Michael Heiser. De hecho, Heiser, un acreditado académico especializado en la Biblia hebrea y en las lenguas semitas de la antigüedad, dirige toda una página web dedicada a refutar las teorías de Sitchin. Heiser señala que Sitchin cometió muchos errores de traducción y se ofreció a debatir con él en el programa de radio nocturno *Coast to Coast AM,* con el fallecido Art Bell. Pero, aunque Heiser ofrece unas críticas sólidas al trabajo de Sitchin, también deberíamos considerar sus sesgos. Además de su inquina intentando rebatir a Sitchin, hay que señalar que Heiser publica sus libros en la editorial Lexham Press, que forma parte de Faithlife Corporation. Según su página web, Lexham Press «busca incrementar la alfabetización bíblica, la reflexión cristiana profunda y la acción de los fieles en todo el mundo publicando diversos materiales de estudio de la Biblia evangélica, obras eruditas y recursos pastorales» (lexhampress.com, 2018). Es decir, Heiser contempla el trabajo de Sitchin a través de una lente cristiana evangélica que, como cualquier otra lente, puede limitar tu visión y dar como resultado conclusiones sesgadas.

Y aquí se halla el problema: en que la obra de Sitchin es tan controvertida que, al parecer, nadie encuentra un punto medio. Las personas que siguen a Sitchin tienen la tendencia a no cuestionar ninguna de sus afirmaciones. Las personas que rebaten a Sitchin lo cuestionan absolutamente todo. Y esta división genera una enorme brecha en nuestra comprensión de la historia de la humanidad. Sumergiéndonos en discusiones bizantinas con cada una de las traducciones perdemos la oportunidad de establecer conexiones significativas. Mareando la perdiz con pequeños asuntos estamos dejando de contemplar el cuadro general, y de este modo nos estamos perdiendo la verdad. Y la verdad es una imagen más grande y compleja, una imagen que todo el mundo podría ver si dejáramos a un lado nuestras limitadas visiones del pasado y nos pusiéramos a mirar juntas lo que no veíamos a simple vista. Claro está que hay muchas personas ahora que se ganan la vida incordiando exclusivamente desde una visión parcial de la realidad, de manera que negarse a aceptar otra cosa redunda en su propio beneficio. Divide y vencerás ha sido siempre una estrategia eficaz. Por este motivo, en mis investigaciones prefiero no enzarzarme en discusiones sobre una variación u otra en una traducción, a menos que sea esencial para el contexto y el significado de todo un pasaje.

En vez de referirnos a la obra de Sitchin como una traducción de los textos sumerios, yo creo que sería más exacto y útil referirnos a su obra como *una interpretación*. Esto no supone menospreciar sus esfuerzos; todo lo contrario. Considero que la mayoría de los problemas que surgen al discutir la obra de Sitchin vienen del hecho de que la gente intenta demostrar o rebatir todo lo que Sitchin teorizó basándose sólo en la lingüística. (Y muchos de los que se oponen a los puntos de vista de Sitchin proceden de este campo). La lingüística es un campo de estudio complejo, pero su complejidad y su uso de métodos científicos no significa que sea una ciencia cuantificable, como lo pueden ser las matemáticas o la física.

El arte de traducir

Ni siquiera las especialistas en lingüística la ven como una ciencia exacta. En un artículo publicado por la Linguistic Society of America, un grupo de expertos se preguntaba si la lingüística pertenece a las ciencias naturales, a la biología o a las ciencias sociales. Argumentaban que, debido a que los procesos lingüísticos utilizan técnicas científicas, es fácil que cualquier persona llegue a la conclusión de que se trata de una ciencia. El estudio del lenguaje parece muy diferente al de la antropología cultural o la arqueología porque sus rígidos parámetros dentro de las estructuras gramaticales contrastan con el «libre e indeterminado comportamiento de los seres humanos estudiados desde el punto de vista de la cultura» (Sapir, 1929, p. 213).

Estos expertos llegaron a la conclusión de que el lenguaje es, principalmente, un producto cultural y debe comprenderse como tal, y que el desarrollo de las lenguas depende de la *interpretación,* como el arte u otros productos de la cultura (Sapir, 1929).

¿Qué significa todo esto? Que el estudio de las lenguas, al igual que la arqueología, no es una ciencia, aunque los lingüistas utilicen técnicas científicas. El estudio de las lenguas se parece más a un arte. Por tanto, la interpretación es una forma válida de trabajar con una lengua, dado que la lengua es un artefacto cultural. Para poder aceptar el relato de Sitchin tendremos que fijarnos en la interpretación, en vez de reducirlo todo a una simple traducción, porque sus traducciones han demostrado estar equivocadas. Por tanto, quien desee creer en el relato de Sitchin lo tendrá que hacer sobre la base de la creencia, que es dominio de la fe y no de la ciencia. ¿Acaso hay algo erróneo en el hecho de interpretar unos textos antiguos de tal manera que haga falta fe para aceptar tal interpretación? Tendrías que preguntarle esto a más de 6 000 millones de seres humanos en el mundo, que dependen de las interpretaciones de alguna forma de texto religioso antiguo como fundamento de sus creencias.

Con esto en mente, echemos un vistazo a la epopeya babilonia de la creación, el *Enûma Eliš,* y veamos cómo la interpretación de Sitchin de este importante texto podría darnos un atisbo del nacimiento del cosmos.

El Enûma Eliš, Tiamat y Nibiru

La historia de nuestro sistema solar se relata en el *Enûma Eliš*. El relato de la creación comparte notables similitudes con el del Génesis, sólo que el *Enûma Eliš* es mucho más antiguo. Consta de siete tablillas correspondientes a los siete días de la Creación del Génesis; y, del mismo modo que el séptimo día fue el día de descanso en el Génesis, la séptima tablilla está dedicada a la glorificación de la deidad creadora babilónica. El orden de la creación también se corresponde en ambos textos, mientras los dioses discuten la creación del hombre. También en el *Enûma Eliš* se hace referencia a los planetas como dioses envueltos en una épica batalla. Según Sitchin, en aquel momento la Tierra no existía, y había un planeta llamado Tiamat entre Marte y Júpiter. Tiamat tenía más o menos el tamaño de Urano. Pero un extraño planeta llamado Nibiru llegó desde fuera del sistema solar, un planeta errante que había escapado de otro sistema estelar. Nibiru quedó cautivo de la gravedad de nuestro sistema solar y provocó, entre otras cosas, que el eje de Urano se volteara y que Plutón se convirtiera en otro planeta en órbita alrededor del Sol, dado que antes era una luna de Saturno. Nibiru también ejerció su gravedad sobre diversos planetas de nuestro sistema solar. Una de las lunas de Nibiru colisionó con Tiamat y, posteriormente, el propio Nibiru colisionó también con Tiamat. Los fragmentos de Tiamat formaron el cinturón de asteroides y, posiblemente, varios cometas y asteroides sueltos. El resto de Tiamat fue arrojado a otra órbita en torno al Sol y se convirtió en la Tierra, en tanto que otra luna de Tiamat se convertía en nuestra actual Luna. Nibiru se asentó en una órbita elíptica alrededor del Sol, pero opuesta a las del resto de los planetas, emergiendo desde debajo a través del cinturón de asteroides, entre Marte y Júpiter, y en una órbita de 3 600 años. Esto significa que un año de Nibiru equivale a 3 600 años terrestres.

Debido al choque entre Tiamat y Nibiru, se dice de Nibiru que es el portador del «elixir de la vida» o de «las semillas de la vida», dado que afirma que la evolución de la vida en la Tierra se puso en marcha tras el impacto. Según los registros fósiles, durante los primeros 600 millones de años no hubo vida en la Tierra. Hace 4 000 millones de años, emergió la primera forma de vida, tras lo cual la vida en la Tierra se desarrolló con rapidez.

Nibiru pasó a ser conocido como el duodécimo planeta, dado que se contaban también el Sol y la Luna. Si no contamos el Sol y la Luna, Nibiru sería el décimo planeta o planeta X. Esto, claro está, antes de que un grupo de astrónomos decidiera que Plutón ya no podía contarse como un planeta de pleno derecho. La X significaría también el «planeta desconocido». Supuestamente, el duodécimo planeta es el responsable no sólo de las fluctuaciones que se observan en las órbitas de los planetas, sino también de muchas catástrofes acaecidas en la Tierra cada vez que Nibiru pasa por la región interior del sistema solar, como los cambios de eje (el norte se convierte en sur y el sur en norte), cambios en la precesión de la Tierra, movimientos de las placas tectónicas, terremotos, maremotos, erupciones volcánicas y cambios climáticos de diversos grados. En el nivel humano, la mortandad puede ser masiva, la pérdida de cosechas, hambrunas, enfermedades y guerras. El diluvio bíblico pudo ser causado por el duodécimo planeta, y posiblemente el éxodo del pueblo hebreo desde Egipto y sus diez plagas correspondientes, tal como sostenía Velikovsky.

Pero convendrá tener en cuenta que, en la lectura de estos textos, las deidades tenían múltiples significados en la mitología sumeria, al igual que ocurre en otras religiones.

Significado 1:

Designación de un planeta, estrella, luna, cometa o cuerpo celeste al cual se le otorgaban cualidades divinas. Esto no sólo lo vemos en el *Enûma Eliš* cuando se habla de Tiamat y de Marduk, sino también en otros lugares, en tablillas de arcilla donde se habla de Nibiru como del «señor de los cielos» y «el juez celestial».

Significado 2:

Nombre de los colonizadores de otro planeta. Igual que la humanidad es la especie humana de la Tierra, los dioses y las diosas son la especie humana del duodécimo planeta.

Significado 3:

Un ser o cualidad espiritual. Se puede dividir en a, b y c.
   a) Para los cristianos y otros creyentes en el monoteísmo, existe un Ser Supremo omnipotente, el todopoderoso Creador, que nor-

malmente adopta un papel masculino. En religiones politeístas como el hinduismo, también hay diosas, con múltiples dioses que están subordinados a un dios o diosa suprema. En algunas visiones, las diferentes deidades identifican partes de una misma divinidad.

b) En algunas perspectivas, se designan ángeles a determinados territorios y durante determinados períodos de tiempo, convirtiéndose así en el dios o la diosa de esa época o era. Después pueden llevar el título de dios-diosa, normalmente señor-señora, pero siguen subordinados al Dios Todopoderoso.

c) El Cosmos, el Arquitecto, la Fuente, el Todo, el Universo, etc. (Este ser puede adoptar formas bastante vagas).

El relato de Sitchin de la mitología sumeria continúa detallando cómo los habitantes del duodécimo planeta, Nibiru, colonizaron la Tierra con el fin de obtener materias primas. Estos colonizadores extraterrestres fueron llamados los anunnaki. El primer grupo de ellos fue el encargado de crear una cabeza de puente para que pudieran venir otros de ellos. Claro está que, según este relato, los anunnaki debían de disponer de una tecnología avanzada. Según los cálculos de Sitchin, esbozados en su libro *El 12.º planeta*, los anunnaki quizás fueran capaces de realizar viajes espaciales hace 500 000 años, y pudieron llegar a la Tierra hace alrededor de 432 000 años (Sitchin, 2016). Esta estimación de entre 400 000 y 500 000 años situaría su llegada poco antes del comienzo de lo que el mundo científico denomina el Eón Fanerozoico.

El Eón Fanerozoico toma su nombre del griego «vida visible», que hace referencia al hecho de que, durante esta época, hubo un fuerte incremento en el número de organismos vivos en la Tierra. Con la llegada del Eón Fanerozoico, vemos en los registros fósiles la repentina aparición de un gran número de especies biológicas y de organismos con esqueleto. Fue la época en la que «aparecieron» los animales y los seres humanos en la Tierra. La historia del desarrollo de la Tierra se divide en cuatro eones, de los cuales los tres primeros se combinan en una única era. Los primeros eones son el Hádico, que es cuando se formó la Tierra; el Arcaico, cuando se formó la corteza terrestre, y el Proterozoico, cuando apareció el oxígeno en la atmósfera de la Tierra. Estos tres eones se agrupan en una era denominada Precámbrica. La Era Precámbrica se prolongó desde 4600 millones de años atrás hasta hace unos 542 millones de años. Después del Precámbrico vino el período Cámbrico, el primer período de la Era Paleozoica y comienzo de un nuevo eón, aquél en el que nos encontramos ahora, el Fanerozoico. Este período es conocido por un desarrollo increíble, abrupto y rápido de organismos vivos, un fenómeno denominado «explosión cámbrica».

A partir de sus interpretaciones de los textos sumerios, teóricos alternativos como Sitchin han calculado los intervalos de tiempo y las fechas aproximadas de las actividades de los anunnaki en la Tierra. Estas fechas se corresponden a grandes rasgos con las cronologías geológicas establecidas:

- **Hace 450 000 años:** Entidades que huían de Nibiru descubren oro en la Tierra.
- **Hace 445 000 años:** El primer grupo anunnaki, encabezado por la entidad Enki, aterriza en la Tierra y se ponen los cimientos para la primera ciudad en la Tierra, Eridú, en el sur de Mesopotamia, en la costa del golfo Pérsico.
- **Hace 416 000 años:** Más anunnaki, encabezados por el hermano de Enki, Enlil, llegan a la Tierra para poner en marcha operaciones mineras en África. El soberano supremo, Anu, padre de Enki y Enlil, le entrega el gobierno de la Tierra a su hijo más joven, Enlil.
- **Hace 400 000 años:** Los anunnaki construyen la ciudad de Sippar, situada al suroeste de la actual ciudad de Bagdad, en el centro de Irak.
- **Hace 300 000 años:** Enki decide crear trabajadores primitivos para las operaciones mineras, a los que llaman *ùĝ saĝ gíg ga,* que significa «la gente de cabeza negra». Estos fueron los primeros *Homo sapiens,* que eran primates modificados genéticamente.
- **Hace 200 000 años:** La Tierra entró en un nuevo período glacial.
- **Hace 100 000 años:** El clima de la Tierra cambió de nuevo, calentándose esta vez.
- **Hace 75 000 años:** Nueva catástrofe climática al entrar la última glaciación. La vida en la Tierra se concentró exclusivamente en las latitudes centrales, cerca del ecuador. Los cromañones consiguieron sobrevivir en latitudes medias.

- **Hace 55 000 años:** El clima se estabilizó, y los anunnaki se casaban con mujeres terrestres. Sus descendientes comenzaron a gobernar sobre los primitivos humanos.
- **Hace entre 30 000 y 20 000 años:** La población mundial se multiplicaba de forma descontrolada. Enlil decidió destruir a la humanidad. Comenzó a haber sequías, inundaciones (incluido el diluvio) y epidemias. No obstante, la gente sobrevivió.

Esta línea temporal coincide en gran medida con lo que el mundo científico conoce ahora acerca de la cronología de la Edad del Hielo, poniendo al *Homo sapiens sapiens* en medio de un traicionero período de inestabilidad global. Imagina cuántas veces durante este duro período la humanidad estuvo peligrosamente cerca de una total extinción. La vivencia crónica del trauma pudo dar origen a muchos mitos de cataclismos, así como a la creación de lo que la mayoría de las expertas cree que son sólo historias. Sin embargo, las historias *son* historia. La palabra inglesa *history* procede del francés antiguo *estorie,* que significa «relato, crónica, historia» y del latín tardío *storia,* abreviado del latín *historia,* «historia, relato, cuento» (etymoline.com, 2018). Los historiadores consideran normalmente como ciertas las historias de las tradiciones orales, aunque se hayan ido pasando a través de muchas generaciones. ¿Por qué estas historias de antiguos cataclismos y de extraños visitantes no iban a ser relatos de acontecimientos reales?

La narrativa convencional intentará hacerte creer que estas personas de la antigüedad eran cavernícolas medio desnudos, violentos y primitivos, que adoraban simplemente a una naturaleza que no podían comprender. Sin embargo, la verdad es que se sabe muy poco de los primeros seres humanos, y la mayor parte de lo que se piensa de ellos se basa en muy pocas evidencias y en interpretaciones sesgadas de los datos. Estos sesgos se pueden observar toda vez que un arqueólogo encuentra algo de importancia cultural y llega a la conclusión de que ese objeto tenía un significado ritual sin tener los suficientes datos contrastables. Esta manera de pensar ha impregnado la disciplina de la arqueología desde sus mismos comienzos.

Tomemos a Henri Breuil (1877-1961), un arqueólogo, antropólogo y devoto sacerdote jesuita francés que estudió el arte rupestre por toda

Europa y Asia. Breuil se graduó en el seminario de St. Sulpice, y fue tal su celo religioso que sus colegas se referían a él como el «hombre irascible y egocéntrico» (Bahn, 1998, p. 62). Además de ser jesuita, Breuil trabajó con el Ahnenerbe o «Herencia de los Antepasados», un instituto de investigación nazi fundado por Heinrich Himmler. El propósito del Ahnenerbe era encontrar la supuesta historia arqueológica y cultural de la llamada raza aria.

Los juicios de Breuil se tomaban como cuasi infalibles, hasta el punto que los expertos le llegaron a llamar el «papa de la prehistoria» (Bahn). Sin embargo, su trabajo estaba plagado de sesgos y de especulaciones, siendo el ejemplo más notable el de las teorías que desarrolló sobre la magia de la caza y el arte rupestre del Paleolítico encontrado en el santuario de Trois-Frères en Ariège, Francia.

En estas cuevas, Breuil encontró un dibujo incompleto de una figura humanoide con cuernos, conocida actualmente como «el hechicero», e hizo un esbozo de lo que él pensaba que debía de ser el resto de la figura y lo publicó posteriormente en la década de 1920. Breuil afirmaba que el humanoide del dibujo era un chamán que los humanos primitivos veían en sus trances. Según él, se introducían hasta lo más profundo de la cueva, entraban en trance y salían de allí para pintar en las paredes de la caverna lo que veían en sus visiones, con la esperanza de que podrían obtener algún tipo de poder de la cueva.

Esta teoría, su esbozo y la credibilidad de Breuil han sido objeto de mucho debate. En el dibujo, Breuil se toma demasiadas libertades, si se lo compara con la imagen auténtica de la cueva, que es apenas un contorno. ¿Acaso puede sorprender a alguien que una persona con tal celo religioso rellenara los espacios en blanco a partir de sus propias creencias? Su teoría de que la figura humanoide era un chamán quizás no sea incorrecta; pero, si tenemos en cuenta que las evidencias que aporta Breuil para su teoría son sus propias especulaciones, se hace evidente que la academia no siempre ha sido justa, ni siquiera ha sido siempre digna de confianza. No obstante, la teoría de Breuil se ha terminado convirtiendo en la narrativa aceptada sobre el arte rupestre del Paleolítico Superior. ¿Dónde está el resto de las evidencias de Breuil para sustentar sus afirmaciones sobre estos humanos de la antigüedad y sus trances? ¿Cómo pudo conjeturar todos estos detalles a partir de un esbozo de dibujo?

Descubrimientos arqueológicos como éste son como un test de Rorschach. Cuando se contempla una imagen vaga como ésta, una termina proyectando su propio ego en la imagen. Cuando lo cierto es que, cuanto más te remontas en la historia, menos certezas puedes tener. Las evidencias físicas se degradan, las lenguas desaparecen junto con los textos y la naturaleza reclama sus dominios a la humanidad. Así es como las civilizaciones se pierden finalmente. Es pura arrogancia por parte del mundo académico creer que se pueden conocer las respuestas con tan pocos datos.

Dibujo del chamán de Breuil (del libro The Shamans of Prehistory, *de Jean Clottes y J. David Lewis-Williams).*

Los profesionales de la arqueología siguen teniendo la tendencia a proyectar implicaciones y significados religiosos sobre lo que pueden ser, simplemente, representaciones seculares. Así es como un simple asentamiento humano se convierte en un templo y las tradiciones locales se transforman en ritos religiosos. Aunque resulte tentador asignar a una estatua enterrada un significado que la asocie con el otro mundo, no todo hallazgo es una reliquia religiosa.

La civilización sumeria se desarrolló en torno al 4 000 a. C., durante una época de considerables avances intelectuales. Habían pasado sólo 300 años desde que los seres humanos habían construido una civilización industrializada moderna, lo cual es trivial a escala geológica. Aunque no lo parezca, incluso el Eón Fanerozoico –todo el tiempo durante el que ha habido vida compleja sobre la superficie de la Tierra– sigue siendo una pequeña fracción del tiempo geológico. Esto plantea la pregunta de si una civilización tal como aquélla pudo haberse dado con anterioridad en el planeta. ¿Pudo existir una civilización sumamente avanzada en la Tierra, una civilización perdida y tan antigua que no podamos encontrar nada de ella en los registros arqueológicos ni en los registros fósiles? Pues bien, un grupo de investigación de la NASA se está haciendo la misma pregunta.

Una civilización perdida

¿Sabemos realmente todo lo que hay que saber sobre el desarrollo y las etapas que ha seguido la vida en este planeta? Unos investigadores de la NASA se plantearon recientemente la posibilidad de que hubiera existido una antigua civilización industrial de la que no hubiéramos sabido nada. De esto hablan en un artículo publicado por el *International Journal of Astrobiology,* titulado «The Silurian Hypothesis: Would It Be Possible to Detect an Industrial Civilization in the Geological Record?» [La hipótesis silúrica: ¿Sería posible detectar una civilización industrial en los registros geológicos?] (lo de «silúrica» viene de una antigua raza de reptilianos inteligentes subterráneos de la serie *Doctor Who).* En este trabajo, científicos del Instituto Goddard de la NASA para Estudios Espaciales y de la Universidad de Rochester se preguntan si nuestra actual civilización es la única civilización avanzada que haya existido en el planeta (Schmidt y Frank, 2018).

Los investigadores sostienen que, dado que los registros fósiles no se remontan más allá de los 2,6 millones de años, no podríamos detectar, aunque lo quisiéramos, cualquier civilización industrial que hubiera podido existir en la remota antigüedad. A estas alturas, cualquier cosa con más de 2,6 millones de años se habría convertido en polvo ya, de modo que todo cuanto existiera antes de ese período se habría perdido para siempre. Recurriendo a la ecuación de Drake para estimar el número de civilizaciones extraterrestres activas y comunicativas en la galaxia de la Vía Láctea, los investigadores utilizaron la letra N para representar el número de posibles civilizaciones, «que era igual al producto de la tasa promedio de formación de estrellas, R*, en nuestra galaxia; la fracción de estrellas formadas, f_p, que tienen planetas; el número promedio de planetas por estrella, n_e, que, en potencia, podrían sustentar vida; la fracción de esos planetas, f_l, que realmente desarrollaron vida; la fracción de planetas que sustentan vida sobre los cuales se ha desarrollado vida inteligente y civilizada, f_i; la fracción de estas civilizaciones que han desarrollado comunicaciones, f_c, por ejemplo, tecnologías que liberen señales detectables en el espacio; y la longitud de tiempo, L, sobre la cual tales civilizaciones liberan señales detectables» (Schmidt y Frank, 2018). Así, la ecuación tenía este aspecto:

$$N = R^* \cdot f_p \cdot n_e \cdot f_l \cdot f_i \cdot f_c \cdot L$$

Utilizando el modelo matemático, los investigadores determinaron que, si las civilizaciones de la antigüedad viajaron al espacio y dejaron objetos en otros planetas, sería más fácil encontrar evidencias de estas civilizaciones de lo que lo sería en la Tierra (Schmidt y Frank, 2018), debido a que la erosión y la actividad tectónica habrían borrado las evidencias de una civilización extremadamente antigua. Para ejemplificarlo, los investigadores citan a los dinosaurios, afirmando que «de todos los dinosaurios que pudieron existir, tenemos fósiles de sólo unos pocos cientos de especímenes casi completos; o, lo que es lo mismo, sólo queda un puñado de animales individuales en miles de taxones cada 100 000 años» (Schmidt y Frank, 2018, p. 5). Como tal, es altamente improbable que hayan podido sobrevivir objetos físicos de una civilización tan antigua. Incluso los más antiguos dispositivos tecnológicos humanos, como el mecanismo de Anticitera (h. 205 a. C.) ha llegado hasta nuestros días a duras penas. Sin embargo, los investigadores plantean que deberían llevarse a cabo más indagaciones sobre anomalías elementales y composicionales en los sedimentos actuales, porque pueden mostrar signos de una civilización antigua previamente desconocida, como capas de iridio, cuarzo impactado, microtectitas y magnetitas (Schmidt y Frank, 2018, p. 17). Por otra parte, los investigadores parecen optimistas ante la posibilidad de que haya existido en la Tierra –o, incluso, en otros cuerpos celestes– una civilización tecnológicamente avanzada y extremadamente antigua. En el estudio se menciona también cierto interés por la abiogénesis, la creencia de que la vida evolucionó a partir de sustancias inorgánicas e inanimadas, y la posibilidad de una «biosfera en la sombra», que estaría «compuesta por los descendientes de un acontecimiento originario diferente de aquel que llevó a nuestro último ancestro común universal (UACU)» (Schmidt y Frank, 2018, p. 4).

Aunque los investigadores de la NASA parecen creer en la posibilidad de vida extraterrestre avanzada, se quedan cortos posteriormente al decir que tal civilización no hubiera podido llegar a la Tierra, al dudar «seriamente de que existiera ninguna civilización industrial previa a la nuestra» (Schmidt y Frank, 2018, p. 18). Sin embargo, su investigación utiliza un marco teórico defectuoso para descartar esa posibilidad: la ecuación de Drake. Para comprender por qué la ecuación de Drake no ofrece un marco adecuado para examinar la posibilidad de vida planetaria en la antigüedad tendremos que echar primero un vistazo al trabajo del Instituto SETI y de Frank Drake, de quien toma el nombre la ecuación.

La búsqueda de vida extraterrestre

A lo largo de la historia, aquellas personas que se han planteado si existe vida fuera de la Tierra se han preguntado también si tal vida extraterrestre sería inteligente o no y si sería capaz de comunicarse. El Search for ExtraTerrestrial Intelligence Institute [Instituto para la Búsqueda de Inteligencia Extraterrestre] (Instituto SETI) está intentando resolver estas preguntas al concretar su misión como «explorar, comprender y explicar el origen, la naturaleza y la prevalencia de la vida en el universo» (SETI, 2018). Aunque su declaración de intenciones es clara, la búsqueda de vida extraterrestre se ha demostrado problemática por unas cuantas razones de peso. En primer lugar, la misión del SETI tiene un defecto de base, y es su carácter antropocéntrico. En segundo lugar, las resistencias del SETI a utilizar nuevas tecnologías reduce sus posibilidades de éxito.

Los fundadores del SETI carecen de la suficiente diversidad en cuanto a formación y experiencia como para evaluar a fondo la plausibilidad de comunicarse con vida extraterrestre. Actualmente, el SETI «emplea a más de 150 científicas, educadores y personal de apoyo» (SETI, 2018). Pero, aunque emplear a científicas es evidentemente esencial, no se está poniendo el foco suficientemente en atraer a personas más creativas y diversas. La mayor parte del personal científico del SETI procede de campos científicos tales como las matemáticas, la física y la astronomía. Se trata de profesionales muy respetados en su campo, y sin duda tienen mucho que aportar a la búsqueda de vida más allá de la Tierra. Sin embargo, hay otros muchos aspectos que considerar a la hora de resolver una pregunta de esta magnitud. Por ejemplo, las civilizaciones extraterrestres pueden tener culturas, lenguas, sistemas éticos y filosofías extraordinariamente singulares, todo lo cual debería tenerse en cuenta. De ahí que el SETI debería disponer de profesionales en campos diversos como la antropología, la historia y la filosofía para incrementar así sus posibilidades de éxito. Existen más factores a considerar cuando se intenta identificar y comprender la vida extraterrestre, dado que la evolución cósmica no tiene uno, sino tres componentes: el astronómico, el biológico y el cultural (Dick, 2008). El personal científico del SETI se ocupa principalmente de los dos primeros componentes, a juzgar por la formación específica que tienen, pero están ignorando el tercero, un componente crítico, el de la cultura.

El SETI, fundado en sus orígenes por astrónomos, comenzó a tomar forma ya en 1961 gracias a Frank Drake, un radioastrónomo estadounidense. Drake ofreció la ecuación matemática para sustentar la posibilidad de vida extraterrestre. Presentó inicialmente sus teorías en un congreso del Observatorio Nacional de Radioastronomía en Green Bank, que con el tiempo llegaría a ser conocido simplemente como «El Congreso de Green Bank» (Clark, 2000, p. 32). Drake, como organizador de este evento, preparó la agenda de las reuniones y, mientras compilaba los puntos a discutir, decidió asignar un símbolo a cada punto, convirtiendo la agenda en una ecuación. Esta ecuación, conocida ahora como la ecuación de Drake, se convertiría en la piedra angular del SETI.

Durante el congreso de Green Bank, Drake comunicó sus ideas a muchos expertos y expertas en el campo de la astronomía, entre los cuales se encontraba Carl Sagan. Sagan llevaba cierto tiempo interesado en la búsqueda de vida extraterrestre, de modo que no hubo que rogarle mucho para que prestara su apoyo, difundiendo así la nueva iniciativa del SETI en todo el mundo, debido al prestigio público de Sagan y al respeto que se le tenía también en la comunidad científica (McDonough, 1987). Sagan era visto como un intelectual, además de ser una persona ocurrente y carismática. Era capaz de explicar la ciencia de un modo que cualquier persona pudiera entenderla, y esto le llevó a convertirse en una figura popular en televisión. Merced a su fama, científicas y científicos de todas las partes del mundo comenzaron a aceptar la idea de que podrían haber existido civilizaciones extraterrestres, y empezaron a plantearse que quizás era una búsqueda válida (McDonough, 1987). Sagan fue quien abrió la puerta a la credibilidad del SETI, llevando así a más matemáticos, astrónomas y científicos a involucrarse en la idea. Aún hoy en día, el SETI conmemora el legado de Sagan con el nombre de su centro ancla: el Centro Carl Sagan para el Estudio de la Vida en el Universo, en el cual Drake es el director (SETI, 2018).

Desde su fundación, el SETI no ha llegado a detectar vida extraterrestre alguna. El uso de la ecuación de Drake para apoyar sus investigaciones da por sentado que la vida es rara en el universo y que en todo planeta deberían darse las mismas condiciones evolutivas que tuvieron lugar en la Tierra para que apareciera la vida (Ćirković, 2004). Pero el SETI no debería presuponer que todas las criaturas han pasado por los mismos procesos evolutivos por los que han pasado los seres humanos, pues existen otros factores que deberían tomarse en consideración. No debería sorprendernos que el SETI haya «fracasado a la hora de hacer una detección positiva» (Clark, 2000, p. 182), habida cuenta de la necesidad que plantea de determinadas condiciones planetarias y de una serie aleatoria de acontecimientos como los que dieron lugar a nuestra evolución biológica. ¿Existe un defecto potencial en los fundamentos de la misión del SETI? Clark sostiene que «nosotros [los científicos] carecemos simplemente de la teoría para adjuntar valores garantizados a la mayoría de los términos de la ecuación de Drake» (Clark, 2000, p. 34). Drake, elaborando una fórmula matemática en soledad para justificar la existencia de vida extraterrestre, sin las aportaciones de un colectivo diverso de profesionales, no pudo ofrecer unos fundamentos lo suficientemente sólidos para una organización tan ambiciosa como es el SETI.

Además, los fundadores del SETI dan también por sentado que las criaturas que pueda haber en nuestra galaxia tienen que haber realizado los mismos desarrollos tecnológicos que hemos hecho los seres humanos en la Tierra. Sin embargo, no existe una base sustancial para esta afirmación. Muchos científicos creen que la galaxia es algo uniforme. En este sentido, «en cualquier punto de la historia de la galaxia podrían aparecer comunidades tecnológicas avanzadas» (Ćirković, 2004, p. 2). No disponemos de evidencias concretas que apoyen la idea de que la evolución es consistente, y mucho menos predecible; todo lo contrario. Clark se pregunta qué desencadenó la explosión cámbrica, que favoreció la aparición de «formas de vida crecientemente complejas», a diferencia de los 5 millones de años de evolución que proponía Darwin (Clark, 2000, p. 181). Simplemente, hay demasiadas variables involucradas en el origen de la vida, y lo mismo se podría decir sobre las tecnologías que podrían tener los extraterrestres. Evidentemente, no podemos comprender el desarrollo de una tecnología avanzada sin disponer de algunos conocimientos acerca de sus componentes científicos, representados en la ecuación de Drake como símbolos que sólo se pueden hipotetizar, pero no conocer de verdad.

Puede parecer idiota señalar esto, pero el SETI tiene el problema inherente de estar compuesto por humanos, y no por extraterrestres. Dicho de otro modo, pensando sólo desde una perspectiva humana, los miembros del SETI se hallan muy limitados en su comprensión de las comunicaciones extraterrestres. El SETI opera sobre la base de que la vida extraterrestre debe tener culturas paralelas a las humanas porque los seres humanos están en el universo y los extraterrestres también, y dado que ambas formas de vida existen en el universo, las leyes universales tanto de la ciencia como de las matemáticas se deben aplicar por igual (Basalla, 2006). La postura adoptada por el SETI en esta materia carece de equilibrio y no está fundamentada. Su misión se ha visto enormemente comprometida desde sus mismos inicios debido a errores de interpretación como éstos. Se centran más en los campos de interés especializados y las suposiciones individuales de sus miembros que en reconocer la naturaleza holística de la vida. Los seres humanos no pueden comprender plenamente los potenciales procesos de pensamiento, diferencias culturales o filosofías de la vida extraterrestre. La idea de que los seres humanos disponen de la objetividad y del conocimiento necesarios para saber lo que hace falta para comunicarse con los extraterrestres no deja de ser una idea antropocéntrica. Hay demasiadas variables, que deben ser evaluadas por profesionales de distintos campos no matemáticos ni astronómicos, como la antropología o la filosofía.

Enfoques tan diversos son cruciales para el éxito de la misión del SETI. La creencia básica de que los seres humanos serán capaces de comunicarse con extraterrestres no es sólo una cuestión de ecuaciones reconciliables, pues está plagada de dificultades filosóficas (Basalla, 2006). Y estas preguntas filosóficas pueden, en sí y por sí mismas, determinar el éxito del SETI. Por ejemplo, aun en el caso de que la vida extraterrestre dispusiera de la capacidad tecnológica para comunicarse con la vida en la Tierra, quizás no deseen hacerlo. Otra posibilidad es que su sistema de creencias se base en unos ideales filosóficos que prohíban culturalmente la comunicación con la Tierra. Muchos seres humanos se enfrentan a estos mismos dilemas filosóficos. Hay casos en los que la perspectiva de una comunicación con seres extraterrestres se considera como «contrario a la Biblia» (Peters, 2017). Si aún no hemos conseguido un consenso filosófico entre las propias civilizaciones de la Tierra, en el SETI tendrán que reconocer que, aunque los extraterrestres hayan podido llevar una evolución paralela a la humana, existen demasiados componentes filosóficos como para ser resueltos sólo desde la perspectiva y la ciencia humanas.

El SETI opera desde un enfoque ciertamente anticuado, pues se fundamenta en la suposición del paralelismo en el desarrollo de los avances tecnológicos entre las civilizaciones extraterrestres y la civilización humana. El SETI se basa en la tecnología de procesamiento de señales de radio, que era una tecnología de vanguardia en 1959, porque las ondas de radio pueden «viajar a través del espacio interestelar con relativa facilidad» (Clark, 2000, p. 58). Pero, a despecho de los beneficios que pueda tener el uso de las señales de radio en la búsqueda de vida extraterrestre, existen también factores que inhiben los avances. Las señales de radio apuntan sólo a estrellas muy concretas, y se transmiten a otras estrellas sin movimientos significativos, por lo que este método «no proporciona escaneo alguno» y deja en manos del azar la detección de civilizaciones extraterrestres avanzadas (Zaitsev, 2008). Por otra parte, existen tecnologías alternativas que podrían potenciar los esfuerzos del SETI. Para que la misión del SETI tenga éxito, van a tener que plantearse un enfoque más moderno.

El SETI utiliza un algoritmo conocido como la «Fast Fourier Transform (FFT)» [transformación rápida de Fourier] para intentar decodificar señales dentro del ruido de fondo cósmico que recibe a través de la tecnología de ondas de radio (Griggs, 2008). Pero existe una alternativa, sugerida por otros científicos desde principios de la década de 1980, un algoritmo conocido como la Karhunen-Loève Transform (KLT), para detectar señales de espectro expandido. La potencia computacional que se precisa para interpretar estos algoritmos sería ciertamente onerosa, incluso para los estándares modernos; sin embargo, una solución posible, ofrecida en una reunión en París y denominada Búsqueda de Firmas de Vida, sugiere que «la KLT debería programarse para los ordenadores del telescopio matriz de baja frecuencia, en Holanda, y el telescopio matriz de un kilómetro cuadrado, que se terminará de construir en 2012» (Griggs, 2008). A medida que aumenta la potencia computacional, se incrementan asimismo las presiones en el SETI para que utilicen este método. El astrónomo principal del SETI, Seth Shostak, está de acuerdo en que la KLT podría ofrecer mejores resultados en cuanto a la comunicación extraterrestre, pero piensa que abandonar los esfuerzos actuales no iba a acelerar los descubrimientos. Shostak se aferra a la creencia de que, aun en el caso de que los extraterrestres se comunicaran de una forma tan avanzada que pudiera ser detectada por la KLT, es más seguro suponer que los éstos «pudieran utilizar una señal "ping", que dispone de un montón de energía en una estrecha banda, que es el tipo de cosas que la FFT podría encontrar» (Griggs, 2008). Todavía está por demostrar si éste es o no el enfoque correcto. Con todo, el SETI sigue utilizando tecnología que Drake y otros radioastrónomos propusieron hace casi cincuenta años.

El SETI podría tomar en consideración un enfoque incluso más moderno para aproximarse al objetivo de establecer contacto extraterrestre. El uso de pulsaciones láser emitidas hacia la galaxia a través de un gran telescopio podría agilizar la búsqueda de vida extraterrestre, puesto que el láser puede cubrir mayores distancias que las ondas de radio. Según Jeff Hecht, «Utilizar el láser en vez de las ondas de radio tiene la ventaja de que el láser podría ser detectado a simple vista a distancias de en torno a 0,1 años luz» (Hecht, 1996). Además, utilizando como receptor un telescopio relativamente bueno, un rayo láser «podría ser detectado hasta distancias de en torno a 100 años luz» (Hecht, 1996). Con estos parámetros, el SETI podría cubrir una mayor distancia cósmica de aquella que cubre buscando ondas de radio en estrellas distantes.

Otro beneficio del uso de los rayos láser en lugar de, o sumados a, las ondas de radio sería que los rayos láser pueden transportar bastante más información que las ondas de radio solas. Un ejemplo de ello es que se hayan preferido las comunicaciones por cable en la Tierra (Clark, 2000, p. 111). Evidentemente, el SETI se beneficiaría mucho de las nuevas tecnologías que tiene a su disposición hoy en día. Las posibilidades de establecer contacto con vida extraterrestre se incrementarían de forma significativa, contando sólo con probabilidades, si se utilizaran más y diferentes métodos. El láser tendría una mejor relación coste-efectividad, dado que alcanza a mayores distancias. Por otra parte, según Hecht, los telescopios necesarios para la detección del láser no precisan de una elevada calidad óptica ni ser de gran tamaño. Además, se podría ahorrar dinero, dado que los telescopios sólo servirían como «equipamiento ligero» para las observaciones del SETI (Hecht, 1996). Con tantas opciones disponibles, el SETI tiene mucho que considerar si quiere hacer algún avance.

Lo que sigue siendo motivo de debate es si sirve de algo buscar vida extraterrestre. A la luz de su fundamentación antropocéntrica, el SETI se ha granjeado el apoyo de un colectivo grande de importantes figuras. Entre sus patrocinadores están la sede central de la NASA, el Departamento de Energía, la Unión Astronómica Internacional y Hewlett-Packard, junto a otros muchos (SETI, 2018). Es lógico suponer que, incluso al ritmo actual, los avances en el tema de la comunicación extraterrestre sean aún posibles. Sin embargo, por respeto a sus patrocinadores, a la memoria de sus fundadores fallecidos y a todas las personas que han invertido tanto en la misión, el SETI tiene la obligación moral de examinar cualquier método que pueda incrementar sus posibilidades de éxito.

Si buscan la ayuda de profesionales de campos más diversos, especialmente de las ciencias sociales, las humanidades y la filosofía, el enfoque resultante, más holístico e inclusivo, podría suponer la diferencia entre conseguir o no la comunicación extraterrestre en los próximos cincuenta años. Del mismo modo, una valoración realista de nuevas tecnologías debería llevar al SETI a una mayor fiscalización de sus responsabilidades y a una orientación más clara a los resultados, sentando así las bases donde sustentar las esperanzas y sueños de las generaciones futuras, que creen que hay vida más allá de la Tierra y que la comunicación no sólo es posible, sino necesaria para comprender el lugar que ocupa la humanidad en el universo. En tanto que los investigadores de la NASA «dudan seriamente de que haya existido una civilización industrial antes que la actual», ampliar el campo, yendo más allá de un marco teórico defectuoso, podría incrementar las probabilidades de establecer contacto con civilizaciones perdidas de la antigüedad.

¿Qué es la conexión anunnaki?

A fin de preparar el escenario para la presentación de mi propia teoría sobre los anunnaki, hemos revisado las ideas de investigadores alternativos como Zecharia Sitchin e Immanuel Velikovsky, aunque ellos dos no hayan sido los únicos en plantear cosmologías. Hay muchos estudiosos y estudiosas independientes que han intentado responder algunas preguntas que el mundo académico tradicional se niega siquiera a contemplar. Tales estudiosos parecen coincidir en una premisa central: que el mundo antiguo sigue guardando más secretos de los que podamos creer.

Lo que yo creo es que estos secretos se pueden desvelar examinando lo que tienen en común los antiguos enigmas. Parece haber una conexión universal en la base de todo, desde los monumentos de la necrópolis de Guiza hasta las rocas azules de Stonehenge. Culturas antiguas de todo el mundo comparten similares relatos acerca de sus orígenes, deidades y creencias, aun cuando, supuestamente, nunca hubieran tenido contacto entre sí. ¿Cuál es esa conexión? Parece que la civilización, tal como la conocemos, surgió de una fuente extraordinariamente antigua aún por identificar. Esta antigua fuente concedió a los primitivos humanos unos conocimientos técnicos y prácticos destacados, así como elementos propios de una cultura elevada.

Tanto la naturaleza como el cosmos están compuestos de energías de diferentes tipos, pero la esencia de estas energías es, no cabe duda, la misma. Las energías que vienen de los planetas y las estrellas más alejados no difieren de las energías de la especie humana. En este sentido, el propio ser humano no es más que un pequeño cuerpo celeste, como un planeta o una estrella. Brillamos con nuestra propia luz o, en ocasiones, reflejamos la luz de otras, casi como un avatar. Pero lo que conviene comprender es que el mundo es una única red a través de la cual circula una cantidad infinita de energía. La sabiduría universal de los antiguos se basaba en esta idea: que lo pequeño está conectado con lo grande, y lo grande está conectado con lo pequeño. Gracias a esta interacción de la energía, existe una conexión.

Históricamente, aquellas personas que comprendieron este antiguo principio captaron la esencia de las leyes cósmicas y fueron capaces de establecer contacto con fuerzas celestes a través de materiales básicos de la Tierra, como piedras, metales y plantas, que están inherentemente conectados con la energía de determinados cuerpos celestes. Estas personas eran los chamanes, seres humanos con una extraordinaria capacidad para conectar con la experiencia consciente, tanto interna como externa. ¿Pudieron estos antiguos chamanes y chamanas haber estado en comunicación con los seres a los que los sumerios llamaron los anunnaki? La respuesta depende no sólo de quién, sino de *qué* son en realidad los anunnaki.

CAPÍTULO 3

Las deidades anunnaki

La arqueología no nos proporciona certidumbres, sino más bien hipótesis vagas. Y a la sombra de tales hipótesis hay artistas que se solazan soñando, considerándolas no tanto hechos científicos como fuentes de inspiración.

IGOR STRAVINSKY, compositor ruso

Los textos sumerios están llenos de relatos acerca de la vida de dioses y diosas. En estos relatos, las deidades crean y destruyen, se embriagan, son promiscuas, se enfurecen, envidian y se muestran egoístas y arrogantes, tanto entre ellas mismas como con los humanos y los semidioses.

A pesar de su supuesto poder, sus actos están lejos de ser ideales y confirman su carácter terrenal, incluso animal. Claro está que esto no significa necesariamente que los dioses fueran inmorales o malvados.

Hay muchos relatos en los que dioses y diosas ayudan a la gente de todas las maneras posibles, tratando enfermedades y salvando vidas. Además, también se dedicaron a educar. Además de la identificación con cuerpos celestes, las deidades tenían otras características funcionales conectadas parcialmente con los elementos de la naturaleza. Fueron ingenieros, poniendo en pie una civilización no sólo a través de su influjo filosófico o ideológico, sino también físicamente, con sus imponentes proyectos de construcción.

¿El rostro de un dios anunnaki? (©Can Stock Photo Inc.)

Su carácter físico

Con ojos grandes, marcados rasgos y cabellos y barbas intrincadamente peinados, los anunnaki tienen un aspecto imponente. En ocasiones, no parecen humanos. Sus representaciones, de hace alrededor de seis mil años, fueron hechas por personas de procedencia desconocida que llegaron a Mesopotamia desde alguna tierra ignota. Para los sumerios, estas deidades eran señores y señoras de la tierra y el cielo que disponían de poder sobre la vida y la muerte. Inmortalizadas en piedra, parecen muy diferentes de las deidades prehistóricas que los humanos primitivos parece que consideraron sagradas antes de la civilización.

En vez de la simplicidad del primitivo arte rupestre, estas obras maestras en piedra transmiten un mensaje complejo, de cultura elevada y avances tecnológicos. ¿Es éste el aspecto que tenían las deidades de la

70

primera civilización de la humanidad? ¿Qué otros atributos físicos pudieron tener?

A tenor de los detalles de los relieves que quedaron, la respuesta puede parecer obvia. Evidentemente, estos dioses eran antropomórficos. Sin embargo, el arte es con frecuencia una representación estilizada del mundo, en vez de una representación realista, fotográfica, de manera que su apariencia humana podría haber sido, más bien, una proyección de los artistas. En consecuencia, las investigadoras modernas se han de tomar muchas libertades creativas con los anunnaki. Todo esto ha resultado muy confuso para multitud de personas que, simplemente, querían saber qué aspecto tenían los anunnaki. Los ufólogos nos hablan de alienígenas grises, en tanto que los teóricos de la conspiración los retratan como criaturas reptilianas capaces de cambiar de forma. Algunos investigadores creen que, en tiempos antiguos, hubo diferentes tipos de criaturas humanoides recorriendo la Tierra.

Los hombres pez

Un ejemplo de ello podrían ser los hombres pez mesopotámicos denominados oannes, que formaban parte de un grupo de semidioses llamados *Abgal* en sumerio, o *Apkallu* en acadio. Según la leyenda, estos híbridos humano-pez eran dioses sabios que habían ido a enseñar a los seres humanos los fundamentos de la civilización, una idea que retomaremos en el capítulo 6. Se dice que estos seres habían emergido del agua y que adoptaban la forma humana durante el día, cuando estaban entre los humanos, para luego desaparecer por la noche.

Hay quien ha sugerido que estas criaturas no eran en realidad humanoides anfibios, sino más bien seres humanos ordinarios que llevaban unos trajes como de peces. El escriba caldeo Beroso decía del oannes que tenía cabeza de pez, pero que tenía también una segunda cabeza, y que tenía tanto los pies de un ser humano como la cola de un pez. Decía que el oannes compartía la lengua del hombre, pero que no comía (Cory, 1828). Y cuando se los atrapaba, sonaban literalmente de forma abominable. Sin embargo, si observamos las representaciones que aún quedan de este monstruo, ¿no será el oannes un ser humano que porta un atuendo con aspecto de pez?

Oannes, con lo que parece un atuendo con aspecto de pez. (John Ashton [dominio público])

Gigantes

Una de las ideas más difundidas estriba en que los anunnaki eran gigantes. Estas teorías se deben, en parte, a imágenes como las de la tablilla de Shamash, en la cual una enorme figura del dios Shamash, sentado, le ofrece la vara y el anillo (símbolo del poder y la justicia) a Hammurabi, el sexto rey de la Primera Dinastía Babilónica, que reinó entre el 1792 y el 1750 a. C.

Según se cuenta en la estela del Código de Hammurabi, constituida por una losa de basalto de 2,25 metros de altura, que se halla actualmente en el Louvre de París, Shamash, dios de la justicia y la equidad, fue quien dio a Hammurabi aquel código legal. En la estela dice, «Hammurabi, el rey de la justicia, a quien Shamash ha conferido el derecho (o la ley) soy yo» (King, 2018) para dejar claro quién está en la representación. En ocasiones, la gente confunde a Shamash con Marduk, y quizás esto guarde relación con algunos elementos del Código de Hammurabi en los que se hace referencia a Marduk, como cuando Hammurabi dice, «Por orden de Shamash, el gran juez del cielo y la tierra, que la justicia se extienda sobre el país: por orden de Marduk, mi señor, que no caiga

La tablilla de Shamash. Natritmeyer
(CC BY-SA 4.0, creativecommons.org*)*

destrucción alguna sobre mi monumento» (King, 2018). Y sigue diciendo, «Hammurabi es un soberano, que es como un padre para sus súbditos, que observa las palabras de Marduk con reverencia, que ha hecho conquistas en el norte y en el sur para Marduk, que regocija el corazón de Marduk, su señor, que ha concedido beneficios por siempre jamás sobre sus súbditos, y ha traído el orden al país» (King, 2018). En la estela se dice que Marduk, junto con otros dioses, concedió muchos dones a Hammurabi, y el soberano es un sirviente agradecido a Marduk y leal con él. Pero es evidente en el texto y en la representación de la vara y el anillo que fue Shamas quien le confirió las normas legales. Así, la figura sentada es Shamash, un Shamash poderoso e ilustre.

El símbolo celeste de la estrella de ocho puntas representa a la hermana gemela de Shamash, Inanna (posteriormente sincretizada en Ishtar), diosa del cielo. Ambos eran descendientes de Enki. En el texto dice, «Que Ishtar, la diosa del combate y de la guerra, que libera mis armas, mi gracioso espíritu protector, que ama mis dominios, maldiga en su enojado corazón el reino de él. Ishtar, que, en su gran cólera, transforme su gracia en maldad, y destroce sus armas en el lugar del combate y de la guerra. Que genere desorden y sedición para él, que derribe a sus guerreros, que la tierra se beba la sangre de éstos, y arroje en el campo las pilas de cadáveres de sus guerreros; que no le conceda una vida de misericordia, que le entregue en las manos de sus enemigos y lo meta en prisión en el país de sus enemigos» (King, 2018). Inanna/Ishtar era una diosa protectora, y su símbolo celeste aparece ahí para dar a entender que su presencia guardiana supervisa el intercambio de poder entre su hermano Shamash y el rey Hammurabi. Otro detalle que conviene resaltar es que a Shamash se le representa normalmente con cuatro cuernos que le envuelven la cabeza.

Lo que vemos aquí es un retrato habitual de una deidad aparentemente gigantesca en presencia de unos pequeños mortales. Sin embargo, normalmente se cree que dondequiera que haya una discrepancia de escala en el arte antiguo es porque con ello se pretendía comunicar la importancia de la figura, más que su tamaño relativo. De modo que, en este caso, se supone que el artista o artesano de esta imagen intentaba transmitir la idea de que Shamash era la figura más importante en la tablilla. Aunque éste es un tema lógico y constante, que podemos encontrar en muchas culturas y formas de arte, no ha sido suficiente para convencer a algunos investigadores, que consideran que las diferencias de tamaño que observamos en el arte antiguo han de ser tomadas literalmente, dando a entender que las deidades de la antigüedad eran, ciertamente, gigantescas.

Los gigantes es uno de los motivos más comunes de las leyendas antiguas; de hecho, muchos mitos de la creación hablan de dioses gigantes. La Biblia habla de los nefilim como de los gigantescos descendientes de los hijos de Dios que se emparejaron con hembras humanas, también conocidos como los «Vigilantes» en el libro de Enoc. En Génesis 6, 4 dice:

> Los nefilim existían en la tierra por aquel entonces (y también después), cuando los hijos de Dios se unían a las hijas de los hombres y ellas les daban hijos: éstos fueron los héroes de la antigüedad, hombres famosos. (Biblia de Jerusalén)

Obsérvese que el texto dice que los gigantes estaban *en* la tierra, en lugar de *sobre* la tierra.[1] ¿Estaría indicando esto que estos seres eran intraterrestres, en vez de extraterrestres? Volveremos más adelante sobre esta idea. De momento, consideremos la plausibilidad de los gigantes. Gracias a la gravedad, los seres vivos no pueden crecer hasta tamaños arbitrarios. De hecho, se cree que criaturas como los dinosaurios y demás megafauna pudieron crecer hasta alcanzar tales tamaños debido a que millones de años atrás la gravedad de la Tierra era más débil. Con la gravedad actual, los gigantes modernos, como elefantes y jirafas, palidecerían en comparación con las criaturas del pasado. Para que hubieran existido humanoides verdaderamente gigantes en nuestro planeta, debería haber sucedido hace muchos millones de años.

Sin embargo, las religiones abrahámicas no son las únicas que hablan de gigantes. Los antiguos griegos tenían a los titanes, una raza de gigantes hijos de Urano y Gaia. En América Central se nos habla del gigantesco dios blanco Quetzalcóatl, quien, al igual que el titán griego Atlantis o Atlas, fue representado sosteniendo la Tierra sobre sus hombros. También está Cú Chulainn, conocido como el Hércules irlandés, cuyo relato es sorprendentemente similar al del héroe griego Heracles, al del héroe persa

---

1. En inglés, *in* y *on*. En este idioma, «en la tierra» se diría *on the Earth,* textualmente «sobre la tierra», mientras que in aludiría a «dentro de». *(N. del T.)*

Rostam y al germano Cantar de Hildebrando. Aunque tales paralelismos apuntan a un origen común, los arqueólogos no creen que haya evidencias suficientes como para demostrar tal conexión (Beck, 2000).

Quizás los gigantes de las leyendas no eran tan grandes en tamaño como imaginamos ahora. En épocas en que la gente podía alcanzar, como mucho, el metro y medio de estatura, un ser humano de más de dos metros se habría convertido en materia de leyendas. De modo que es posible que los gigantes legendarios no fueran tan inmensamente altos para los estándares de hoy, dado que estos mitos son tradiciones orales que se remontan a millones de años atrás. Si los dioses de la antigüedad *eran* más altos que la media, su estatura máxima probablemente no excediera los tres metros.

Cráneos extraños

Los hallazgos de cráneos deformes han llevado a las investigadoras a especular sobre vínculos extraterrestres. El cráneo del Niño de las Estrellas es un cráneo deforme con 900 años de antigüedad que se encontró en México en 1930. Una adolescente que exploraba el túnel de una mina a unos 160 kilómetros al sudoeste de la ciudad de Chihuahua lo descubrió en una tumba superficial junto a un esqueleto humano normal. Las posteriores pruebas de ADN determinaron que había en él un elevado porcentaje de ADN inusual. Sin embargo, el mero hecho de que el cráneo no sea normal no lo convierte en extraterrestre. Afirmaciones tan extraordinarias precisarían de evidencias extraordinarias.

A unos 300 kilómetros de donde se encontró el cráneo del Niño de las Estrellas se halla el pequeño pueblo mexicano de Onavas. En 1999, durante la construcción de un canal de irrigación, se descubrió un cementerio de 1000 años de antigüedad. El emplazamiento, al que llaman actualmente El Cementerio,[2] contenía los restos de veinticinco enterramientos humanos. En trece de ellos encontraron cráneos alargados y terminados en punta por la parte posterior. De los veinticinco enterramientos, diecisiete eran de niños de entre cinco meses y dieciséis años de edad. En estos casos, la deformación craneal era intencionada. ¿Podrían

---

2. En castellano en el original. *(N. del T.)*

estar conectados estos dos descubrimientos? Si los pueblos antiguos de México practicaban la deformación craneal, ¿por qué lo hacían?

La deformación o modificación craneal artificial es una práctica conocida en muchas culturas a lo largo de la historia, pero sobre todo entre las antiguas poblaciones mesoamericanas. Históricamente, el pueblo náhuatl de Mesoamérica consideraba que el cráneo era la sede del alma, una especie de vasija para el espíritu. A este espíritu le llamaban *tonalli,* cuya raíz, *tona,* indica una conexión con el sol. En su sistema de creencias, el alma extraía su energía y su poder del calor del sol, y la persona lo contenía en el cráneo. Así, cuando una niña o un niño nacía, los náhuatl creían que los dioses habían insuflado el *tonalli* en él. En el momento las deidades insuflaban el *tonalli,* la consciencia del bebé despertaba y le convertía en uno con el destino de su alma.

Sin embargo, los bebés no tienen soldados los huesos craneales en un principio, los cuales están separados por una membrana. De este modo, el cráneo puede amoldarse para atravesar el canal del parto y luego expandirse en respuesta a la expansión natural del cerebro durante el crecimiento. Para los náhuatl, esa brecha entre los huesos del cráneo, que recibe el nombre de fontanela, hacía a los bebés especialmente vulnerables a la pérdida del *tonalli,* o peor aún, a que un espíritu malvado pudiera poseer al bebé entrando en su cráneo. Así, para salvaguardar el *tonalli* del bebé, vendaban fuertemente su cabeza, y la presión hacía que, poco a poco, el cráneo adoptase una forma cónica. Es decir, todavía está por demostrar el origen extraterrestre de los cráneos alargados u otras deformaciones.

No obstante, aún podríamos preguntarnos si habría algún motivo más tras las modificaciones corporales, pues hay quien sugiere que las gentes de la antigüedad quizás pretendieran emular a sus dioses. Mientras que la ciencia ha desacreditado la hipótesis del origen extraterrestre de muchos cráneos alargados, todavía no ha explicado por que estuvieron tan difundidas las prácticas de deformación craneal artificial.

Azul verdadero

Otro tema que llama la atención con las deidades —sobre todo en las divinidades de la India— es su piel azul. Se han encontrado deidades de piel azul en Egipto e, incluso, en América del Sur, y hay investigadores que afirman que los anunnaki eran también azules. ¿Será que tenían la piel azul, o será simplemente un elemento artístico o cualquier otra cosa? Aceptemos, de momento, que los dioses pudieran tener la piel azul. Esto podría significar que no fuera precisamente la piel lo que era azul, sino su sangre. Una persona de piel clara nos ofrece un tono de piel rosáceo debido a que su sangre es roja. Si la piel de los dioses parecía azul, ¿es posible que la sangre de los dioses fuera azul? Probablemente, habrás oído hablar de eso de «tener sangre azul». Tener sangre azul significa ser de origen noble. Se dice de los representantes de la aristocracia y la realeza que tienen la sangre azul. ¿Será el término *sangre azul* simplemente algo coloquial para identificar a alguien de noble cuna, o podría hacer referencia a algún tipo de legado genético?

Una de las principales funciones de la sangre consiste en transportar, por todo el organismo, oxígeno, dióxido de carbono, nutrientes y otros productos. El oxígeno es el elemento básico necesario para que un organismo vivo funcione, en tanto en cuanto le proporciona energía, que se obtiene merced a complejas reacciones químicas. Cualquier organismo vivo que respire deberá consumir normalmente oxígeno y emitir dióxido de carbono. Pero hay elementos en la sangre que contienen pigmentos. En los seres humanos, el pigmento respiratorio de la sangre es la hemoglobina, que consta de iones de hierro divalente. Y la sangre es roja gracias a la hemoglobina. Sin embargo, incluso utilizando el hierro como base, los pigmentos respiratorios pueden tener colores diferentes, y la transferencia de oxígeno y dióxido de carbono se puede llevar a cabo con pigmentos respiratorios basados en otros metales diferentes al hierro. Por ejemplo, en las ascidias (un tipo de invertebrados marinos) la sangre es casi incolora. Sin embargo, contiene una proteína verde denominada hemovanadina, que tiene iones de vanadio. Este color le da a la sangre un pigmento de hemocianina basado en el cobre, y esta pigmentación está ampliamente distribuida haciendo que algunos caracoles, crustáceos y pulpos sean de color azul. Así pues, es posible que un organismo vivo sea azul. ¿Pudieron los dioses de la antigüedad haber tenido una composición molecular similar? ¿Pudieron ser realmente azules, o fue simplemente otra convención artística?

Los ingenieros

En cuanto estos seres pusieron el pie en Mesopotamia, la construcción se puso en marcha. Las ciudades crecieron por doquier, como malas hierbas. Los templos de los sumerios eran enormes y majestuosos. Emplazados teniendo en cuenta las consultas realizadas por magos e intermediarios de los dioses a las estrellas y los planetas, los templos adoptaron la forma de pirámides escalonadas: los zigurats. Cada nivel se apilaba sobre el anterior hasta que se unían en la parte superior en una zona abierta, donde era posible dirigirse igualmente a una multitud jubilosa, observar las estrellas y las fases de la luna o comunicarse con las divinidades.

Los sumerios creían que el dios o la diosa a la cual el templo estaba consagrado vivía allí. Tal deidad defendía a la ciudad de todo tipo de amenazas y problemas, y la ciudad se comprometía a darle culto a esa divinidad. A cada deidad se le ofrecía un ritual específico, con misterios, cantos, culto colectivo y sacrificios obligatorios. Según el modo en el que los sumerios entendían el orden natural, los seres humanos existían exclusivamente para servir a las deidades, y parte del servicio consistía en ofrecerles dones, como podía ser alimentarlos. Teniendo en cuenta que los anunnaki procedían de otro mundo, sería difícil imaginar qué podrían comer. Pero, por suerte, no tenemos que elucubrar acerca de esto, pues existen registros históricos que nos dicen exactamente qué cosas les gustaba comer, y qué cosas no, a las deidades sumerias.

La dieta de los anunnaki

Los componentes de la dieta divina y los hábitos alimentarios de las deidades mesopotámicas quedaron preservados en los textos sumerios. A partir de ellos, sabemos que su nutrición no sólo era importante para la supervivencia de los dioses, sino también para apaciguarlos. En un principio, las deidades eran vegetarianas, posiblemente veganas. Fue después de crear a la humanidad cuando comenzaron a comer carne. Hacían uso de esclavos humanos para producir sus alimentos, de ahí el desarrollo de la agricultura (Nowicki, 2014).

Un fragmento del *Debate entre el grano y la oveja* indica que, después de comer grano y oveja, los anunnaki no quedaron saciados (Nowicki, 2014). Ni siquiera quedaron saciados después de beber «dulce leche de su sagrado redil». Como consecuencia de ello, le dieron esto a la humanidad para su sustento (Nowicki, 2014).

Las tierras de Sumer proporcionaban abundantes alimentos. Los sumerios cultivaban mijo, trigo, centeno y arroz, y hacían diferentes tipos de pan. También cultivaban frutas y verduras, como manzanas, albaricoques, remolachas, coles, cerezas, garbanzos, higos, uvas, lentejas, lechugas, melones, moras, cebollas, peras, ciruelas, granadas, rábanos y nabos (Krasner, 2016). También se comía carne, pero se ofrecía normalmente a los dioses y a la realeza. Entre las carnes había carne vacuna, de pollo, pato, pescado, ganso, cabra, oveja y tortuga. Las deidades preferían la carne asada, y les gustaba especialmente la cabra asada. No les gustaba la carne hervida o frita.

Es como si, tras instalarse con los seres humanos, el vegetarianismo hubiera pasado a mejor vida. Hubo incluso algunos que consumían carne humana. Y, aunque hay textos que sugieren que esto era raro, existe al menos un caso en el que los dioses comieron carne humana durante un encantamiento del ritual maqlfi. En este texto, una persona que había sido víctima de brujería y manipulación mediante magia negra invocó a Gibil, hijo de An y de Ki, dios del fuego y la metalurgia, pidiéndole, «¡Devora a mis enemigos! ¡Cómete al que es malvado conmigo!» (Nowicki, 2014). Sin embargo, hay expertos que afirman que en este fragmento no se dice literalmente comer, sino quemar, en el sentido de que el fuego «se coma» todo a su paso. Aunque esta interpretación sencilla puede tener sentido en un principio, Stefan Nowicki, de la Universidad de Wroclaw (Breslavia) afirma que el fuego es considerado el *portador* de las ofrendas; de tal modo que, si se suponía que el fuego era el que normalmente *se lo comía* todo, entonces no habría ofrendas ardientes, dado que el fuego lo habría devorado todo antes de llegar al supuesto receptor de la ofrenda (Nowicki, 2014). Por tanto, existe la posibilidad de que los anunnaki comieran seres humanos, probablemente asados.

Pero dioses y diosas también eran golosas, pues endulzaban sus alimentos con uvas y sirope de dátiles, así como con miel. Los postres estaban entre sus ofrendas favoritas, sobre todo los pasteles hechos con mantequilla, harina, miel y frutas diversas (Nowicki, 2014). Enki sabía que a su hija Inanna le encantaba el pastel de mantequilla, de modo que, cuando ella iba a visitarle, ordenaba que le prepararan pasteles, agua fría y cerveza para darle la bienvenida. Al dios luna, Suen, también le encantaban los pasteles y la cerveza.

Claro está que esto nos lleva a la destilación de alcoholes. ¿Qué cocina divina podría estar completa sin alcohol? A diosas y dioses les encantaba beber diferentes bebidas alcohólicas. Enki conocía un proceso especial para destilar una cerveza fuerte a partir de trigo farro endulzado con sirope de dátil. De hecho, la palabra sumeria *kas-dé-a,* traducida normalmente por «banquete», significa en realidad «derramar la cerveza», haciendo referencia a las libaciones de alcohol en una celebración o festividad (Nowicki, 2014).

Curiosamente, los puerros, las cebollas, el ajo y el pescado estaban prohibidos con anterioridad a cualquier actividad de culto o ritual, porque a los anunnaki detestaban el aliento de los humanos en las alabanzas tras haber comido alguno de estos alimentos. Del mismo modo, los anunnaki también se abstenían de comerlos de forma regular para no molestarse mutuamente con el mal aliento. Este protocolo regio se ha mantenido hasta la modernidad. Es de sobra conocido que la reina Isabel de Inglaterra estableció la norma de que nadie en la familia real comiera cebollas, pescado u otros alimentos con aromas intensos, sobre todo el ajo, del cual dice que es «antisocial» (Willgress, 2016). La nuera de la reina, Camilla Parker Bowles, duquesa de Cornwall, confirmó que la familia real no come ajo, al igual que su hijo, Tom Parker Bowles, autor de libros y crítico gastronómico. ¡Da la impresión de que el aliento regio viene preocupando desde hace seis mil años!

Sin embargo, no todas las criaturas sobrenaturales de la mitología sumeria necesitaban comer. Según un fragmento de *El descenso de Inanna al Inframundo,* los demonios no comían:

> Los que la acompañaban, los que acompañaban a Inanna, no conocían alimento alguno, ni bebida alguna, no comían ofrendas de harina ni bebían libación alguna. No trituraban ajo amargo alguno. No comían pescado, no comían puerros. Ellos fueron quienes acompañaron a Inanna. (Nowicki, 2014)

Esto nos lleva a creer que había algo muy real en los anunnaki. Se los veía como a seres de verdad, que vivían en el plano físico, similares a los humanos de algún modo, pero diferentes de criaturas como los demonios. En la antigüedad, se decía que los dioses caminaban entre nosotras. Pero ¿quiénes eran estos dioses?

El panteón

Hacer una relación de todas las deidades de Sumer es imposible, no sólo por su gran número, sino también porque muchas de ellas no han sido plenamente identificadas todavía. Lo que sabemos es que las deidades sumerias tenían una enorme familia celeste, y fueron las predecesoras del panteón griego. Y, al igual que este bien conocido panteón, las deidades sumerias tenían tanto buenas como malas cualidades. Las deidades sumerias amaban y reían, mentían y traicionaban, y también perpetraban actos abominables como asesinatos y violaciones. Con frecuencia pasaban por alto las lealtades de familia, pero eran claramente más duras con los seres humanos que entre ellas.

Los antepasados de todo el panteón era la pareja divina constituida por Abzu/Apsû y Tiamat, consideradas las deidades de alto rango más populares en Sumer. Abzu era el dios del inframundo de agua dulce, el caos primordial. La palabra *Abzu* identifica realmente a toda masa de agua dulce; sin embargo, el relato babilónico de la creación no se refiere al Abzu exclusivamente como a un fenómeno o rasgo natural, sino que lo deificó. El principal templo de Abzu estaba en la ciudad de Eridú. Tiamat era la diosa de las aguas saladas, los océanos del mundo. Todo compuesto de Abzu y Tiamat generaba el caos. Según la mitología, el dios solar Marduk, que posteriormente se convertiría en la deidad suprema de los babilonios, cortó a su progenitora Tiamat en dos partes: el cielo surgió de la parte superior; la tierra surgió de la inferior, y el caos terminó.

Principal entre los dioses sumerios era el dios del cielo Anu, esposo de la diosa Ki, padre de Enlil (dios del aire), Enki (dios de los mares y la fertilidad) y de Inanna (diosa de la guerra y el amor). Anu se vio envuelto en un asunto amoroso con Inanna, de ahí que se diga de ella que era su hija o su esposa. Los hijos e hijas de Anu tuvieron también una nueva generación de dioses y diosas: Enlil tuvo una hija llamada Nanna (diosa de la luna), que a su vez tuvo un hijo, Adad (dios de la tormenta). Estos descendientes de Anu fueron llamados anunnaki. Sus descendientes también pertenecieron a los anunnaki y ocupaban una posición especial en el panteón sumerio.

Los anunnaki eran servidos por deidades de un rango inferior, los igigi, creados exclusivamente para atender a las deidades supremas. Según la mitología sumeria, los igigi toleraron en un principio los malos tratos y las injusticias de los anunnaki, pero con el tiempo se rebelaron. Hasta que llevaron a cabo su levantamiento, los igigi formaron la tierra, pusieron los lechos de los ríos, erigieron y demolieron montañas, plantaron la flora, alimentaron a los animales y sirvieron a los dioses de todas las maneras posibles. Pero, en lugar de gratitud, lo único que recibieron fueron burlas, reproches y golpes. Al final, los igigi declararon que ya no trabajarían para los dioses, y que ellos también eran dioses. Los anunnaki se quedaron atónitos ante que lo consideraron una ingratitud por parte de los igigi, de manera que decidieron crear una nueva especie esclava: los seres humanos.

La antigua Mesopotamia se revela al mundo académico a través de su historia, de la que dejaron registros en obras de arte y en textos literarios. A partir de estos objetos, hemos descubierto e interpretado una mitología sorprendentemente extensa y compleja que se desarrolla a lo largo de milenios. La religión politeísta constaba de cientos, posiblemente miles, de dioses, diosas y demonios con diversos grados de importancia. Ciudades, pueblos y aldeas de toda la región daban culto a diferentes deidades patronas, cada una de las cuales exhibía unos poderes o capacidades únicas. Las deidades más importantes disponían de un lugar central de culto; por ejemplo, Enlil en Nippur, Enki en Eridú, Marduk en Babilonia, Inanna en Uruk, etc.

Conviene señalar que los vínculos familiares no siempre quedan claros, ni siquiera para los expertos en el campo, de modo que, si te pierdes en el estudio de las deidades de Sumer, no te preocupes. En los textos, las distintas deidades tienen varios nombres. Por ejemplo, en las inscripciones de los reyes Senaquerib, Asarhaddón, Asurbanipal y otros, los nombres de Asur, Sin, Samas, Bel, Nabu, Nergal e Istar, todos ellos, representan a Marduk (Clay, 1907). Además, los nombres Enlil, Ellil o Illil pueden hacer referencia al dios de Nippur (Clay, 1907). Aunque esto ha generado muchas confusiones a la hora de traducir los textos antiguos de Oriente Próximo, todos los días se están haciendo nuevos descubrimientos, lo cual nos permite seguir conectando puntos entre estas enigmáticas deidades. Inanna, por ejemplo, es llamada hija de Nanna, otras veces de Anu y en ocasiones de Enlil. Incluso en *La llamada de Inanna a Enki,* a Enki se le llama «el Padre», pero aquí «padre» se utiliza como un título o estatus, y no desde un punto de vista familiar o biológico. Para las deidades de mayor edad, todos los dioses y diosas jóvenes eran hijos e hijas. También conviene tener en cuenta que había cientos de deidades en Sumer. Con el tiempo, el estudio y la familiaridad, los mitos mesopotámicos se hacen fáciles de comprender y, normalmente, los textos literarios sumerios sólo hacen referencia a unas pocas docenas de divinidades.

Los resplandecientes

A los anunnaki se los ha relacionado con los elohim de la Biblia. La palabra *elohim* la han traducido algunas investigadoras como procedente de «brillantes», «resplandecientes». Estos resplandecientes eran, al parecer, seres de una civilización avanzada que llegó para proporcionar leyes, conocimientos agrícolas y diversas tecnologías a la humanidad. Eran portadores de cultura que llevaron conocimientos y sabiduría por todo el mundo durante un período de dos mil años, idea que exploraremos en el siguiente capítulo. Pero aunque ésta es una tesis muy intrigante, hay expertos que dicen que se basa en una premisa defectuosa a la hora de traducir el término *elohim.* Según ellos, la traducción convencional de la palabra no equivaldría a «resplandecientes». Si bien el hebreo *el* se corresponde con el acadio *il* (que a veces se escribe con dos eles, como en *illu,* dependiendo de la forma y el contexto), cuando se utiliza en la palabra *elohim* se compone con diferentes signos cuneiformes. El cuneiforme de dios o deidad es, normalmente, *illu* y no *ill.* Esto se hace evidente cuando ves realmente el original, cosa que puedes hacer yendo al Pennsylvania Sumerian Dictionary Project (psd.museum.upenn.edu/), una página web gratuita del Museo de Antropología y Arqueología de la Universidad de Pennsylvania. El dios principal, An (en sumerio), sería posteriormente conocido como Anu o Ilu, en acadio. Sin embargo, hay quienes apuntan a Ilu o Illu como prueba de una conexión con la palabra *illuminate,* indicativo de luz. Otras personas afirman que la pronunciación es, sin duda, similar, pero dicen que no existe un vínculo, dado que en el cuneiforme original no existe una relación de apariencia.

No obstante, hay muchos relatos en textos antiguos de todo el mundo que hacen referencia a los dioses como iluminados y, normalmente, como directamente asociados con la luz. Éste suele ser el caso con religiones donde se da culto al sol. Un rasgo común de los colectivos de adoradores del sol es que reverencian materiales terrestres que recuerden al sol o que tienen la capacidad de reflejar la luz. Ésta es la razón por la cual valoran tanto el oro y otros metales brillantes. Esto nos lleva a preguntarnos qué hubiera pasado si una tribu primitiva se hubiera encontrado con un grupo de seres altamente avanzados que, por un casual, llevaran en su indumentaria elementos metálicos.

La gente de la antigüedad no sólo se ponía adornos metálicos, sino que incluso se rebozaban en polvo de oro, como en la leyenda de El Dorado, en la que un cacique, al ser iniciado, se cubría con polvo de oro y se le enviaba en una balsa el centro del lago Guatavita. Esto hubiera sido ciertamente impactante para un grupo de personas que estuviera todavía en la fase de las herramientas de piedra. Quizás les daría la impresión de que estos seres le habían robado la luz al sol y a las estrellas. Como señaló Arthur C. Clarke, «Cualquier tecnología suficientemente avanzada es indistinguible de la magia» (Clarke, 1982).

Las deidades de las mil caras

El escritor Graham Hancock dio en el clavo cuando declaró que somos «una especie con amnesia» (Hancock, 1996). Quizás las divinidades representadas en los mitos antiguos provengan de nuestra memoria colectiva. Podemos emplear mucho tiempo considerando la posible fisicidad de los anunnaki, contemplando las múltiples interpretaciones desarrolladas a lo largo de tantos años. Sé que éste es un tema que interesa a muchísima gente, pero creo que no sirve de mucho debatir sobre cómo aparecieron los anunnaki, porque creo que hay visos de veracidad en cada una de las interpretaciones; quizás no una veracidad literal, pero sí mitológica. Como mencioné al principio de este libro, el mito consiste en cómo la gente de la antigüedad compartía sus verdades universales y sus visiones del mundo no sólo entre sí, sino también con nosotras.

En su popular libro *El héroe de las mil caras,* Joseph Campbell (1904-1987) presentaba su teoría del monomito a través de la mitología comparada. Campbell describía el viaje de un héroe arquetípico en muchos sistemas mitológicos y religiosos del mundo. La influyente obra de Campbell fue inspirada por las teorías de Freud, Jung y Arnold van Gennep, así como por las investigaciones de etnógrafos como James George Frazer y Franz Boas, y el psicólogo Otto Rank. Explorando los mitos de distintas culturas del mundo, Campbell llegó a la conclusión de que la mayoría de las leyendas tienen una estructura común en su trama, algo que él llamó el monomito. Yendo desde el plano del análisis psicológico hasta el análisis metafísico, Campbell presentó el viaje heroico como un ciclo cosmogónico. Habiendo pasado las pruebas de la iniciación, habiendo atravesado el umbral entre el ser y la nada, el héroe, como encarnación del microcosmos y del macrocosmos, se disuelve en el yo superior, completando así su sendero.

Este arquetipo mítico se puede ver en todas las culturas. Es un relato verdaderamente universal. Además de héroes religiosos como Jesús o Moisés, la industria del entretenimiento moderna incluye personajes profundamente arquetípicos como Harry Potter, Frodo Bolsón y Luke Skywalker. Aunque estas figuras difieren tanto en detalles como en apariencia, cultura, tiempo, entorno, etc., en su núcleo son el mismo arquetipo, de ahí las mil caras del título del libro de Campbell.

Los anunnaki también difieren en apariencia. Cambian y se transforman desde los mitos sumerios hasta los acadios y los babilónicos. Con el tiempo, terminarían influyendo en los dioses de Egipto y en los del Olimpo griego. A través del sincretismo, como ya hemos comentado antes, estas deidades sobrevivieron durante mucho tiempo; y, aunque también tuvieron mil caras, la verdadera pregunta que estamos intentando responder es *quiénes son.* Además, como supimos al estudiar el problema sumerio, los sumerios llegaron de una tierra lejana, de modo que sería lógico suponer que los relatos de los anunnaki no tuvieron su origen en Sumer, ni siquiera en Mesopotamia. Los mitos de los que se da cuenta en los textos sumerios son, probablemente, tradiciones orales mucho más antiguas, que viajaron con estos emigrantes llegados a Sumer, donde finalmente fueron asimiladas. ¿Pudieron ser los anunnaki y las deidades de Sumer reiteraciones literarias de divinidades antediluvianas? ¿O fueron los supervivientes de un cataclismo que casi nos llevó a la extinción, un cataclismo que tuvo lugar en algún punto entre 12 800 y 11 600 años atrás?

Una valiente y novedosa visión del mundo

Hasta aquí hemos estado explorando las diversas teorías existentes, cada una de ellas con sus deficiencias y sus puntos intrigantes. Pensé que sería importante incluir las más destacadas narrativas alternativas a la versión oficial. Como investigadora alternativa y como renegada de la arqueología, allá donde voy hay gente que me pregunta por la veracidad de todas estas teorías, de modo que, una noche, mientras participaba en un programa de radio en el que la audiencia hacía preguntas en directo, un oyente me dijo «¡Defínete e inclínate por un lado u otro!». Aquello me pilló desprevenida, de modo que hice una pausa para considerar lo que aquel hombre me estaba pidiendo. Él no estaba interesado en lo que yo pudiera contar, presentando sorprendentes narrativas, alternativas o no. Lo que quería era que yo compartiera mis conclusiones personales y profesionales a partir de los datos disponibles. Pero, por desgracia, en aquellos momentos yo no tenía mi propia teoría, una teoría sólida que pudiera presentar ante la audiencia; y eso fue lo que dije, con la mayor claridad, aunque compartí mis opiniones lo mejor que pude, discutiendo algunos de los puntos fuertes y de las debilidades que había visto en teorías como la de Sitchin. He de admitir que aquélla no fue la respuesta más satisfactoria a lo que se me pedía, pero fui sincera. Sin embargo, me juré a mí misma que nunca más volvería a hablar mal de otro investigador y que tomaría en consideración siempre todos los lados del relato. Además, ¿de qué sirve destrozar las teorías de otros si tú no dispones de una teoría alternativa que ofrecer?

Desde entonces, he proseguido con mis investigaciones y he seguido ponderando ideas. Para mí era, y es, importante no «escoger bando» por el mero hecho de discutir, pues esta línea de pensamiento no sólo está desgarrando el tejido de la comunidad de investigadores e investigadoras, sino que nos está dividiendo a todas. Y, del mismo modo que no voy a marchar al paso de la narrativa convencional, tampoco voy a seguir el ritmo de una narrativa alternativa, sobre todo cuando he llegado a mis propias conclusiones en lo referente a qué ocurrió *realmente* en Sumer hace tantos milenios. En las páginas que vienen a continuación, compartiré estas conclusiones, las evidencias y las implicaciones. Lo que estás a punto de leer precisará de una mentalidad abierta y que dejes a un lado lo que crees saber ya acerca de los orígenes de la humanidad.

Una posible interpretación

Basándome en las evidencias arqueológicas, geológicas, climatológicas, históricas y en los registros literarios, lo que creo que son los hechos en lo relativo a los anunnaki es lo siguiente: que sí hubo un grupo de seres avanzados que se establecieron en un valle entre montañas en Oriente Próximo en torno al 8200 a. C.; un grupo que trajo consigo tecnologías nunca antes vistas, que compartieron con los grupos de cazadores-recolectores del Epipaleolítico Tardío, como los natufianos. Estos individuos disponían de avanzados conocimientos en artes y ciencias, los conocimientos de una elevada cultura. Se vieron desplazados desde algún lugar del norte hace más de diez mil años debido a un desastre climático, quizás desencadenado por un meteorito. Como consecuencia de ello, enviaron a sus mentes más brillantes a diversas partes del mundo, incluida Mesopotamia, con el fin de buscar un nuevo asentamiento. Durante su diáspora, se encontraron con tribus que los veían como a dioses resplandecientes debido a sus aderezos metálicos y a su aparente control de la naturaleza gracias a métodos agrícolas como la irrigación y la polinización artificial.

Su poder sobre los pueblos primitivos que se encontraron tuvo un efecto sobre algunos miembros de aquella civilización avanzada, que terminaron deshumanizando a aquéllos a los que se referían como «el pueblo de las cabezas negras» o «adamah» (la gente roja). Con el tiempo, esclavizarían a los pueblos locales a través de técnicas como la religión y la superstición. Obligaron a estas personas a «darles culto» o a trabajar para ellos en labores físicamente exigentes, como la agricultura o la construcción, asegurándose de que esa mayoría de la población se mantenía en la ignorancia, sabiendo que el conocimiento es poder. Después, seleccionaron a unos pocos líderes tribales locales y les enseñaron a escribir, así como otras habilidades, con el fin de que hicieran el papel de intérpretes e intermediarios. Estos líderes se convertirían posteriormente en una clase sacerdotal.

El trabajo de las masas recién organizadas y unificadas, bajo la dirección de una élite tecnocrática, dio lugar a un potente desarrollo económico nunca visto previamente. Esto podría explicar los rápidos avances en la región. Las buenas ideas no pasan de ser ideas si no hay gente suficiente que las ponga en acción. Este puñado de sabios continuaría con el proceso hasta prender en la gente de la región, creando un motor civilizatorio alimentado por mano de obra barata. Aquello supuso un gran progreso, aunque a costa de injusticias.

Sin embargo, algunos disidentes de entre este grupo de sabios pusieron objeciones a tan injusto tratamiento de la gente local y fueron benévolos con ellos, llegando a desafiar con el tiempo a los suyos para enseñar a los líderes tribales locales las artes y las ciencias de una cultura avanzada, como la agricultura, las matemáticas, la astronomía, la medicina y la escritura. Todo esto queda expresado normalmente como obra de un único individuo, conocido casi de forma ubicua en la mitología global como aquel que traía el conocimiento: Enki para los sumerios, Prometeo para los griegos, Lucifer para los gnósticos, Mātariśvan para los védicos, Loki para los nórdicos, Nanabozho para los ojibwa, Māui para los polinesios… y la lista podría continuar.

Después de conceder estos conocimientos prohibidos, los «dioses» rebeldes empezaron a ser asimilados y absorbidos por la cultura local a través del matrimonio interracial. Este mestizaje se vio con muy malos ojos por parte de los «dioses» menos benévolos, que sentían la necesidad de preservar su sangre real mezclándose sólo entre ellos. Esto llevó a la práctica del matrimonio entre hermanas y hermanos, como se puede ver en el antiguo Egipto. Después de morir, estos seres asumían un estatus divino y eran reverenciados. Sin embargo, eran seres físicos, perspectiva que se perdió cuando fueron posteriormente deificados en la memoria de su pueblo. Sus contribuciones tecnológicas fueron tan grandes que se hicieron legendarias.

Aunque ésta es una narrativa supersimplificada, nos permite dar una primera forma al discurso de quiénes y qué eran los anunnaki. Es evidente que estos avanzados seres procedían de un lugar muy lejano. Los textos no discuten sobre el problema sumerio, pero la pregunta permanece: ¿de dónde venían? También se puede hacer otra pregunta: ¿de dónde recibieron sus conocimientos estos avanzados emisarios? Esta segunda pregunta puede ser más difícil de responder a partir de las evidencias de las que disponemos actualmente, pero se pueden encontrar pistas en las tradiciones espirituales, tanto del mundo antiguo como del moderno. De momento, sigamos centrándonos en las conexiones que encontramos en los registros arqueológicos e históricos.

Lo que sí podemos saber acerca de los anunnaki procede de tres fuentes principales: las tablillas sumerias de la Biblioteca de Nippur; el bíblico libro del Génesis, donde se los conoce como los elohim; y los hebraicos libros de Enoc, donde se los llama ángeles. También sabemos que todavía no existen evidencias arqueológicas sobre la inmigración de ninguna cultura conocida que pudiera explicar la innovadora y súbita chispa cultural que emergió en los pueblos indígenas de Mesopotamia. Los expertos coinciden en afirmar que los propios sumerios no se atribuían tal logro, sino que acreditaban todos sus avances a lo aprendido de los anunnaki. Del mismo modo, pueblos de la antigüedad como el de los primitivos hebreos, e incluso pueblos más lejanos, en el oeste, como los celtas, decían que sus dioses les habían ayudado a desarrollar sus civilizaciones. ¿Pudo ser este pequeño grupo de ingenieros culturales de la antigüedad el responsable de la chispa de genio que vemos en los registros arqueológicos? Sí. Según mis investigaciones, los anunnaki eran ciertamente unos seres físicos.

CAPÍTULO 4

El origen del hombre

Un mito es bastante más cierto que una historia, pues una historia sólo ofrece un relato de las sombras, mientras que un mito ofrece un relato de las sustancias que arrojan las sombras.

Annie Besant, teósofa británica

Imagina, por un instante, un escenario alternativo para los anunnaki, un escenario en el que no exista la vieja tecnología espacial de los años cincuenta del siglo pasado ni los modernos títulos y nociones militares como «capitán» o «comandante». Deja a un lado la iconografía de la era de la guerra fría, de la carrera espacial y de las creaciones visuales de alto presupuesto de Stanley Kubrick y George Lucas. Y, ahora, ven conmigo a una época muy real de la historia de la humanidad, cuando diosas y dioses vivos se paseaban entre los seres humanos.

Homo sapiens, que significa «el hombre que sabe» en latín, es el nombre científico general de la especie moderna de seres humanos. *Homo* es el género, o categoría taxonómica, que se sitúa por encima de la especie y por debajo de la familia. Aquí se incluye a los neandertales y a los denisovanos, así como a otros muchos de nuestros primos ya extintos. De hecho, el *Homo sapiens* es la única especie que ha sobrevivido del género *Homo.* Los humanos modernos se han clasificado aún más en la subespecie *Homo sapiens sapiens,* como las ramificaciones de un sistema que se extiende más y más cada vez que se encuentra con un nuevo espécimen. Sin embargo, en ocasiones, un espécimen que no termina de encajar con el puzle que se está construyendo sobre nuestro pasado queda convenientemente olvidado en los sótanos de un museo.

Hay quien se niega a aceptar que estos antepasados estén relacionados con los humanos modernos, de modo que su existencia queda excluida de la ecuación. Sin embargo, quiero que tomes en consideración los restos de Omo, que se descubrieron en África entre 1967 y 1974, en los emplazamientos de Omo Kibish, cerca del río Omo, en el Omo National Park, en el sudoeste de Etiopía. En el emplazamiento se encontraron un buen número de huesos, entre los que había dos cráneos parciales, cuatro mandíbulas, el hueso de una pierna y alrededor de dos centenares de dientes. Este descubrimiento proporcionó evidencias de los primeros seres humanos anatómicamente modernos, que aparecen por tanto en los registros fósiles hace alrededor de 195 000 años. Esta fecha encajaría bien en el marco temporal que el mundo científico da como época en la que los humanos modernos se diferenciaron de un antepasado común, hace unos 200 000 años. Si la datación por radiocarbono es correcta, estos fósiles son los más antiguos conocidos de *Homo sapiens,* «haciendo de Etiopía la cuna del *Homo sapiens*» (Leakey, 1969, p. 1132).

Etiopía puede ser considerada la cuna del *Homo sapiens,* pero Mesopotamia, hogar de Sumer, es la cuna de la *civilización*. Esta distinción tiene su importancia, pues no es lo mismo *existir* que *construir una civilización*. Sin embargo, una podría preguntar, razonablemente, ¿y qué hay de Göbekli Tepe? Las evidencias encontradas en Göbekli Tepe indican, con toda claridad, que ahí hubo algo más que mera *existencia*. Teniendo en cuenta que el asentamiento tiene al menos 11 000 años de antigüedad, Göbekli Tepe sería más antiguo que cualquier asentamiento encontrado cerca de Ur. Así pues, quizás deberíamos considerar Göbckli Tepe como la cuna de la civilización, pero el problema estriba en cómo definimos *civilización*.

Algunos expertos se adhieren a la teoría de que Göbekli Tepe era un templo, pero no todos están de acuerdo. Las evidencias arqueológicas de las actividades cotidianas han llevado a otras expertas a creer que Göbekli Tepe fue un asentamiento doméstico multipropósito. No obstante, el consenso general es que fue un emplazamiento de cazadores-recolectores, aunque, posiblemente, con una agricultura rudimentaria. ¿Podemos entender esto como civilización? Quizás fuera la simiente de una civilización, pero, hasta la fecha, no se ha encontrado allí ninguna evidencia de una sociedad humana avanzada, con un elevado nivel de cultura, ciencia, industria y gobierno.

Con independencia del tipo de personas que vivieran en y alrededor de Göbekli Tepe, una cosa es segura: los seres humanos no fueron creados con arcilla hace sólo seis mil años, como algunos quieren interpretar literalmente del libro del Génesis bíblico. Sin embargo, ¿deberíamos descartar por completo el relato del Génesis? Quizás la verdad se halle oculta ahí, a simple vista; una verdad que explicaría con exactitud lo que ocurrió en el Jardín hace tantos años.

El jardín del Edén

Existen muchas versiones del relato del jardín del Edén, pero una de ellas puede ser rastreada, al menos, hasta el tercer milenio a. C. Esta versión se inscribió en Sumer sobre tablillas de arcilla, y trataba de un tema de gran importancia, copiado numerosas veces y almacenado en muchas bibliotecas y colecciones reales. Estos textos sagrados se habían perdido, debido a los avatares de la guerra y del cambio climático, hasta que *sir* Austen Henry Layard los descubrió en la ciudad sumeria de Nippur, una de las ciudades más importantes de la antigua Mesopotamia. Mencionada por vez primera en la Lista de los Reyes Sumerios, Nippur se convertiría en el centro sagrado de Mesopotamia, aunque nunca llegara a ser su capital. Es probable que su importancia fuera debida a su localización geográfica en el sur de Mesopotamia, lo que la convertía en un pórtico étnica y lingüísticamente diverso entre dos grupos culturales: los sumerios en el sur y los acadios en el norte. En Nippur, los reyes mesopotámicos recibían de la deidad la confirmación de su derecho al trono, pues el poder real no se consideraba legítimo sin su reconocimiento en los templos de Nippur. En la actualidad, las ruinas de la ciudad se hallan ocultas bajo una serie de enormes colinas, que se elevan más de veinte metros sobre la llanura circundante.

Tras ser descubiertas a mediados del siglo xix, las antiguas tablillas fueron enviadas al Museo de la Universidad de Filadelfia, donde permanecieron guardadas en sus sótanos durante décadas. La gente supo poco o nada de lo que se había descubierto hasta 1918, cuando George Barton publicó su traducción *Miscellaneous Babylonian Inscriptions*. Pero harían falta otras cuatro décadas más hasta que Samuel Noah Kramer reexaminara el trabajo de Barton.

Las características lingüísticas de la escritura sumeria hacían que ésta se prestara a diversas interpretaciones posibles, dejándolo todo abierto a la especulación, como ya hemos visto. Un ejemplo fantástico de ello lo ofreció el fallecido experto británico Christian Arthur Edgar O'Brien. O'Brien fue un explorador y geólogo formado en Cambridge que se pasó muchos años en Irán, donde ayudó en las excavaciones del zigurat Tchoga Zambil, en el sur de Irán, en 1936. O'Brien era un apasionado de su trabajo, y dedicó muchos años al estudio de la prehistoria, la historia religiosa, los textos cuneiformes, arqueología, astronomía y arqueoastronomía. En sus investigaciones, O'Brien descubrió que el ideograma del sumerio *li* había evolucionado a partir de una posición originalmente vertical que representaba a una planta en una maceta (O'Brien, 1989). Pues bien, este signo fonético tenía, al menos, veinticuatro significados, pero de entre los significados más novedosos, sólo uno se correspondía directamente con el pictograma primitivo, y eso es *li,* que significa «cultivo» (O'Brien, 1989).

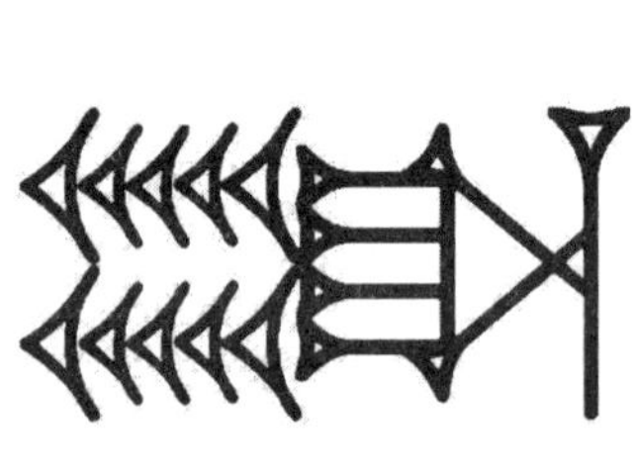

A la izquierda: Símbolo cuneiforme variable de li; *a la derecha:*
Símbolo primitivo cuneiforme de li, *que significa «cultivo».*
(Laszlovsky András en la Wikipedia húngara [dominio público])

En los textos sumerios, Enlil se escribe como *dingir enlil li.* Los expertos modernos han aceptado tradicionalmente la traducción babilónica más reciente, que significa «dios del viento»; o, como ya se ha mencionado, «señor espíritu». Sin embargo, la forma más antigua de interpretar este término indica que el signo planta-maceta no era *lil,* sino más bien el genitivo «de». La palabra *dingir* era un título que denotaba un papel de liderazgo, algo parecido a llamarle a uno señor. Así pues, O'Brien concluyó, tras evaluar los textos sumerios originales, que *dingir enlil li* debería transliterarse más bien como *dingir en-ge-li*.

Pero ¿qué significa esto y por qué es tan importante? Significa que el verdadero título de Enlil es «señor del cultivo». Y esto tiene importancia, evidentemente, porque cambia por completo la forma en la que leemos la epopeya sumeria. En vez de contarnos relatos de dioses etéreos, esta traducción nos ofrece una visión corpórea de los anunnaki. O'Brien señaló también que el nombre de Enlil se deletreaba como *Engeli,* pero que la raíz de la palabra era NGL, que es la misma que la del término indo-germánico *angel* (O'Brien, 1989). ¿Serían los anunnaki los equivalentes a los ángeles de la Biblia? Conviene señalar que, aunque así fuera, esto no quiere decir que la interpretación bíblica constituya el relato completo, sino que simplemente existe una conexión. Esta conexión es una corriente que discurre a través de muchas religiones, tradiciones y culturas. Corrientes etéricas más profundas serán examinadas con más detalle en el capítulo 6; pero, por ahora, centrémonos en el verdadero significado del jardín del Edén y su conexión con los anunnaki y el origen de la humanidad.

La verdad revelada

En el Génesis 2, 8, dice: «Luego plantó Yahveh Dios un jardín en Edén, al oriente, donde colocó al hombre que había formado» (Biblia de Jerusalén). Un detalle importante a tener en cuenta en este texto es que el Edén existía antes que el hombre, y que el jardín se plantó en el Edén. Por otra parte, incluso tras cruzar las referencias de todas las traducciones de este versículo, es evidente que existe una razón para que el texto diga, específicamente, que Yahveh Dios había «formado» al hombre. Creo que lo que tenemos aquí, en el relato bíblico del jardín del Edén, no es la historia de la creación biológica ni una historia de abiogénesis. No es el relato del *nacimiento* del primer ser humano. Una vez más, ¿qué hay de Göbekli Tepe?

La narrativa del jardín del Edén es el relato de la *formación* del hombre, *formación* en el sentido de *civilizar.* Estamos contemplando el momento en el que el hombre desnudo y salvaje fue introducido en la primera ciudad, Edén. Enlil, señor del cultivo, es Yahveh. En el Génesis 2, 15, vemos que «Tomó, pues, Yahveh Dios al hombre y le dejó en al jardín de Edén, para que lo labrase y cuidase» (Biblia de Jerusalén). Téngase en cuenta que, en tanto que el término *jardín* puede conjurar imágenes de una parcela de tierra pintoresca al estilo Beatrix Potter capaz de producir unas cuantas fanegas, no es esto lo que pretenden transmitir los textos antiguos. El jardín de Edén era más bien una instalación agrícola. Enlil había cultivado la tierra dentro de los muros de Edén. Tal lugar, Edén, aparece en cuneiforme y se traduce en sumerio por «llanura sin cultivar». La palabra hebrea *Adamah* se traduce por «tierra» y la palabra *Adam* en hebreo significa literalmente «rojo», vinculando así a Adán con la tierra roja de la llanura sin cultivar. Aunque tal conexión se ha interpretado como que la humanidad se creó a partir de la arcilla, esto es motivo de un acalorado debate entre los eruditos religiosos.

Así pues, es fácil suponer que adamah, que los anunnaki traducían por «la gente de cabeza negra», no fue el nombre de una persona concreta, sino que hace referencia a la primera tribu de cazadores-recolectores civilizada por los anunnaki. Estas gentes no sólo se distinguían por su cabello negro, sino que se las describía también como rojas. ¿Cómo puede ser esto? Mi conclusión es que se los consideraba rojos y se los asociaba con la tierra roja debido a que utilizaban ocre, como otros muchos pueblos primitivos. Existe un buen número de estudios arqueológicos que demuestran que los natufianos empleaban el ocre, incluso en sus cuerpos. Un descubrimiento de particular interés fue el de los restos craneales de un adulto que mostraba áreas pigmentadas en rojo. Las investigadoras de campo decían que «el robusto macho tenía pigmento ocre en el cráneo, lo cual demuestra que el cráneo estaba descarnado en el momento del enterramiento» (Garrard *et al.,* 1991, p. 240). Estas pistas tienen una gran importancia, dado que son «una de las ocurrencias más antiguas de pigmentación deliberada de restos humanos en Oriente Próximo» (Bocquentin y Garrard, 2016, p. 11). Además, se han encontrado distintos tipos de fragmentos de ocre en las capas natufianas de las excavaciones arqueólogicas, y vetas de óxido de hierro del mismo tipo se pueden encontrar en depósitos aluviales en Mesopotamia. Sin duda, el ocre se utilizó para extraer o producir pigmento rojo de hematita, ya que estos residuos se han encontrado en morteros de basalto en la cueva (Weinstien-Evron e Ilani, 1994). Las arqueólogas saben sin lugar a dudas que el pueblo que ocupó la zona con anterioridad a la civilización sumeria utilizaba de forma rutinaria pigmento de hematita, de modo que sería razonable concluir que los anunnaki se vincularon con los primitivos cazadores-recolectores mesopotámicos que utilizaban el pigmento rojo de la tierra para adornar sus cuerpos, tanto en vida como para honrar a sus muertos, tal como muestran los registros arqueológicos.

Otro detalle importante a considerar es el concepto de culto. La palabra *culto* procede del original hebreo *abad,* que significa literalmente «trabajar para». Considerando simplemente unas cuantas palabras se puede ver con claridad una conexión. El líder de los anunnaki sometió a los seres humanos primitivos, obligándolos a trabajar en faenas agrícolas. Según el relato del Génesis, Dios formó a la humanidad a partir de adamah, pero antes de esto la tierra era baldía y estéril porque «ni había hombre que labrara el suelo».

> No había aún en la tierra arbusto alguno del campo, y ninguna hierba del campo había germinado todavía, pues Yahveh Dios no había hecho llover sobre la tierra, ni había hombre que labrara el suelo. (Génesis 2, 5. Biblia de Jerusalén)

Una vez más, deja a un lado la visión tradicional, o incluso contemporánea, de la Biblia; y deja a un lado las visiones alternativas que han surgido de la moda de la ciencia ficción de la época posterior a la guerra. Veamos sólo los textos. En esencia, la gente de la antigüedad nos cuenta exactamente lo que sucedió. Con lo expuesto arriba, podríamos estar diciendo lo mismo cuando decimos algo así como:

> Adán daba culto a Yahveh, señor de los ángeles, en el jardín del Edén.

y

> Los adamah trabajaban para Enlil, señor de los anunnaki, en una instalación agrícola llamada Edén.

En el predecesor sumerio del relato de Adán y Eva, *Enki y Ninhursag en Dilmun,* existe un vínculo entre la palabra sumeria *ti,* que significa «costilla», y la diosa Ninti, cuyo nombre se traduce como «la dama de la costilla». Del mismo modo, según el relato del Génesis, Eva es creada de la costilla de Adán. Existen muchos paralelismos entre los textos sumerios y los hebreos que constituyen los fundamentos de las interpretaciones contemporáneas del relato del jardín del Edén. Y lo mismo ocurre con muchos muchos textos sumerios, incluida la *Epopeya de Gilgamesh*.

Civilizando al hombre salvaje

La *Epopeya de Gilgamesh*, que se cree que es el relato escrito más antiguo que se conoce, se transmitió en sus orígenes mediante la tradición oral. Por tanto, la autoría inicial de esta narrativa y su fecha exacta de origen ni siquiera se conocen. Las tablillas de la *Epopeya de Gilgamesh* se encontraron en Nínive, en las ruinas de la Biblioteca de Asurbanipal, rey de Asiria. En el relato, Gilgamesh, rey de Uruk en torno al 2700 a. C., tenía dos tercios de sangre divina y un tercio de sangre humana, pero era tan tiránico que su pueblo pidió ayuda a las deidades, que, escuchando sus lamentos, enviaron a un ser llamado Enkidu para desafiar a Gilgamesh. Las tablillas dicen que, al principio, Enkidu vivía con los animales del bosque, y era salvaje:

> Nacido del Silencio, dotado con la fuerza de Ninurta.
> Tenía todo el cuerpo cubierto de pelo,
> y la cabeza cubierta de cabello como una mujer,
> sus rizos ondeaban como Ashnan.
> No sabía nada de gentes ni de aldeas,
> pero vestía una prenda como Sumukan.
> Comía hierbas con las gacelas,
> y se abría paso a empellones entre los animales en el abrevadero;
> al igual que los animales, saciaba su sed con (mera) agua.
>
> (Kovacs, 2004)

Como arqueóloga e historiadora, lo que veo en este texto es la descripción de un hombre primitivo. El versículo de «No sabía nada de gente ni de aldeas» dice mucho. Además, Enkidu era fuerte, bestial y comía con los animales. El texto especifica que sólo bebía agua, a diferencia de los humanos civilizados, que conocían las bebidas fermentadas. Un detalle que me parece de lo más interesante es que se dice de Enkidu que tenía todo el cuerpo cubierto de pelo. Esto no suena para nada a hombre moderno u *Homo sapiens sapiens.* Y no sugiero con ello que Enkidu fuera de otro mundo, todo lo contrario. Enkidu podría haber pertenecido a cualquiera de las especies conocidas, o desconocidas, de homínidos, desde el *Homo antecessor* o el *Homo heidelbergensis* hasta, quizás, el eslabón evolutivo aún no encontrado que nos trajo desde la prehistoria hasta los seres humanos modernos. En cambio, los arqueólogos han descubierto evidencias de que, de los muchos y diferentes tipos de homínidos que vivieron en un momento determinado, algunos probablemente se solaparon en ciertos períodos o regiones geográficas. Entre estas evidencias nos encontramos con restos esqueléticos, herramientas de piedra, campamentos, etc. Lo que no está claro es si alguno de estos seres era especialmente velludo o no.

Al público en general se le ha hecho creer que estos homínidos eran, todos ellos, «simios desnudos», vinculándolos de algún modo con los humanos modernos, porque en museos y documentales se nos ofrecen con esa imagen, y la idea se filtra en el subconsciente como un hecho porque forma parte de una presentación científica. Sin embargo, convendrá recordar que cualquier imagen que veas de uno de estos primitivos homínidos procede de la mente de un escultor, una ilustradora, una pintora o cualquier otro profesional. ¿Cómo podemos saber si cualquiera de estos homínidos estaba cubierto o no de pelo, si tenemos en cuenta que ha sido recientemente cuando los paleontólogos han aceptado que los dinosaurios tenían plumas y que estaban más relacionados con las aves que con los reptiles? Todavía tenemos la tendencia a imaginar a los dinosaurios con una piel de reptil, áspera y verde; cuando, de hecho, ¡bien podrían haber tenido plumas brillantes y multicolores, como las aves tropicales! Así pues, mi interpretación es que, en la *Epopeya de Gilgamesh,* Enkidu procede de una especie distinta de homínidos.

En el relato, una prostituta del templo llamada Shamhat es enviada a seducir a Enkidu al abrevadero que compartía con los animales, instruyéndola en «realizar para este primitivo la tarea del sexo femenino» (Kovacs, 2004). Es decir, Shamhat recurre al sexo para atraer a Enkidu a Uruk con el fin de que se encuentre con Gilgamesh. Pero también le tienta con las visiones de la vida en la ciudad:

> Donde la gente luce sus vestidos de gala,
> donde cada día se celebra algo,

donde la lira (?) y el tambor suenan constantemente,
donde las rameras exhiben su belleza,
exudando voluptuosidad, entre risas
y en el diván nocturno se extienden las sábanas (!).
Enkidu, tú que no sabes cómo vivir… (Kovacs, 2004)

Aquí podemos ver que existe un claro contraste entre la vida en la ciudad y la vida fuera de la ciudad. En cuanto Enkidu llega a Uruk, se le ofrece una comida completa con cerveza. A continuación, se le da la oportunidad de bañarse y acicalarse con aceites, ante lo cual Shamhat exclama: «¡Se echó agua en su peludo cuerpo, se frotó con aceite y se convirtió en humano!» (Kovacs, 2004). Esto es importante, pues deja claro que Enkidu no fue considerado humano hasta que asumió las normas culturales de la vida urbana. Sería tentador ver este texto desde una lente religiosa o mística e inferir que Enkidu se transformó físicamente en un ser humano, como por arte de magia o de alguna avanzada tecnología. Sin embargo, el contexto deja claro que «se convirtió en humano», simplemente, en un nivel cultural.

Uno de los principales temas de la *Epopeya de Gilgamesh* es el de la domesticación de lo salvaje. Domesticar lo salvaje en Gilgamesh es una manera de expresar el deseo de equilibrio y de tratar con lo incómodo de la dualidad en la experiencia humana. A lo largo de toda la obra nos encontramos con el tema de equilibrar las dualidades. Por ejemplo, Enkidu, aunque se nos presenta como un salvaje, es enviado a domesticar el corazón del rey urbano Gilgamesh. Gilgamesh, aunque civilizado, había sido un soberano injusto y desequilibrado. Necesitaba una fuerza que le equilibrara para dar un poco de alivio al pueblo de Uruk.

Pero no cualquier persona podía conseguir esto porque, en el comienzo del relato, se nos deja claro que nadie en la ciudad era comparable con Gilgamesh. Se le describe como perfecto, por lo que su contrapeso tenía que ser alguien de una fuerza similar. Y esta fuerza no sólo era similar, sino diferente y equilibrada, como si se tratara de dos objetos diferentes en una balanza, aunque de peso parecido. Quedó claro cuando Anu hizo a Enkidu y dijo: «Que sea igual al corazón tormentoso de Gilgamesh, dejemos que se confronten entre sí, para que Uruk encuentre al fin la paz» (Kovacs, 2004).

Si comparamos a los dos personajes, nos encontraremos con una diferencia filosófica en lo relativo a los ecofactos y los artefactos. En arqueología, un *ecofacto* es algo creado por la naturaleza, en tanto que un *artefacto* es algo creado por los seres humanos. El poder de Enkidu procedía de la naturaleza, dado que era grande, brutal y fuerte como una bestia. Su poder era un ecofacto. Por otra parte, el poder de Gilgamesh procedía de su realeza. Su poder era un artefacto creado por la cultura. Hizo falta el ego de un hombre para convertirse en rey primero, así como la validación del resto de los hombres para aceptarlo como tal.

Enkidu se hizo sabio «a partir de otras causas», o el acto de la voluntad humana. Se trata de una sabiduría basada en el concepto de equilibrio, pues a Enkidu lo trae a la ciudad su opuesto, una mujer, desde el punto extremo de la naturaleza salvaje. Tras la relación sexual, «Enkidu se debilitó, pues había sabiduría en él…». Y resulta que la sabiduría es algo que se obtiene a través de todos estos actos equilibradores. En tanto que Gilgamesh era extremo en su manera de abordar la vida, el equilibrio que encontró a través de su relación con Enkidu es lo que, en última instancia, le ayudó a alcanzar también él la sabiduría. Y, en cuanto el hombre primitivo alcanzó la sabiduría, ya no se conformó con las limitaciones que el entorno, la geografía o incluso el cuerpo físico le imponían. Emprendió un sendero muy singular en pos de algo que él imaginaba posible, transformar en artefactos todo lo que era natural y se hallaba en los dominios divinos (por ejemplo, convertir piedras en megalitos, metales en armas, cereales en pan, etc.).

La sabiduría fue también la consecuencia del hecho de que Adán y Eva comieran del fruto del Árbol del Conocimiento del Bien y del Mal. Al comprender la dualidad de la vida mediante la ingestión de la fruta prohibida, Adán y Eva alcanzaron también la sabiduría. Curiosamente, desde el punto de vista de algunas creencias y de las primitivas interpretaciones del relato del Génesis, «conocer» algo o a alguien significaba mantener relaciones sexuales. De este modo, resulta curiosa la comparación entre ambos relatos, dado que en ambos se nos ofrece la imagen de una seductora que transforma a un varón con el «conocimiento» de la dualidad, un varón que había sido hecho de la arcilla de la tierra.

En las antiguas tradiciones literarias, este conocimiento se obtiene normalmente desafiando el orden natural que, en un principio, habían establecido las deidades. Adán y Eva se mostraron arrogantes al vulnerar las órdenes de su deidad, provocando así su furia. Esto llevo al castigo definitivo de la muerte. ¿Quiere esto decir que, antes de Adán y Eva, no existía la muerte? Si interpretas los mitos de forma literal, entonces sí; pero el mito no es un relato literal de unos acontecimientos históricos, sino la narrativa constantemente renovada de arquetipos y acontecimientos del inconsciente colectivo que permiten a los seres humanos experimentar plenamente su propia consciencia.

Así pues, la muerte en el relato del Génesis puede interpretarse como la *toma de conciencia* del *concepto de muerte* en sí. En el jardín, el hombre tomó conciencia de su propia mortalidad y le puso nombre a este concepto. Fue el darse cuenta de que perecería, así como la consecuencia de ponerle un nombre a eso. Antes de comer de la fruta prohibida, el hombre estaba en un estado de dichosa ignorancia, como un animal. Después, se le maldijo con el conocimiento previo de que él y todas las personas a las que amara terminarían muriendo. Entonces pudo echar la vista atrás y recordar su estado previo de inocencia. Se dio cuenta de que había tres estados en él: su estado pasado, su estado actual y su estado futuro. Esta trinidad aparece una y otra vez en las mitologías de las civilizaciones antiguas.

También pudo darse la interpretación del «conocimiento del bien y del mal» como el conocimiento de la desigualdad. Si, en el jardín, los dioses sometieron al hombre primitivo y le obligaron a realizar un trabajo físico, quizás lo que hizo la serpiente fue que tomaran conciencia de tan injusto tratamiento. Así, el bien y el mal quizás se utilizaron como metáfora de justicia e injusticia. Quizás Adán se dio cuenta de que había una dualidad que había que equilibrar. Puede ser que empezara a desear los ropajes y los aderezos personales de los «dioses», dado que representaban la estratificación social, y por eso se simbolizó con la imagen de que Adán «se dio cuenta» de que estaba desnudo. El profesor David Melvin, de la Universidad Baylor, decía que el «conocimiento del bien y del mal» podría hacer referencia al conocimiento secreto de las obras de la naturaleza, cuya posesión lleva al desarrollo de la civilización en particular (Melvin, 2010). Melvin sostiene que el «conocimiento» del Génesis 3, 1-7 se correspondería con la instrucción en las artes de la civilización transmitida por el mesopotámico Apkallu.

Aparte de lo que el «conocimiento el bien y del mal» pudiera representar, este acontecimiento se pudo ver como un hito crucial en la transferencia del conocimiento humano. Como señala el profesor Melvin, los primeros seres humanos alcanzaron de hecho el conocimiento del bien y del mal y, con ello, tuvieron claro que a partir de aquel momento quedaban desterrados del Edén, de tal manera que los posteriores logros culturales del Génesis 4-11 son «logros humanos, sin intervención divina, aunque son en última instancia resultado del conocimiento divino que recibió el hombre» (Melvin, 2010, p. 15). Sin embargo, el conocimiento está vinculado al pecado en el Edén, lo cual arroja una sombra maligna sobre la noción de civilización en sí misma o del «género humano».

Esta dialéctica se halla presente en muchos de los relatos más antiguos del mundo primitivo. Tanto la *Epopeya de Gilgamesh* como el relato del Génesis, así como casi todos los relatos que los siguieron, tratan de los mismos temas: la lucha por la sabiduría, la divinidad o la perfección a través del restablecimiento del equilibrio entre dualidades extremas. Sea el bien frente al mal, la luz frente a la oscuridad, lo natural frente a lo civilizado, cielo frente a tierra, la lista es interminable. Reverbera a lo largo de las eras y, normalmente, alcanza su punto álgido a través de lo que Joseph Campbell denominó el «viaje del héroe», el monomito. La capacidad de estos dos mitos, o de cualquier mito llegado el caso, para resonar en los corazones de las personas durante tantos miles de años demuestra que los temas presentados son naturales y forman parte de la experiencia humana incluso en nuestros días. Los mitos portan una verdad universal que se pierde si nos quedamos exclusivamente con su traducción literal.

Como ejemplo del peligro de una lectura literal, yo suelo llamar la atención sobre el término informal inglés *cool*.[1] Si alguien buscara un texto en el que apareciera este término, no se equivocaría al traducirlo como algo «con una temperatura bastante baja». Sin embargo, no tendría sentido en determinados contextos. Imagina lo difícil que les resultaría a las arqueólogas del futuro llegar a entender que *cool* también puede significar algo bien valorado social y popularmente. A la vista de este ejemplo, plantéate simplemente cómo tenemos que interpretar los textos

---

1. En castellano se puede traducir como «frío», «fresco», pero también como «guay». *(N. del T.)*

antiguos con la enorme distancia que nos separa de las mentalidades de la antigüedad. Aunque podamos traducir correctamente un texto, es muy probable que nos perdamos algo a la hora de interpretar con precisión su significado. Incluso en nuestra sociedad contemporánea, habría personas que se preguntarían por el significado de *cool,* de modo que imagina el abismo que se nos plantea a la hora de comprender algo no sólo por una diferencia cultural, sino también por una distancia temporal de miles de años. ¿Cómo podemos estar tan seguras de que, aun con una precisión del 100 % en la traducción, estamos captando realmente el significado exacto que hay tras un texto antiguo? No podemos estar seguras. Necesitamos muchos ejemplos textuales para poder hacer referencias cruzadas, simplemente, para acercarnos a la verdad. Debido al carácter de la historia, nunca podremos saber a ciencia cierta qué había en la mente y en el corazón de las gentes de la antigüedad. No obstante, tendremos que seguir intentando discernir lo principal de los mensajes que encerraron en sus palabras, aunque eso nos exija el estudio de multitud de ideas diversas.

Los sabios antediluvianos

La discreción y el secreto han formado parte de la mayoría de las religiones, sectas y comunidades espirituales, e incluso de otros colectivos sociales. Para poder acceder a sus secretos, muchas religiones exigen a sus seguidores pasar por unos rituales de iniciación, además de haber experimentado determinadas experiencias místicas. En las sociedades antiguas, el conocimiento secreto era una estrategia importante para asegurarse poder, estatus o, en ocasiones, la simple supervivencia. Incluso el conocimiento de la escritura fue considerado información privilegiada en algunos momentos. Grupos selectos de lo que ahora denominamos los cultos de misterios le dieron una importancia destacada a la iniciación, llegando incluso a construir sus estructuras sociales en torno a diferentes grados de iniciación. Tales niveles iniciáticos generaron una diferenciación de rangos entre adeptos y maestros o sacerdotes. Algunos de los más conocidos cultos de misterios del mundo antiguo fueron los misterios eleusinos, el culto de Dionisos, el culto del Líber Páter, en Roma e Italia meridional, el culto de Mitra y el culto de Osiris.

Los cultos de misterios sobrevivieron en todo el mundo antiguo y en las tradiciones abrahámicas. Probablemente, el conocimiento secreto más famoso haya sido el de la pronunciación del nombre divino יהוה (yhwh) en el judaísmo. La *nomina sacra* se ha tratado con el mayor de los respetos en todas las religiones debido al hecho de ser un nombre al que se le atribuía poder. Pero detrás de esto se halla la idea de que quienquiera que conociera el nombre de alguien podría disponer de la persona nombrada. Sin embargo, yhwh no era traducible porque no es un nombre, un pensamiento, una sustancia o una existencia. Esto apunta al carácter inexpresable, inexplicable e insondable de Dios. Con asombro y reverencia por yhwh, por su grandeza y santidad, los judíos dejaron de hablar de yhwh después de su cautiverio en Babilonia, para hablar entonces de Adonay (mi señor) y, actualmente, Hashem (que significa literalmente, «el nombre»). Posteriormente, el influjo del gnosticismo, un movimiento religioso del siglo ii, que ofrecía la salvación a través de la obtención de conocimientos secretos, tuvo sus efectos en el misticismo judío, llevando a la aparición de varias sectas, como el misticismo Merkabá, la cábala y el hasidismo. Del mismo modo, las sectas místicas cristianas, como los maniqueos y los ebionitas, afirmaban poseer conocimientos secretos; mientras, en el islam, determinados grupos de la shía, como los alevíes y los drusos, así como las religiones sincréticas que tuvieron su origen en la shía, se atribuían a la gnosis. Incluso, en ocasiones, los sufíes, seguidores del misticismo islámico, se han contado entre los gnósticos.

Muchos expertos trazan el origen de las tradiciones gnósticas del secreto, la magia y la iniciación al antiguo Egipto. Pero aunque los egipcios se adhirieron y cultivaron este sistema, no le dieron origen. La práctica de la conservación de conocimientos secretos tuvo su origen en Sumer, y sus efectos se pueden reconocer en el sistema académico de nuestros días, en lo que Michael Cremo denomina «el filtro del conocimiento» (Cremo y Thompson, 1993). El filtro del conocimiento, que opera como el brazo compartimentalizado del complejo industrial académico, sigue guardando los misterios de Mesopotamia ocultos a la vista del público.

El filtro del conocimiento tuvo su origen en Sumer

Es fácil atribuir a los pensadores modernos la creación de este filtro del conocimiento. Mientras que términos como *nuevo orden mundial* y élites globales tienen su lugar en diferentes contextos, sería un error utilizarlos para explicar el filtro del conocimiento, pues esto reforzaría la idea de que los poderes modernos impiden que determinados conocimientos lleguen hasta la población, cuando, de hecho, el filtro del conocimiento tuvo su origen en Sumer. En el antiguo Sumer, la élite de los escribas decían ser los portadores exclusivos del conocimiento secreto de los dioses, llegando a afirmar incluso que eran los «herederos de los sabios antediluvianos», que se habían relacionado con Enki (Lenzi, 2013). Los secretos de la magia, la sanación y la adivinación celeste se mantenían ocultos a los profanos mediante la restricción del acceso a las tablillas. Para legitimar sus reivindicaciones sobre estos conocimientos secretos, mantenían que su ascendencia en el oficio de escribas les daba un medio especial de comunicación para recibir los escritos secretos de Enki, canalizando a los sabios de la época antediluviana. Estos expertos creían, o al menos hacían creer a los demás, que ellos debían ser los custodios del conocimiento, merced a su linaje directo con los sabios antediluvianos.

El hecho de ostentar esta posición en la sociedad les hizo valiosos no sólo para la población, sino también para la realeza. Como canales del conocimiento del otro mundo, estos portadores del conocimiento tenían toda la atención del rey. De hecho, eran la mano oculta en sus decisiones, un papel que se sabe desde hace tiempo que cumplieron, a partir de las evidencias de los registros arqueológicos de las listas, las cartas y los textos oficiales de los reyes, sobre todo en el período neoasirio (Lenzi, 2013). Históricamente, las clases dirigentes sustentaban su dominio mediante la exhibición de su opulencia, mostrando su riqueza y su distinción social. A lo largo de toda la historia, las élites han gobernado merced al teatro. Como reconoció el gran historiador francés y líder de la Escuela de los Annales, Fernand Braudel, «existen dos maneras de vivir y de enfrentarse al mundo: exhibición o discreción» (Braudel, 1982). La élite utilizaba la pompa y el teatro para deslumbrar a las multitudes. Vivían de la exhibición e intentaban mantener y explotar las desigualdades en sus condiciones sociales. Y los conocimientos secretos constituían otra exhibición de poder, puesto que era un activo simbólico para sus custodios.

La educación sumeria era bastante sofisticada. Los alumnos comenzaban haciendo marcas y aprendiendo diferentes palabras que no sólo iban a necesitar para escribir correctamente, sino también para memorizar y traducir textos del sumerio al acadio y viceversa. Tras la formación inicial, que no se les daba fácilmente a todos, se adentraban en temas más complejos. Como se puede ver por un texto de examen de las postrimerías de la historia sumeria, un graduado de la escuela debía tener un buen dominio del lenguaje de los secretos de Enki.

Tras la formación como escriba venía un sistema de aprendizaje de dos niveles. Para convertirse en experto, o incluso en un *ummânū*, los alumnos tenían que comenzar desde la base, el primer nivel en la escuela del templo. En el primer nivel se formaba a los alumnos para la administración institucional, mientras que en el segundo se los preparaba para empeños más eruditos, sobre todo para *āšipūtu*, la práctica de la magia y el exorcismo (Gesche, 2000). Hay que tener en cuenta que el exorcismo, en Mesopotamia, no se limitaba a un ritual, tal como lo conocemos actualmente. Los sumerios creían que determinadas enfermedades eran provocadas por determinados demonios. Si se podía identificar al demonio mediante el examen del paciente y de sus síntomas, el sacerdote podría prescribir el tratamiento correcto.

Los exorcistas sumerios eran en realidad médicos de formación, e incluso tenían que someterse a unos estándares éticos y legales parecidos a los de los médicos actuales.

En el primer nivel educativo, los alumnos aprendían cuneiforme básico, para pasar después a copiar textos literarios. Además, aprendían conocimientos básicos de derecho, matemáticas, agrimensura y otras habilidades necesarias para las actividades administrativas (Gesche, 2000). Para la mayoría de los alumnos, la culminación de este primer nivel era el fin de su formación como escribas. Sin embargo, los estudios continuaban para un pequeño número de alumnos (alrededor del 10 %) en el segundo nivel, donde aprendían textos sagrados como el *Enūma eliš, Ludlul bēl nēmeqi* y todos aquéllos relacionados con el *āšipūtu* (Gesche, 2000). Para mantener separadas las etapas de conocimiento para los alumnos del primer y del segundo nivel, los textos llevaban etiquetas restrictivas –situadas al final de la tablilla o, a veces, al comienzo– que advertían a los profanos de la lectura de textos secretos. Este tipo de etiquetas se pueden encontrar desde finales del segundo milenio hasta los períodos helenístico y parto (Gesche, 2000). Un ejemplo de ello sería éste:

Original:
AD.AL DINGIR.MEŠ GAL.MEŠ ZU-U ZU-A LI-KAL-LIM NU ZU-U AA IGI.LAL [NÍG].GIG DINGIR.MEŠ GAL.MEŠ...

Traducción:
SECRETO DE LOS GRANDES DIOSES. Un experto puede mostrar a otro experto. Un no-experto no puede ver(lo). Una restricción de los grandes dioses... (Lenzi, 2013)

Así pues, ¿qué motivaba a estos alumnos selectos a buscar una educación superior y la iniciación en los misterios mesopotámicos? Los textos nos lo dicen con toda exactitud: *niṣirtu,* que se traduce como «el apreciado secreto de Enki». Este apreciado secreto es el conocimiento perdido previo al diluvio, que fue salvado por Utnapishtim, el precursor de Noé en la historia del diluvio. La *Epopeya de Gilgamesh* estándar babilónica indica que Gilgamesh obtuvo grandes conocimientos de una época anterior al diluvio, y que luego se la llevó a su pueblo:

Original:
[nap-ḫ]ar ne-me-qi ša ka-la-mi ⌜i⌝-[ḫu-uz?]
[ni]-ṣir-ta i-mur-ma ka-tim-ti ip- ⌜tu⌝
[u]b-la ṭè-e -ma ša la-am a-bu-b[i]

Traducción:
Él aprendió absolutamente todo lo perteneciente a la sabiduría.
Vio lo que era secreto, abrió lo que estaba oculto,
trajo de vuelta un mensaje de antes del diluvio. (Lenzi, 2013)

Los textos apuntan al conocimiento secreto de Enki como a los conocimientos de una civilización anterior al diluvio, así como a los conocimientos relativos a las plantas medicinales. En la *Epopeya,* Gilgamesh conversa con Utnapishtim y lleva de vuelta a la civilización el secreto del conocimiento antediluviano. Ni siquiera Gilgamesh, por poderoso que fuera, disponía de tales conocimientos. Tuvo que ir a ver a Utnapishtim, que disponía de comunicación directa con Enki, para obtener tales secretos.

Los textos sagrados, revisados por los escribas iniciados, serían copiados, traducidos y estudiados mediante análisis comparativo. Por ejemplo, de la multitud de copias de la *Epopeya de Gilgamesh,* existen algunas versiones en las que hay secciones censuradas, algo parecido a lo que ocurrió con la versión bíblica inglesa del rey Jacobo, que no incluye los mismos evangelios que los manuscritos del mar Muerto. Los libros prohibidos de la Biblia son libros gnósticos, que se tienen por libros de sabiduría sagrada y secreta. He aquí un ejemplo de un párrafo censurado de la tablilla XI 196-197, QUE OFRECE EL PRIMER INDICIO DE ELLO.

Enki dice:
a-na-ku ul ap-ta-a pi-riš-ti dingir.meš gal.meš at-ra-ḫa-sis šu-na-ta ú-šab-ri-šum-ma pi-riš-ti dingir.meš iš-me

Traducción:
No desvelaré el secreto de los grandes dioses,
le mostré a Atrahasis (Utnapishtim/Noé, el protagonista del diluvio) un sueño, y de este modo él escuchó el secreto de los dioses. (Lenzi, 2013)

Los textos dejan claro que el conocimiento secreto de Enki es el conocimiento de la civilización antes del diluvio, así como el conocimiento de las plantas medicinales; y se vincula a Gilgamesh, y a su vez a la realeza, con este conocimiento. Sin embargo, es Utnapishtim el que sobrevivió al diluvio y el que le dio a Gilgamesh los secretos de Enki, estableciendo así para siempre el poder y la importancia de la clase sacerdotal. Además, el relato del diluvio nos cuenta que Utnapishtim no fue el único superviviente de la catástrofe, lo cual quiere decir que hubo otros que portaron los secretos de la civilización antediluviana:

Original:
bu-ul EDI ⌜N⌝ [ú]-ma-am EDIN ⌜DUMU.MEŠ⌝ um-ma-a-ni ka-li-šúnu ú-še-li

> Yo hice a los animales de la estepa, a las criaturas de la estepa y a los miembros (literalmente, hijos) de la borda (el barco) *ummânū*. (Lenzi, 2013)

Según el texto, Utnapishtim salvó el *ummânū*. El *ummânū* se traduce como «erudito jefe». Estos *ummânū* «eran un grupo de élite de escribas de antes del diluvio» (Lenzi, 2013, p. 153), que sobrevivieron con Utnapishtim y sus animales, para luego reasentarse y compartir los secretos de Enki con los reyes y las élites de Mesopotamia. De hecho, fue Enki quien desafió a las deidades anunnaki y advirtió a Utnapishtim acerca de la inminente inundación, tema sobre el que volveremos más tarde en el capítulo 6.

Ingeniería genética

Lo que estos textos parecen indicar es que el jardín del Edén es en realidad el nombre que se le dio al primer complejo agrícola del mundo, en vez del lugar donde un único dios creó a los seres humanos a partir de arcilla y de una costilla hace seis mil años. También parece que los anunnaki eran seres reales, de carne y hueso, que comían, hacían el amor, peleaban y, en ocasiones, bebían demasiado. Lo que también podemos decir a partir de los registros sumerios es que estos seres parecían físicamente diferentes de las gentes que habitaban la zona antes de la civilización. De otro modo, ¿qué sentido tendría llamar a la gente de la zona «los de las cabezas negras»? Sin duda, si los anunnaki hubieran tenido el cabello negro, no les habría resultado en modo alguno útil diferenciarlos de esa manera. Además, las estatuas que representan a los dioses los muestran con los ojos azules, normalmente con incrustaciones de lapislázuli. En la región que actualmente ocupa Irak se puede encontrar gente con los ojos azules, aunque no es un rasgo común. Pero, debido precisamente a que no es un rasgo común, los ojos azules se convirtieron con el transcurso del tiempo en un símbolo del mal, y la gente de la antigüedad creía que las personas con los ojos azules podían maldecirte con una simple mirada. Para protegerse, los asirios portaban consigo amuletos hechos de materiales azulados, como el lapislázuli o la turquesa. En tablillas sumerias donde se han encontrado antiguos hechizos mágicos se dice que las personas de ojos azules estaban llenas de lapislázuli (Kotzé, 2017). Y aún hoy en día, en las tiendas de suvenires de todo Oriente Próximo se pueden comprar nazares, unos amuletos cristalinos azulados con forma de gota que se llevan en la ropa o se cuelgan del cuello y hacen el papel del retrovisor de un automóvil.

Los informes arqueológicos sugieren que el gen de los ojos azules se originó en las cercanías del mar Negro debido a una mutación genética que tuvo lugar entre seis mil y diez mil años atrás. Según el profesor Hans Eiberg, de la Universidad de Copenhague, todos los seres humanos tenían en un principio los ojos marrones, pero hubo una mutación en un individuo que afectó al gen OCA2 y, por decirlo de un modo sencillo, desactivó la capacidad para producir ojos marrones (Eiberg *et al.,* 2008). En la sección transversal de las muestras que examinaron él y su equipo, esta mutación se vio exactamente en el mismo punto del ADN, indicando que todas las personas con los ojos azules están vinculadas con el mismo antepasado (Eiberg *et al.,* 2008). Los genetistas creen que los ojos azules tuvieron su origen en la zona de Oriente Próximo o en el noroeste, en la región del mar Negro, desde donde tuvo lugar la gran migración hacia el norte de Europa en los períodos neolíticos, hace alrededor de diez mil años, y quizás también desde el norte de Afganistán, según Eiberg (Eiberg *et al.,* 2008).

Sólo una mutación genética sería suficiente para marcar la diferencia.

Algunos teóricos, como Sitchin, sostienen que los anunnaki practicaron ingeniería genética con los primitivos humanos, y yo sustentaría esas afirmaciones, aunque con una excepción importante. En la época de Sumer, hace sólo unos seis mil años, tal manipulación genética no se hacía con láseres, batas de laboratorio, vasos de precipitados ni CRISPR,[2] sino más bien a la antigua, mediante reproducción selectiva. Aunque existen evidencias científicas que sugieren que la vida primordial se sembró justo en esa fase de la vida en la Tierra en la que los anunnaki entraron en esce-

---

2. Las siglas CRISPR proceden de Clustered Regularly Interspaced Short Palindromic Repeats, que podríamos traducir por «repeticiones palindrómicas cortas agrupadas y regularmente interespaciadas», que son familias de secuencias de ADN en bacterias, que juegan un papel crucial en los sistemas de defensa bacterianos y que forman la base de la tecnología CRISPR/Cas9, capaz de cambiar los genes en un organismo. *(N. del T.)*

na, éstos trataron a los primitivos homínidos, incluidos los neandertales, como a animales.

¿Que cómo lo sabemos? En primer lugar, en los textos se evidencia que los anunnaki no eran partidarios de «mezclarse» con razas inferiores, como los adamah. De hecho, prohibieron tales comportamientos, si bien no todos los anunnaki obedecieron, lo cual llevó a una raza híbrida. Además, queda bastante claro en la *Epopeya de Gilgamesh* que se utilizó el sexo para controlar a Enkidu. Las tablillas sumerias están plagadas de relatos explícitamente sexuales y de una narrativa en la que predomina la idea de «sembrar», que estaba asociada a la eyaculación de fluidos. Esto podría explicar la prevalencia del incesto en las antiguas familias reales. Esta especie de reproducción selectiva se practicó para mantener la pureza de sangre.

Imagina una época de la historia de la humanidad en la que la civilización era algo nuevo y en la cual los alrededores de una ciudad amurallada eran territorio inhóspito en el que no sólo había animales salvajes, sino también homínidos salvajes. ¿Qué pasaría si los sabios antediluvianos refugiados hubieran tenido también una apariencia diferente, con rasgos más claros y una mayor estatura? ¿No parecerían pertenecer a una raza distinta? Creo que todos los textos antiguos describen el escenario de la urbanización y las luchas inherentes que esto trajo cuando las personas dejaron de vivir en pequeños grupos familiares para pasar a poblar bulliciosas metrópolis cosmopolitas llenas de extranjeros de aspectos y culturas extrañas, y hablando lenguas diferentes. Durante muchos años, la narrativa oficial insistió en que el *Homo sapiens* y el *Homo neanderthalensis* nunca llegaron al mestizaje. De hecho, aún hoy en día, y con poderosas evidencias genéticas en contra, hay personajes en la academia que se siguen negando a aceptarlo.

CAPÍTULO 5

Los vigilantes del cielo

Justo en estos momentos, pueden estar cruzando esta habitación mensajes de las estrellas. Pueden estar cruzando a través de ti y de mí. Y si tuviéramos el receptor adecuado, y bien configurado, podríamos detectarlos. Todavía se me eriza la piel cuando pienso en ello.

FRANK DRAKE, astrónomo y astrofísico estadounidense

La conexión sumeria con la astronomía: Grandes desarrollos astronómicos

La astronomía moderna puede rastrear sus orígenes seis mil años atrás, hasta Sumer. Los conocimientos y los avances técnicos de los astrónomos sumerios fueron tan destacados que, posteriormente, serían adoptados por los acadios, los babilonios, los asirios e incluso los griegos. La astronomía sumeria se basó tanto en la observación como en las matemáticas. Estos antiguos protocientíficos vincularon los planetas y las estrellas con las deidades, y creían que el estudio de los cuerpos celestes permitía predecir la voluntad de estos dioses. Los cuerpos celestes más importantes eran el Sol, la Luna y Venus, que eran seguidos en el cielo de forma regular por sacerdotes bien entrenados. Al Sol se le dio el nombre de Utu; a la Luna, Nanna; y a Venus, Inanna; a los cuales los babilonios llamarían posteriormente Shamash, Sin e Ishtar, respectivamente. La observación permanente de planetas y estrellas era de vital importancia para la civilización sumeria, pues en aquella época se creía que las cosechas, la fertilidad, el cambio de las estaciones e, incluso, el destino de la gente, dependían de la actividad de los cuerpos celestes y de las deidades que se correspondían con ellos. Los sacerdotes sumerios registraban con precisión los movimientos planetarios en el cielo nocturno, con el fin de calcular el tiempo de la cosecha y la duración del año, pero también para predecir diversos acontecimientos.

A través de sus disciplinadas observaciones, los sumerios ya sabían a comienzos del tercer milenio a. C. que el lucero de la mañana y el del atardecer era el mismo planeta, Venus. A finales del tercer milenio, un texto cuneiforme ofrecía una lista de las constelaciones sumerias. Pero lo más sorprendente es que en este texto se consideraban los planetas en una categoría independiente de los cuerpos celestes, una categoría aparte de las estrellas fijas. Estos antiguos astrónomos se dieron cuenta también de que, a diferencia de las estrellas, estos cuerpos celestes cambiaban de posición.

Los templos sagrados se diseñaban de tal manera que los sacerdotes pudieran observar y registrar toda actividad en el cielo nocturno. Los imponentes zigurats hacían el papel de observatorios, en los que cada nivel ofrecía un punto de vista superior, hasta alcanzar a ver la línea del horizonte. El eje entre las esquinas oriental y occidental de los zigurats daba la dirección de los equinoccios, en tanto que los laterales se abrían al amanecer y el ocaso de los solsticios de verano e invierno. Se supone que, a simple vista y con sus conocimientos matemáticos, los astrónomos sumerios podían calcular la aparición y la puesta de los cuerpos celestes en el horizonte de la Tierra de una manera similar a como se hace hoy en día. Después, registraban las medidas con todo detalle en tablillas de arcilla, algunas de las cuales han sobrevivido hasta nuestros días.

Durante muchos años se ha tenido por cierto que estos antiguos astrónomos utilizaban una aritmética básica para predecir las posiciones de los cuerpos celestes. Sin embargo, en un estudio publicado en 2016 en la revista *Nature,* se dio cuenta de que los astrónomos babilonios empleaban en realidad sofisticadas técnicas geométricas de cálculo para determinar las posiciones de los planetas (Ossendrijver, 2016). Tales métodos presagiaban con claridad el desarrollo del cálculo, que los historiadores creían que no se habría podido desarrollar hasta el siglo xiv en Europa como pronto. El astroarqueólogo Mathieu Ossendrijver, de la Universidad Humboldt de Berlín, examinó tablillas que databan de entre el 350 y el 50 a. C.; tablillas que no habían sido estudiadas hasta hace poco. Durante catorce años, este esforzado investigador estuvo trabajando con estas tabillas en la inmensa colección del Museo Británico, intentando resolver un misterio aparecido en dos tablillas que trataban de cálculos astronómicos. Lo primero que le llamó la atención a Ossendrijver fue que proporcionaban instrucciones para hacer una figura trapezoidal. Aquello le parecía fuera de lugar a Ossendrijver, dado que no parecía guardar relación con nada de tipo astronómico. Pero siguió adelante hasta que encontró dos tablillas en las que también se hablaba del dibujo trapezoidal, lo cual le llevó a preguntarse si podría estar todo relacionado con Júpiter, dado que era un tema favorito para los babilonios, puesto que lo equiparaban con Marduk.

Tras años de estudio, Ossendrijver recibió la visita de un asiriólogo jubilado llamado Hermann Hunger, que trajo consigo una caja con fotos tomadas muchos años atrás de una tablilla babilónica del Museo Británico no catalogada. En aquella tablilla se describían cálculos astronómicos que Hunger pensó que podrían despertar el interés de Ossendrijver. Tras revisar las viejas y borrosas fotos, Ossendrijver tuvo una epifanía. ¡Descubrió que los números de la tablilla no catalogada eran idénticos a las inscripciones del trapezoide que había estado estudiando! Esto le confirmó que los antiguos astrónomos de Mesopotamia habían descubierto unos cálculos complejos que describían el movimiento de Júpiter. Utilizaban un gráfico de velocidad frente a tiempo para seguir el rastro de los planetas. En un gráfico así —como los que se enseñan ahora en cualquier clase de geometría o de física en un instituto—, el principio estriba en que la pendiente de la línea puede revelar información útil acerca de la aceleración del objeto, en este caso de Júpiter.

Tras su descubrimiento, Ossendrijver comenzó a buscar más textos antiguos en el Museo Británico, y descubrió que los denominados procedimientos trapezoidales pertenecían al corpus de astronomía matemática babilonia, que comprende alrededor de 450 tablillas de Babilonia y Uruk datadas entre el 400 y el 50 a. C., de las cuales en torno a 340 presentaban cálculos de datos planetarios o lunares dispuestos en filas y columnas (Ossendrijver, 2016). Las restantes 110 tablillas eran textos sobre procedimientos con instrucciones de cálculo para determinar el desplazamiento de Júpiter cada día a lo largo de la eclíptica, que es el sendero que el Sol parece seguir a través de las estrellas (Ossendrijver, 2016). Los antiguos cálculos registrados en las tablillas cubrían un período de sesenta días, comenzando con el día en que Júpiter aparecía en el cielo nocturno justo antes del amanecer. Así pues, los antiguos astrónomos mesopotámicos parece que estaban muy interesados en determinar el movimiento de Júpiter a través del cielo nocturno.

Sin embargo, no es esto todo lo que descubrieron estos innovadores astrónomos. También descubrieron que, con el fin de calcular el tiempo que le llevaría a Júpiter recorrer la mitad de su camino en la eclíptica, tenían que dividir por la mitad el trapezoide de sesenta días. Un planteamiento básico les habría llevado a la conclusión de que el sendero elíptico hubiera sido de treinta días. Sin embargo, cuando trazaron una línea recta vertical sobre las diferentes formas trapezoidales, descubrieron que eran algo menos de treinta días debido a las diferentes formas de los trapezoides. Esto quiere decir que la elíptica era en realidad de un poco menos de treinta días.

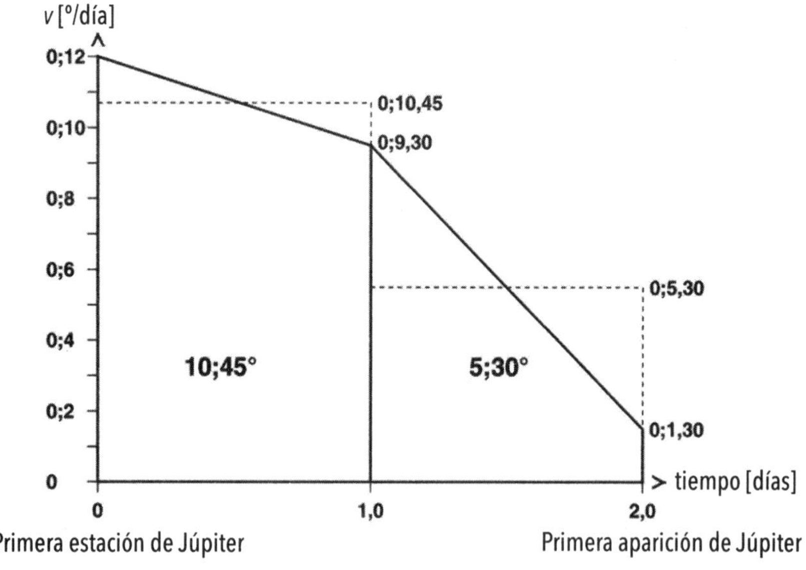

Gráfico de tiempo-velocidad del movimiento de Júpiter.

Esta novedosa información tiene importantes implicaciones para la historia de la ciencia. Mucho antes de que astrónomos griegos como Aristarco de Samos y Claudio Ptolomeo utilizaran métodos geométricos, y aún antes que los filósofos y matemáticos franceses e ingleses, en Mesopotamia se habían desarrollado «ideas geométricas, matemáticas abstractas acerca de la conexión entre movimiento, posición y tiempo, que son del todo comunes actualmente para cualquier físico o matemático» (Ossendrijver, 2016, p. 484). Y lo que es más, estas antiguas técnicas trapezoidales difieren de las utilizadas por otras civilizaciones avanzadas, como la de los griegos, en las que las figuras geométricas describían un concepto abstracto del espacio definido por el tiempo y la velocidad, en vez de por la forma física. Su capacidad para abstraer, haciendo uso de modelos matemáticos, los sitúa en una posición única entre todos los demás astrónomos de la antigüedad, apuntando al hecho de que, ciertamente, disponían de unos conocimientos muy avanzados, superiores a cuanto se les haya reconocido. Con el fin de descubrir todo esto, hizo falta que un experto, con un interés secundario en la historia, se consagrara a esta investigación, empujando así los límites de la narrativa aceptada y yendo más allá de las colecciones de los museos con el fin de estudiar textos oscuros a los que el público en general no tiene acceso. ¡Imaginemos cuántas cosas más podríamos descubrir si recursos, vínculos, curiosidad y pasión se alinearan a diario!

El sello cilíndrico VA 243

Las investigaciones están ahora proporcionando evidencias que indican que los antiguos tenían un pensamiento y unas capacidades bastante más avanzadas de lo que arqueólogos e historiadoras nos han estado contando. Así pues, ¿hasta dónde llegaban los conocimientos astronómicos de los sumerios? Además de información acerca del origen del universo y de la humanidad en sí, hay investigadores que creen que los textos sumerios revelan el desarrollo y la estructura del sistema solar, junto con una lista de los planetas y sus características. Hay investigadores que afirman incluso que los sumerios sabían exactamente cuántos planetas había, y que eran sabedores del modelo heliocéntrico del sistema solar. Y, para justificar estas aseveraciones, muchos apuntan al sello cilíndrico VA 243, perteneciente al Vorderasiatisches Museum de Berlín, un museo arqueológico existente en los sótanos del Pergamon Museum. Al igual que la mayoría de los sellos cilíndricos, esta pequeña piedra se hacía rodar sobre arcilla tierna para firmar o autentificar documentos administrativos. Se cree que este sello representa el Sol en el centro rodeado por doce planetas. A este respecto, existe bastante polémica entre los expertos, pero quienes disienten de esta interpretación no proporcionan una explicación alternativa de la imagen. ¿Acaso esta imagen es una prueba de que los sumerios creían hallarse en un modelo cosmológico heliocéntrico rodeado por doce planetas?

Esbozo artístico del VA 243.

Me decidí a examinar más de cerca el VA 243 para ver si existían otros detalles que pudieran arrojar nueva luz sobre este debate. Lo que descubrí no fueron las evidencias que algunos esperarían, sino que desarrollé una traducción completamente nueva para este icónico texto sumerio.

Según muchos teóricos de los astronautas de la antigüedad, los sumerios tenían la Luna y el Sol por planetas, dando a entender así que los once puntos que se ven en la parte izquierda de la tablilla, junto con la imagen que hay en medio de ellos, que sería el Sol, equivaldría a los doce planetas. Pero, según los estándares actuales, esto es incorrecto, porque son ocho planetas (nueve, si incluimos a Plutón), además del Sol y la Luna. En el libro de Sitchin *El 12.º planeta*, éste decía que los sumerios sabían de la existencia de un exoplaneta llamado Nibiru, que atraviesa nuestro sistema solar cada 3 600 años (Sitchin, 2016). Esto significaría que Nibiru era el décimo planeta desde nuestro enfoque actual del sistema solar, de ahí lo de «planeta X» (Sitchin, 2016). En el sello cilíndrico VA 243, lo que Sitchin consideraba que era el Sol, la mayoría de los expertos afirman que es una estrella. Y, como con la mayoría de los debates entre Sitchin y la corriente académica convencional, muchos lectores e investigadoras han estado yendo de aquí para allá entre ambos sin plantearse la posibilidad de una tercera alternativa: si uno está equivocado, entonces el otro tiene razón. Las explicaciones alternativas no han sido cuestionadas durante tanto tiempo que se han convertido en dogmáticas para la corriente convencional, ¡traicionando así su propio principio de ser alternativa! He aquí mi propia perspectiva, que no se basa en ninguno de los dos argumentos enfrentados.

En el arte sumerio, las representaciones celestes son enormemente coherentes. Los soles tienen seis u ocho puntas. Las estrellas constituyen conceptos distintos a los del Sol, por lo que se las suele representar como simples puntos. Uno de los mejores ejemplos de esto es la representación sumeria de las Pléyades. Asimismo, frecuentemente, situaban un punto delante de una figura para indicar su divinidad. En muchas imágenes, encontrarás tres signos asociados a determinadas deidades celestiales. La primera es el dios solar Uta, representado por un pequeño círculo con cuatro rayos y con unas líneas onduladas entre ellos, y encerrado en un círculo más grande. Otro rasgo habitual en el arte mesopotámico es la representación del Sol, la Luna y una estrella agrupados y diferenciados con claridad como tales. También existen precedentes que apuntan a que esos puntos representan constelaciones, en el sentido en que se parecen mucho al racimo de siete puntos utilizado para representar las Pléyades. Teniendo esto en cuenta, podemos ver que es bastante posible que este grupo de puntos represente una constelación específica, en lugar de un sistema planetario.

Recurriendo a esta teoría, me puse a buscar constelaciones sumerias con once estrellas de entre las registradas en el catálogo estelar babilónico denominado el MUL.APIN. La única constelación que cumplía con los requisitos fue la del Centauro, a la que los babilonios llamaban Hombre-Bisonte (MUL.GUD.ALIM) («Mul-Apin 1»). Los expertos creen que el sello está dedicado a la agricultura, sobre todo por el hecho de que se ve que el dios sentado le está dando un arado al trabajador. En el sello se puede leer:

Original:
SI.GA D.IL.LA.TUR3 ARAD.SU

Representación de unos soldados cargando carros en un barco del reinado de Asurbanipal II, 865-860 a. C., de Nimrud, Irak, actualmente conservado en el Museo Británico. (Osama Shukir Muhammad Amin FRCP (Glasg) [cc by-sa 4.0, creativecommons.org])

Entonces, ¿en qué me baso para creer que la controvertida imagen podría ser la constelación del Centauro? ¿Por qué las once estrellas de esta constelación estarían rodeando la imagen con forma de estrella? Yo creo que podría estar representando el mito del Centauro, o Kusarikku, «Hombre-Bisonte». A éste se le representa a veces con un *banduddû* en la mano, o lo que algunos han denominado «la bolsa de mano de los dioses»; o bien se le representa portando una pala; ambas cosas puedes asociarse con la agricultura. En el mito sumerio del Enûma Eliš, el Hombre-Bisonte es uno de los descendientes de Tiamat, que fue derrotada por Marduk. En *El regreso de Ninurta a Nippur,* el Hombre-Bisonte es «colgado de la viga» en el relato:

120

En su brillante carro, que sobrecoge, colgó del tiro a los toros salvajes que había capturado, y colgó de la barra transversal del yugo a las vacas capturadas. Colgó del guardapolvo al Carnero salvaje de seis cabezas. Colgó del asiento al Dragón guerrero. Colgó el barco Magilum de […]. Colgó el Bisonte de la viga. *(El regreso de Ninurta a Nibru, 2018)*

Y luego, en las líneas 64 a 69 dice, «El señor Ninurta se subió a su carro de guerra. Ud-ane, el dios que todo lo ve, y Lugal-anbara, el señor barbado (?), iban delante de él, y el terrible de las montañas, Lugal-kurdub, el […] del señor Ninurta, iban detrás de él» *(El regreso de Ninurta a Nibru,* 2018). El relato cuenta que el Hombre-Bisonte fue colgado de la viga, lo cual significa los radios de la rueda. Echa un vistazo a cómo se representan las ruedas de los carros en el arte sumerio. Tienen seis radios que se unen en el centro en una bola grande.

Si quitas el aro de la rueda, la pina, y te imaginas al «Hombre-Bisonte» enrollado en torno a la viga, obtendrás algo parecido a una imagen de seis radios en el cielo rodeada por las once estrellas de la constelación originalmente conocida como Hombre-Bisonte, el Centauro, en el sello VA 243. Así pues, podría ser que la misteriosa constelación que parece representarse en el sello VA 243 sea la constelación del Centauro, tal como se describe en el relato de *El regreso de Ninurta a Nippur.* En modo alguno es esto una prueba definitiva, pero creo que es una explicación tan buena como cualquier otra propuesta ofrecida hasta el momento. Entre las personas que lean esto, puede darse alguna de las siguientes emociones ante mi análisis. En primer lugar, si son personas a las que sólo les convencen las teorías de Sitchin, descartarán esta alternativa como un mero intento de desprestigio. Dicho de otro modo, ¿cómo me atrevo a cuestionar a Sitchin? El segundo sentimiento puede emerger de la idea de que he ofrecido una explicación alternativa poco convincente, quizás incluso pseudocientífica, dado que, aunque tengo formación como historiadora y arqueóloga, no soy específicamente una asirióloga. Dicho de otro modo, yo debería «haberme quedado en mi carril». Pero mi esperanza estriba en que las lectoras adopten una tercera perspectiva, una que reconozca la importancia de cuestionar siempre cualquier idea, por arraigada que pueda estar en nuestro marco de referencia. Creo que es sumamente importante no perder la curiosidad y fomentar siempre la indagación.

En cierta ocasión me matriculé en un curso de arqueoastronomía en el Politécnico de Milán en el que uno de mis compañeros le hizo una pregunta al profesor, el bien conocido y respetado astrofísico/arqueoastrónomo italiano Giulio Magli. Mi compañero le habló al profesor Magli de una exposición sobre los escitas en el Museo Británico, y dio el enlace a una imagen que representaba a una pantera y se preguntó si los tres círculos centrales de la imagen no estarían representando el cinturón de Orión. El profesor Magli respondió, «Es una buena broma […] se puede hacer lo mismo con tres farolas en la calle, e incluso con tres montañas bien elegidas en un mapa (por no decir, con tres pirámides en Egipto)». El alumno, intentando aclarar las cosas, comentó que no pretendía hacer una broma con ello, y que se preguntaba de verdad si aquella figura no estaría representando el cinturón de Orión. Hubo un silencio radiofónico. El profesor Magli ignoró al alumno. Aunque el Politécnico de Milán es una universidad muy respetada y el profesor Magli un profesional del más alto nivel en su campo, cuesta mucho aceptar que a este alumno se le desanimara, incluso se le ridiculizara potencialmente, por el mero hecho de atreverse a plantear la conexión con Orión. Y es absurdo porque la clase era sobre arqueoastronomía, un campo en el cual analizas y te preguntas cómo veía la gente de la antigüedad su relación entre cultura, religión y folklore con el cielo.

Los secretos de las constelaciones

Creo que es evidente que las gentes de la antigüedad sabían bastante acerca de astronomía y que eran capaces de pensar de manera compleja y abstracta, a tenor de las investigaciones científicas. Cualquiera que haya estado en la gran pirámide de Guiza, en emplazamientos megalíticos o en lugares como la llanura de Nazca te dirá que la gente de la antigüedad sabía mucho más del cosmos de lo que les acredita la mayoría de los expertos hoy en día. Hay un investigador en particular que puede atestiguar hasta qué punto la gente de la antigüedad disponía de conocimientos muy sofisticados; se trata de mi amigo y colega Gary David. Después de seguir el trabajo de Gary en la universidad, le conocí hace algunos años en Indiana, en un congreso sobre misterios de la antigüedad. Gary es un escritor e investigador independiente, con un máster en Literatura Inglesa por la Universidad de Colorado. Gary ha estado estudiando durante casi treinta años las ruinas arqueológicas y el arte rupestre del sudoeste de Estados Unidos, y ha escrito numerosos libros sobre los hopi y otras culturas pueblo ancestrales de Arizona y Nuevo México. Entre sus libros están *The Orion Zone: Ancient Star Cities of the American Southwest* [La zona de Orión: Antiguas ciudades estrella del sudoeste de los Estados Unidos] y *Eye of the Phoenix: Mysterious Visions and Secrets in the American Southwest* [El ojo del Fénix: Misteriosas visiones y secretos del sudoeste de los Estados Unidos]. Mientras leía este libro, contacté con Gary para preguntarle qué pensaba sobre la importancia mitológica de las constelaciones para los sumerios, y él me habló del análisis que había hecho sobre la constelación de Eridano y sobre la relación de esta constelación con culturas de la antigüedad, incluida la de los sumerios.

ERIDANO
Un río celeste hacia el inframundo
por Gary A. David

La puerta estelar espiral

La espiral, el torbellino, el vórtice… Este icono lo utilizaron muchas culturas en todo el mundo para significar un portal interdimensional, una transición entre mundos, o un pórtico entre una realidad y otra. Es la puerta a través de la cual el chamán o la chamana comienzan su extática búsqueda a lo largo del Árbol del Mundo *(axis mundi)*, desde el plano físico hasta el espiritual. En esencia, es una puerta estelar —pero no el aro de metal que se puede ver en la película y la serie de televisión *Stargate*—; es, más bien, un túnel divino situado en el cielo, a través del cual el alma alcanza la trascendencia.

Junto al pie izquierdo de Orión se halla la fuente en remolino de una gran corriente sideral denominada Eridano. El escritor esotérico E. Raymond Capt la ha dado en llamar «el Río del Juez» (Capt, 1973). Abarcando la región más grande de cualquier constelación, este «río» discurre sinuosamente desde la deidad celeste a quien los antiguos egipcios identificaron como Osiris, juez del Inframundo, hacia las esferas meridionales. Hermes Trismegistos, el nombre griego del dios egipcio Thot, asociaba este remolino en el cielo con la muerte y la transición.

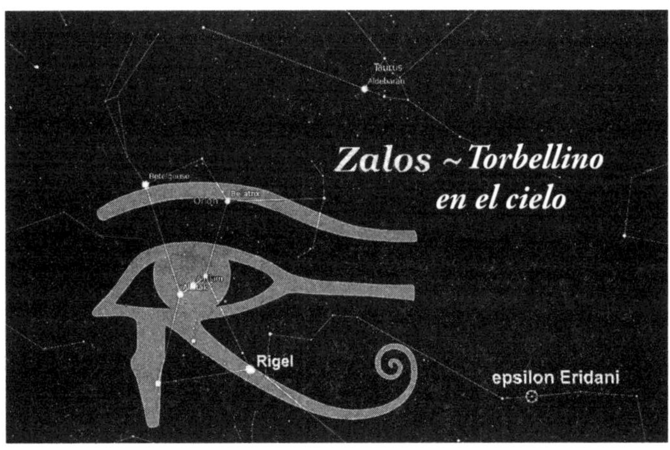

Uadyet egipcio (Ujat), «el todo», el Ojo de Horus
que todo lo ve superpuesto a Orión y Eridano. (Gary David)

En su clásico *El molino de Hamlet,* de los académicos Giorgio de Santillana y Hertha von Dechend,[3] se dice: «Que existe un torbellino en el cielo es bien sabido; es probablemente el esencial, y está precisamente situado. Es un grupo de estrellas llamado así *(zalos)* a los pies de Orión, cerca de Rigel (beta Orionis, siendo *Rigel* la palabra árabe que significa «pie»), cuyo grado recibió el nombre de «muerte», según Hermes Trismegistos […]» (Santillana y Von Dechend, 1998).

La palabra griega *zalos,* escrita también como *salos,* significa «agitación del mar en la tempestad, ondulación», oleaje, remolino o rugido de olas, por ejemplo, un *maelstrom.* Sin embargo, la misma palabra porta también el sentido de «loco» o «santa locura».

---

3. Publicado en castellano por Editorial Sexto Piso. Madrid, 2015.

El nombre hebreo de Orión es *Kesil* (o *cesîl),* que significa «demente», «impío», «inconstante» o «seguro de sí mismo» (Krueger, 1996).

En la cabecera del «río» está la estrella Cursa, a la que llaman «el Escabel» de Rigel, situada a 3° al noroeste del pie izquierdo de Orión (si nos imaginamos a Orión de cara a nosotros). Situada a una distancia de ocho o nueve años luz y teniendo un tamaño y una masa de unas tres veces nuestro Sol, es una de entre alrededor de dos docenas de estrellas que, súbita e inexplicablemente, lanzan intensos destellos, quizás relacionados con algún tipo de cambio magnético. En 1985, por ejemplo, incrementó su luminosidad nada menos que en tres magnitudes (o un factor de quince) y mantuvo tal resplandor durante más de dos horas, hasta que volvió a su brillo habitual (Kaler, s. f.). Quizás este estallido de luz relativamente rápido fue el resultado del paso de algunos viajeros interdimensionales a través del portal en torbellino, cerca de la estrella Cursa.

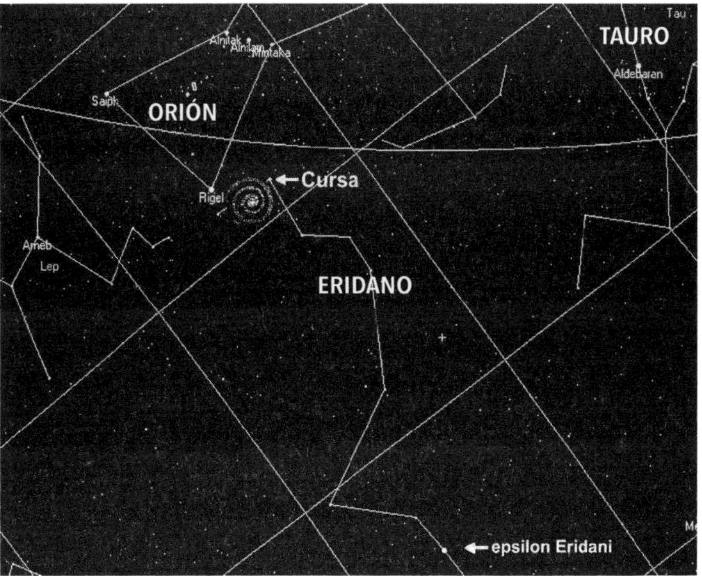

En la cabecera del «río» se halla la estrella Cursa,
que recibe el nombre de «el Escabel» de Rigel. (Gary David)

El fin del mundo, el fin del río

En otro tiempo se tenía a la constelación de Eridano como un lugar de calamidades. En esta zona del cielo, por ejemplo, el impetuoso Faetón se estrelló y se quemó después de intentar darse un paseo con el carro de su padre, Helios. Platón interpretó esto en su *Timeo* no como un relato admonitorio acerca de la inexperiencia de la juventud, sino como una descripción mitológica de un acontecimiento histórico; es decir, una de las muchas destrucciones cíclicas del mundo (Comford, 1955).

El nombre de *Eridano* quizás se derive de la ciudad sumeria de Eridú, que significa literalmente, «boca (o confluencia) de ríos». Pero lo cierto es que este centro protourbano otrora ubicado en las zonas pantanosas cercanas al golfo Pérsico, no tenía un significado de muerte, sino de nacimiento: el lugar de nacimiento de una civilización, de hecho (Eridanus [constellation], 2019). Uno de los períodos sumerios más antiguos fue el Ubaid, que se prolongó desde alrededor del 6500 a. C. hasta el 3800 a. C. (Ubaid Period, 2019).

Los equipos arqueológicos han encontrado unas extrañas estatuillas de arcilla datadas en este período que representan criaturas similares a lagartos, con la cabeza alargada, ojos rasgados y miembros delgados.

Zecharia Sitchin, en su libro *El código cósmico,* 4 traduce ERIDÚ como «hogar en la lejanía» o como «hogar lejos del hogar» (Sitchin, 2007). El primer hogar estaba, al parecer, en las estrellas. En un texto titulado la Lista de los Reyes Sumerios se dice: «Después de que la realeza descendiera del cielo, la realeza estuvo en Eridú». Éste es, básicamente, el punto en el que los dioses llamados los anunnaki descendieron desde los cielos a la Tierra. El primer rey, llamado Alulim, reinó supuestamente durante 28 800 años (Livius. org). Pero los nombres de Eridano y Eridú también podrían estar relacionados con el nombre del planeta Tierra.

---

4. Publicado en castellano por Ediciones Obelisco. Barcelona, 2005.

Eridú fue gobernada por el dios tierra/agua Enki. *(En* significa «señor» y *ki* significa «tierra»). Enki también era conocido por otros tres nombres: «señor de las aguas dulces en la tierra» (agua dulce), «señor de las aguas profundas» (agua salada) y «señor del abismo» (inframundo). Entre sus principales símbolos estaban la cabra y el pez, que se combinaron en la constelación zodiacal de Capricornio. Tanto Eridano como Capricornio son constelaciones relacionadas con el agua (Capricornus; Eridanus, 2019).

Viaje al Inframundo

Al igual que en los marjales del delta del Nilo en Egipto y en los del delta del Éufrates en Irak, el «Fin del Río» Eridano está probablemente impregnado del poder espiritual del junco (David, 2008). En el cielo, su puerto es Achernar, una estrella con un brillo de magnitud 0,5. En la tierra, la gran pirámide y las ruinas de la ciudad de Eridú están situadas aproximadamente en la misma latitud: 29° 58' 47" N y 30° 49' 01" N, respectivamente. De hecho, hay menos de un grado de distancia entre ellas (alrededor de 93 kilómetros), aunque Guiza está a casi mil quinientos kilómetros al oeste de Eridú. Sin embargo, el arco del cielo es similar. Achernar se veía desde ambos lugares ya en el 22000 a. C., y desapareció por debajo del horizonte en el 8500 a. C. Por tanto, fue visible por encima del horizonte meridional durante alrededor de 13 500 años; la mitad de un Gran Año (26 920 años). Este período ocupa lo que los antiguos egipcios denominaban el *Zep Tepi,* o «Primer Tiempo», cuando los *Shemsu Hor,* o «Seguidores de Horus» reinaron como semidioses.

Graham Hancock describe este ciclo mundial inicial así: «Esto es lo que los antiguos egipcios decían acerca del Primer Tiempo, Zep Tepi, cuando los dioses gobernaban en su país: decían que fue una edad de oro, durante la cual se retiraron las aguas del abismo, se desvaneció la oscuridad primordial y a la humanidad, emergiendo a la luz, le fueron ofrecidos los dones de la civilización» (Hancock, 1995). Esta gran franja de tiempo resuena con la Lista de los Reyes Sumerios mencionada previamente. Sin embargo, tanto en Guiza como en Eridú la estrella había regresado, cerniéndose justo por encima del horizonte meridional durante los últimos siglos. ¿Zep Tepi redux?

Eridano con Achernar arriba (al sur), Acuario en el Zodíaco, abajo (norte) y el Fénix con Ankaa en el centro de la pirámide celeste. (Gary David)

La constelación del Fénix descansa donde Eridano desemboca en el océano cósmico. *Benu* es el nombre egipcio del legendario fénix. Esta ave solía posarse, según la tradición, en la punta de un obelisco, sobre un piramidión (el ápice de una pirámide) o sobre una piedra benben, una piedra que se esculpía de tal modo que imitaba un cono o una burda pirámide de hierro meteórico, y que se formaba de manera natural en su caída a la tierra (Budge, 1960). La palabra egipcia *ben* denota tanto el nominativo «semilla» o «semen» como el infinitivo «copular» o «fecundar»; todos ellos significados estrechamente relacionados con el fálico obelisco (Bauval y Gilbert, 1994).

Además, otro término similar, *ben-t,* significa «cíngulo, cinturón, ceñidor» (Budge, 1960), y podría hacer referencia oblicuamente al cinturón de Orión. Alnitak, la estrella más oriental del cinturón (correspondiente a la gran pirámide, la de Jufu, en la teoría de la correlación con Orión) significa literalmente «el Ceñidor», mientras que Mintaka, la estrella más occidental (correspondiente a Menkaura), es denominada «el Cinturón» (Allen, 1899). Como en todo ejemplo de verdadera omnipotencia divina, los aspectos positivos se equilibran con los negativos. De ahí que la palabra *ben* signifique también «mal, maldad», y que las palabras *ben-t* o *benut* puedan hacer referencia también a pústula, furúnculo, absceso o pus (Budge, 1960).

Las estrellas que conforman el Fénix, además de sus connotaciones aviarias, se pueden conceptualizar como una barca. Identificada metafóricamente en *El libro egipcio de los muertos* como «La Barca de los Millones de Años» —apuntando así a su viaje a través de vastas extensiones del espacio-tiempo profundo—, esta minúscula nave lleva al alma hasta su destino en la vida posmórtem:

«Concédaseme [a Ani] pasar a los santos príncipes porque, de hecho, he acabado con todo el mal que cometí, desde el momento en que esta tierra nació de Nu, cuando brotó del abismo de agua, aunque fuera en los días de antaño. Yo soy el Sino y Osiris, he hecho mis transformaciones a semejanza de diversas serpientes. El hombre no lo sabe, y los dioses no pueden contemplar la doble belleza que he creado para Osiris, el más grande de los dioses. A él le he dado la región de los muertos. Y, en verdad, su hijo Horus está sentado en el trono del Morador del Lago Ardiente [de Neserser], como heredero suyo. Hice que tuviera su trono en la Barca de los Millones de Años» (Budge, 2003).

La estrella más brillante de la constelación es Ankaa, o Al-Anqa, que significa literalmente «cabeza del fénix». Pero su otro nombre árabe, Na'ir al Zaurak, significa la «brillante en la barca». Situada a setenta y siete años luz de distancia, esta gigante amarilla tiene un tipo espectral K, con una magnitud de 2,4; lo cual no la hace particularmente brillante desde nuestra perspectiva. Sin embargo, tiene cuatro veces más masa que el Sol, dieciséis veces su diámetro y ochenta veces su luminosidad (Phoenix [constellation], 2019).

Una pirámide se eleva desde las tres principales estrellas de la zona, con la base formada por Fomalhaut (magnitud 1,2), en Piscis Austrinus, y Deneb Kaitos (magnitud 2.0), en la cola del monstruo marino Cetus (la Ballena).

Apuntando hacia el sur, hacia el inframundo, el reino de los muertos, el ápice está formado por Achernar, donde finaliza el «río». La constelación del Escultor está encerrada en la pirámide, cerca de la base, quizás dando forma o adornando su *sanctum sanctorum* interior.

Estrellas fijas, destinos fijos

Aunque en última instancia controlemos nuestro destino, muchas personas creen que las estrellas ejercen cierta influencia sobre nuestra existencia terrestre. Durante milenios, la ciencia intuitiva de la astrología ha estudiado los singulares efectos de un planeta dado o una estrella fija en nuestra vida. Echemos un vistazo a nuestra pirámide de estrellas.

Fomalhaut, por ejemplo, se asocia tradicionalmente con el idealismo, el misticismo y las visiones elevadas. Éxito, fama inmortal y espiritualidad constituyen los beneficios de esta estrella si se encuentra culminando en tu carta natal. Es una de las cuatro Estrellas Reales de Persia, conocida como la «Vigilante del Sur». Las otras son: Regulus, en Leo (la «Vigilante del Norte»), Aldebarán, en Tauro (la «Vigilante del Este»), y Antares, en Escorpio (la «Vigilante del Oeste»). Las Vigilantes, claro está, eran conocidas también como las Anunnaki, como ya he comentado.

El otro punto que forma la base de la pirámide, Deneb Kaitos, en la constelación de la Ballena, está relacionada con el aspecto devorador del inconsciente colectivo. Facilita la erupción inesperada del caos en nuestra vida, la aparición de algo que tiene una fuerza imparable. En general, esta constelación enfatiza la capacidad para mandar y para hacer la guerra.

El ápice de la pirámide, Achernar, está conectado con los desastres naturales, como inundaciones e incendios. Las inundaciones tienen sentido por la posición de esta turbulenta estrella, al final del Río Eridano; los incendios tienen sentido en virtud de su situación cerca de la deflagración del fénix.

Ankaa (Alpha Phoenicis), que se halla en el corazón de la constelación del Fénix, está comprensiblemente relacionada con la transformación, la transfiguración o la trascendencia. La astróloga Bernadette Brady comenta acerca de un erudito moderno cuyas teorías tuvieron una influencia global: «Joseph Campbell, el famoso mitólogo y escritor, tiene Ankaa culminando con su Sol, indicando que la estrella estaba conectada con la obra de su vida, con su profesión, con su huella en el mundo. Joseph Campbell elevó la consciencia colectiva hasta un nivel superior con sus conocimientos, sus enseñanzas y sus obras acerca de la importancia de los mitos» (Brady, 1998).

El nombre de Ankaa nos retrotrae a la palabra egipcia *ankh,* el icono de la vida imperecedera, mientras que la palabra egipcia relacionada con éste, *anqa,* significa «cordaje, aparejos de un barco», lo cual nos lleva al Fénix como aquella nave utilizada para cruzar el océano del tiempo. Además, Anku es el dios que ata a los enemigos de Osiris, dios del inframundo.

Si nos fijamos en el léxico sumerio, nos encontramos con que la palabra *an* hace referencia a «celestial» y *ka* significa «puerta». Por tanto, los sumerios probablemente identificaban a Ankaa *(an-ka)* con un portal celeste.

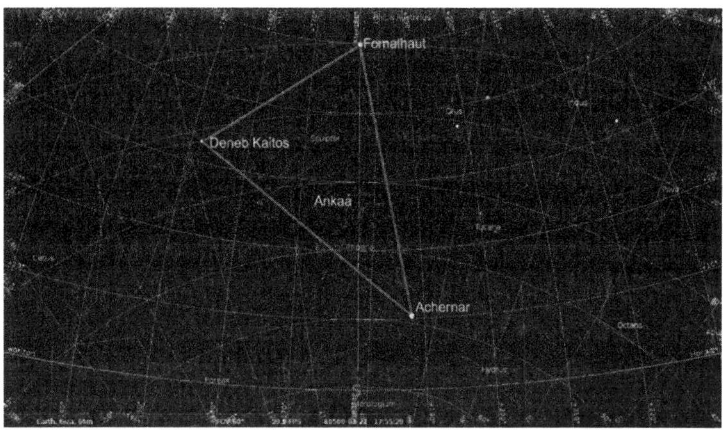

*Vista del cielo en dirección sur en el 10500 a. C. desde Guiza,
en un período que los antiguos egipcios denominaron Zep Tepi,
o «Primer Tiempo». (Gary David)*

Como una embarcación navegando hacia la inmortalidad, la constelación del Fénix tiene en Ankaa a su barquero al timón. Como el fabuloso pájaro de fuego, Ankaa se convierte en el Ojo del Fénix que todo lo ve. Y como templo de ambas versiones mitológicas, la pirámide sideral se convierte en la pira sobre la cual el Ojo de la Providencia resplandece, visualizando los eternos campos de dicha que se hallan más allá de los ciclos temporales. Las fuentes del Río Eridano celeste se hallan en la esfera material, cerca del pie izquierdo de Orión, y luego el río discurre hacia el sur, llevando al alma hacia «la tierra de abajo», no Australia, claro está, sino al mítico —es decir, *espiritual*— inframundo.

El ave solar

Como señala Gary, vemos que los sumerios quizás consideraran que Ankaa (an-ka) fuera un portal celeste. El nombre de Ankaa procede del árabe العنقاء *al- ʿanqāʾ*, «el fénix» (Kunitzch y Smart, 2006). De ahí que la asociación de este sistema estelar con el Fénix impregnara muchas tradiciones, dado que es el símbolo del propio fénix. El fénix, el benu, el halcón,

132

el águila –de hecho, todas estas aves de presa– representan una continuidad de ideas en el relato de la creación del mundo antiguo. Como Robert Bauval afirma en su artículo «Investigation on the Origins of the Benben Stone: Was It an Iron Meteorite?» [Investigación sobre los orígenes de la piedra benben: ¿Fue un meteorito de hierro?], en la revista académica *Discussions in Egytology*, la piedra benben que los egipcios adoraban en la Mansión del Fénix podría haber sido un meteorito (Bauval, 1989). Los egipcios pudieron ver el meteorito como una estrella que había caído a la Tierra, dando así origen al mito de la «simiente» o esperma de Ra-Atum, el padre de los dioses.

Sin embargo, dado que la piedra tenía forma cónica, Bauval se replantea la posible conexión del benben con el Sol, dado que no parece encajar con los símbolos solares, normalmente representados como un disco. Bauval sugiere que, en tanto que el fénix representaba el poder autocreador del dios Sol, su identificación cósmica no se limitaba al Sol (Bauval, 1989). Sostiene que, durante el Imperio Medio, se decía del fénix que era la Luna o, en ocasiones, Venus, y que su poder autocreador simbolizaba el renacimiento de los cuerpos celestes o dioses. Sin embargo, para un historiador o una historiadora es difícil saber cuáles pudieron ser las intenciones de la gente de la antigüedad, en la medida en que, aunque no queramos, llevamos las sesgadas lentes de nuestro propio marco cultural. Existen, de hecho, muchas formas posibles de intentar comprender los significados que pueda haber tras estos textos antiguos. Pero, para ampliar nuestro horizonte, me gustaría presentar en este análisis a otra importante ave mítica, el Ziz de la mitología judía.

El Ziz era una enorme ave de presa con una envergadura de alas tal que podía bloquear la luz del Sol. Los rabinos decían que el Ziz era comparable al Simurg persa, mientras que otros expertos lo comparan con el Anzû sumerio y con el Fénix de la antigua Grecia (Wazana, 2009). En la Biblia también se menciona al Ziz en Salmos 50, 11, donde dice: «Conozco todas las aves de las montañas, y Ziz šáday es mía» (Biblia del Rey Jacobo). En Enoc, el *Fénix aparecía como acompañante del carro del Sol, junto con otra ave muy grande que, juntas, «tiraban del carro» y eran «carmesí como el arcoíris»*; y luego añade que las aves «llevan el rocío y el calor, descienden a la tierra y ascienden desde ella con los rayos del sol, según las órdenes de Dios» (Enoc 6, 6-7). Del mismo modo, en el texto pseudoepigráfico judío *2 Baruc*, escrito poco después de la destrucción del Templo de Salomón en el año 70 d. C., hay un pasaje que destaca la importancia mística de las aves como mensajeras, así como su conexión con la sabiduría divina. El autor, Baruc, dice: «No obstante, como me dijiste, escribiré también a tus hermanos en Babilonia, y enviaré [lo que escriba] por medio de hombres, y también escribiré a las nueve tribus y media, y enviaré [lo que escriba] por medio de un ave» (Baruc 77, 17). Baruc continuaba después explicando que escribió dos epístolas: una «enviada con un águila a las nueve tribus y media», y la otra «enviada a aquellos que estaban en Babilonia a través de tres hombres» (Baruc 77, 17). Y afirma que llamó al águila y le dijo estas palabras:

> El Altísimo te ha hecho para que seas la más elevada de las aves. Y ahora ve y no te detengas en (ningún) lugar, ni entres en nido alguno, ni te poses sobre ningún árbol, hasta que hayas pasado la anchura de las muchas aguas del río Éufrates, y hayas ido a la gente que mora allí, y arrójales esta epístola. Recuerda, además, que, en el momento del diluvio, Noé recibió de una paloma el fruto del olivo, cuando la envió desde el arca. Sí, también los cuervos servían a Elías y le llevaban comida, tal como se les había ordenado. Y también Salomón, en la época de su reinado, dondequiera que deseara enviar algo o buscar algo, ordenaba a un ave (que fuera allí) y el ave obedecía sus órdenes. (Baruc 77, 17)

El Anzû, el Ziz y el Fénix eran aves cósmicas, no necesariamente aves solares, aunque tenían conexiones con el Sol. Estas grandes aves se representaban a veces con formas humanas, como en el caso de los mesopotámicos Apkallu.

Esto me lleva de vuelta a lo que plantea Bauval acerca de la piedra benben. Aunque se trata de una piedra cónica, está relacionada con el mito del Fénix, que, como Bauval afirma, también hacía referencia a otros cuerpos celestes durante el Imperio Medio. Y no puedo dejar de preguntarme si estas aves cósmicas no representarían meteoritos. En el Apocalipsis de Baruc griego-eslavo, el autor escribe: «En el lugar donde sale el sol, Baruc ve un ave de enormes dimensiones que circunda al sol. El ángel lo identifica como el Fénix, y dice que el pájaro está guardando la tierra, por volar junto con el sol y extender sus alas, recibiendo así los ígneos rayos del sol» (Kulik, 2009). Y prosigue, «mientras el sol brilla por detrás del Fénix, éste extiende sus alas hasta alcanzar toda su extensión.

Relieve de un Apkallu alado con cabeza de águila, de Nimrud. (Osama Shukir Muhammed Amin FRCP (Glasg) [CC BY-SA 4.0, creativecommons.org])

Al anochecer, los rayos del sol se ensucian con las iniquidades e injusticias de los hombres que han estado contemplando durante todo el día, y el Fénix contrae igualmente las alas, exhausto por haber mitigado el ardiente calor y el fuego del sol, impidiendo así que abrase a las criaturas vivas» (Kulik, 2009, p. 227). Esta descripción distingue claramente el motivo del ave solar del ave en sí, y la sitúa en una posición de servicio al sol. Porta una especie de «calor y fuego» que deriva del sol. Es una fuerza destructiva, al tiempo que da nueva vida y renacimiento. Se creía también que esta ave podía lanzar advertencias vocalmente al resto de aves antes de aparecer, y que podía hacerlo con la potencia suficiente como para dispersarlas a todas.

Mientras leía estos textos y otros, no podía dejar de pensar que lo que se estaba describiendo era un cometa. En vez de relacionar el motivo del ave solar con el Sol en sí, podría parecer que lo que los textos antiguos estaban describiendo era una conexión entre un cometa y un ave de gran tamaño. El 15 de febrero de 2013, un superbólido (un meteorito sumamente brillante que estalla en la atmósfera), conocido como el meteorito Chelyabinsk, explosionó en los cielos de la Tierra. Se trataba de un asteroide cercano a la Tierra de unos 20 metros de diámetro, con una velocidad de entre 64 000 y 69 000 kilómetros por hora (Popowa *et al.*, 2013). Fue visible sobre los cielos de Rusia y multitud de cámaras de automóviles captaron la imagen. La onda expansiva causó grandes daños e hirió a cientos de personas. Según estimaciones de la NASA, es el cuerpo celeste más grande conocido que haya caído sobre la Tierra desde el meteorito de Tunguska, en 1908 (Brumfiel, 2013).

Todavía se pueden ver muchos vídeos en Internet que registraron esta ocurrencia desde diferentes ángulos y localidades, y todo este metraje es una demostración de lo sobrecogedor que puede ser un acontecimiento celeste de este tipo. También muestra que el antiguo motivo del Fénix bien pudo estar relacionado con un cometa. Justo antes de que apareciera el meteorito, los pájaros, como advertidos, se dispersaron. Mientras el meteorito entraba en la atmósfera, parecía una estrella cayendo del cielo; pero a medida que adquiría velocidad, parecía volar, destellando con una luz radiante, como las alas de un ave muy grande. Las estelas de humo de materia de partículas pintaron el cielo tras él hasta que, finalmente, bloqueó la luz solar. El meteorito estalló en pedazos en la atmósfera, de modo que no hubo ningún lugar de impacto, sino más bien depósitos de piedra negra esparcidos por toda la zona de la explosión. ¿Se parecería esto a lo que quizás vieran los antiguos? ¿Les llevaría a aceptar este tipo de iconografía del ave solar? Tanto los antiguos mesopotámicos como los egipcios reverenciaban al halcón, y ambos pueblos compartían una conexión similar, intrigante, entre esta ave sagrada y el concepto de la sabiduría divina.

En el templo egipcio de Horus en Edfu se han encontrado referencias a figuras aviarias parecidas a las de los textos mesopotámicos. Al dios Horus se le representaba incluso como a un halcón, o bien como a un hombre con cabeza de halcón, una imagen extraordinariamente similar a la de los Apkallu, o sabios de Mesopotamia. Según la traducción que hace E. A. E. Reymond de los textos existentes en los muros del templo de Edfu, el templo lo construyeron seres mortales denominados «Dioses Constructores» (Reymond, 1969, p. 26). Éstos recibieron los planos para construir este templo, así como los de todos los templos futuros de los Siete Sabios. Estos grandes maestros eran idénticos a los Siete Sabios, o Apkallu, de los textos mesopotámicos, que le transmitieron a la humanidad la sabiduría antediluviana. Según un académico de la Universidad de Tartu, los Apkallu fueron demonizados en el Génesis, y posteriormente, en el libro de Enoc, aparecen como Vigilantes y gigantes, maestros ilegítimos de la humanidad previa al diluvio (Annus, 2010). La obra de Enoc, según este académico, «reconcilia estas dos adaptaciones diferentes al hacer a Enoc superior a los Vigilantes en todos los aspectos» (Annus, 2010, p. 231).

Además, los Apkallu fueron vistos en ocasiones de manera negativa dentro de la literatura mesopotámica, ya que les veían como a demonios o seres malvados, capaces de hacer brujería. Esto quiere decir que los eruditos judíos no fueron los responsables de esta inversión de papeles en las tradiciones mesopotámicas; la inversión desde lo benévolo a lo malévolo por parte de los maestros antediluvianos de la humanidad tuvo sus comienzos ya en Mesopotamia (Annus, 2010). Esto se puede ver también en las colecciones de textos mesopotámicos de exorcismo y demonología.

Los textos de Edfu, además de otros muchos textos egipcios, ofrecen pistas para una conexión entre los Apkallu mesopotámicos y los que Reymond tradujo como los «Siete Sabios» (Reymond, 1969, p. 28). Estos textos también dejan claro que existe una diferencia entre los «Siete Sabios» y los «Dioses Constructores», que llevaban a cabo «el verdadero trabajo de construcción» (Reymond, 1969, p. 41). Estos Siete Sabios del antiguo Egipto estaban relacionados con Thot, el dios de la sabiduría, y los Apkallu estaban igualmente conectados con Enki, el dios mesopotámico de la sabiduría. Así pues, los textos nos pintan un cuadro de un mundo en el que unos misteriosos sabios, que se cree que eran seres divinos y creadores de conocimiento, diseminaron conocimientos tales como los de la arquitectura de lugares sagrados (Reymond, 1969). Sin embargo, estos sabios divinos sólo podían transmitir sus conocimientos a los iniciados, que no eran capaces de inventar algo completamente original o novedoso (Reymond, 1969).

Los textos de Edfu ilustran similitudes notables entre las ideas mesopotámicas y egipcias. Sus historias bien podrían ser relatos basados en la realidad, acerca de la llegada de los supervivientes de una civilización perdida, que quizás se vieron inspirados o influenciados por una misteriosa chispa divina de sabiduría superior. Estos hombres y mujeres antediluvianos de razón, sabiduría y capacidades constructivas eran, según todos los relatos, humanos. Pero el origen de los conocimientos sagrados transmitidos a los Constructores se le atribuye a unos Sabios divinos, si bien da la impresión de que, posteriormente, serían todos agrupados bajo la consideración de dioses, bajo una definición menos estricta del término, como solía ocurrir en el mundo antiguo con el sincretismo religioso. Estos seres deificados serían los que llegarían a ser conocidos como los Vigilantes.

Los Vigilantes

Gary David nos habla en su ensayo de una serie de estrellas conocidas como «las Vigilantes», las cuatro Estrellas Reales de Persia: Regulus en Leo, la «Vigilante del Sur», etc. Y debía tener sentido llamarlas las «Vigilantes» desde el momento en que las estrellas parecían observar desde el cielo lo que ocurría en la Tierra. Pero, ¿qué conexión podrían tener estas estrellas y sus constelaciones con los anunnaki?

Aunque haya investigadores que puedan no estar de acuerdo, tras una cuidadosa investigación, considero que los Vigilantes del libro de Enoc y del libro de los Jubileos son, de hecho, los anunnaki. A estas deidades se las hizo celestes y, sólo tras su fallecimiento, se les dio culto al modo teocrático. Expertos tales como Christian O'Brien sostienen que el templo de Nippur no pretendía ser un templo en un principio, sino más bien el hogar de Enlil (O'Brien, 1989). Es más, existen evidencias que sugieren que, con anterioridad a cualquier influencia externa, los sumerios no tenían santuarios ni templos. No fue hasta tres siglos después de que los anunnaki abandonaran Sumer cuando estas construcciones se convertirían en templos en un sentido religioso. Por otra parte, *los Vigilantes* es también un término utilizado en los textos para referirse a los Apkallu. Por tanto, los Apkallu son anunnaki también. Pero hay una clara distinción entre ellos: en tanto que todos los Apkallu eran anunnaki, no todos los anunnaki eran Apkallu. Permítaseme una explicación. En primer lugar, veamos las referencias a los Vigilantes existentes en los antiguos textos hebreos. En el libro de los Jubileos, dice:

> Y en la segunda semana del décimo jubileo, Malaleel tomó por esposa a Dina, la hija de Baraquiel, la hija del hermano de su padre, y ella le dio un hijo en la tercera semana del sexto año, y él le puso por nombre Jared, pues en sus días bajaron los ángeles del Señor a la tierra, aquellos que son llamados los Vigilantes, a enseñar a los hijos de los hombres a hacer leyes y justicia sobre la tierra. (Jubileos 4, 15)

> Y sucedió, cuando los hijos de los hombres comenzaron a multiplicarse sobre la faz de la tierra y les nacieron hijas, que los ángeles (Vigilantes) de Dios vieron, en determinado año de este jubileo, que eran hermosas de aspecto; y tomaron por esposas a las que eligieron entre ellas, y les parieron hijos, que fueron los gigantes. (Jubileos 5, 1)

En el libro de Enoc, se dedica mucha atención al relato de los Vigilantes, pero el término *vigilantes* es demasiado habitual como para incluir aquí todas las menciones existentes en ese texto. Aunque estos dos libros, el de Enoc y el de los Jubileos, son los que más referencias hacen a los Vigilantes, existen otros libros en los que se habla de ellos, como uno escrito por Filón de Biblos, nacido en el siglo I en Líbano. En su obra *Sanjuniatón* habla de unos seres denominados Zophasemin, que en hebreo significa «vigilantes del cielo» (Charlesworth, 2010). El tema de los Vigilantes aparece con frecuencia en textos antiguos muy diversos, y se los asocia frecuentemente con las estrellas. El himno mesopotámico a Nusku describe un método para tener un buen sueño dirigiéndose al dios de los sueños, Anzagar (Butler, 1998). En esta tablilla se esboza una oración a unos personificados «vigilantes de la noche», que dice:

> Que el vigía del anochecer, el vigía de la medianoche, el vigía de la madrugada, que la noche me traiga (un sueño), déjame cantar tus alabanzas. Oh [An]zagar, Anzagar, que traes (sueños) a la humanidad, mensajero del príncipe Marduk, oh, anochecer, maravilla de la noche, oh, tres vigías de la noche, que están despiertos, vigilantes, alerta y no duermen, otorgaréis un veredicto a los despiertos y a los dormidos, cumpliréis con vuestra responsabilidad, estaréis vigilantes toda la noche hasta el vigía de la mañana. (Foster, 2005, p. 718)

Parece que las gentes de Mesopotamia de la antigüedad veían a sus deidades como si tuvieran un lugar entre las estrellas que les permitiera vigilar a los seres humanos y, hasta cierto punto, interferir en los asuntos humanos. Los significados potenciales de algunas de estas primitivas constelaciones demuestran, desde mi punto de vista, la importancia que estas gentes daban al cosmos en su relación con la vida en la Tierra. Da la impresión de que veían los cielos como un plano de existencia aparte, no sólo en un sentido material, sino también en un sentido etérico. Como muy bien señala Gary David, es probable que las gentes de la antigüedad percibieran un «túnel divino en el cielo, a través del cual el alma alcanza la trascendencia». Es algo diferente de la puerta estelar en un sentido material, pero las implicaciones no son menos importantes.

En el contexto del viaje del espíritu, las constelaciones pueden ser vistas como mapas estelares. Muchos emplazamientos de la antigüedad en todo el mundo se construyeron alineándolos con ellas. Algunos de estos emplazamientos eran templos con propósitos rituales que quizás nunca lleguemos a comprender del todo. Stonehenge, por ejemplo, formaba parte de este antiguo sistema de conocimientos acerca de las estrellas, como si fuera una plantilla que nos orientara hacia el cosmos. Emplazamientos de la antigüedad como Göbekli Tepe nos impulsan a ponderar la relación existente entre el cosmos y la consciencia humana. Pero nos queda la pregunta: ¿qué puede ocurrir cuando los seres humanos están en correcto alineamiento tanto con los cuerpos celestes como con la consciencia?

LOS VIGILANTES COMO MAESTROS

En Egipto, Osiris le trajo al pueblo los dones de la civilización y le dio sus primeras leyes. Se le recuerda principalmente como un benefactor de la humanidad, un iluminador y un gran civilizador, en particular en lo referente a la agricultura. Además, Osiris organizó un buen número de obras de construcción e hidráulicas a gran escala. También le enseñó a la humanidad a cultivar la vid para hacer vino, y trigo y cebada para que la gente pudiera disfrutar de lo que, según él, era una manera de vivir más noble. De igual modo, los antiguos egipcios recordaban y reverenciaban a Thot como al inventor de las matemáticas, la astronomía y la tecnología. También creían que Thot, con su voluntad y su energía, mantenía las fuerzas de cielo y Tierra en equilibrio. Sus profundos conocimientos en mecánica celeste, geometría, sanación y botánica le granjearon la reputación de gran señor de la magia y transmisor de todo tipo de conocimientos, tanto humanos como divinos. Los antiguos egipcios remitían su reconocida sabiduría y sus conocimientos celestes a las enseñanzas de Thot, que almacenaban celosamente en sus templos y transmitían de generación en generación bajo la forma de cuarenta y dos volúmenes de instrucciones. Además, se creía que Thot comprendía los misterios de todo cuanto hay oculto bajo la bóveda celeste. La tradición sostiene que Thot había registrado estos conocimientos en libros secretos que había ocultado en diferentes lugares de la tierra con la esperanza de que fueran buscados por las generaciones futuras, pero que sólo aquellas personas que fueran dignas de estos sagrados conocimientos los encontrarían y utilizarían sus descubrimientos en beneficio de la humanidad.

En Perú existen leyendas que afirman que un pueblo de piel pálida y cabello rojizo, que vivió miles de años antes en la zona, había construido carreteras y sofisticados edificios. El barbado dios Viracocha, de cabello rojizo, iba acompañado por dos leales y brillantes guerreros, cuya tarea consistía en transmitir el mensaje del dios por todo el mundo. Estos mensajeros caminaban sobre el mar con tanta facilidad como lo hacían sobre la tierra. Viracocha fue también un maestro de ciencia y magia, y el poseedor de un arma terrible, que esgrimía en momentos de caos para llevar el orden al mundo. Viracocha le enseñó a la gente cómo había que vivir. Fue científico y arquitecto, escultor, maestro, sanador e ingeniero.

Antes de su llegada, dicen las leyendas que la gente vivía en el caos más absoluto, y muchos iban desnudos como salvajes. No tenían casas ni ningún otro tipo de morada, salvo cavernas, y vagaban por el mundo buscando cualquier cosa comestible. Sin embargo, Viracocha cambió todo esto y marcó el inicio de una era dorada. Este misterioso dios dispuso terrazas, campos y muros, y construyó canales de irrigación. Curaba a los enfermos y devolvía la vista a los ciegos. Introdujo avances como la medicina, la metalurgia, la agricultura, la ganadería y las bases de la ingeniería y la construcción en Perú.

Las leyendas de la cultura chimú dicen que otra extraña deidad llegó desde el norte, desde la costa, y que luego subió al lago Titicaca. En estas leyendas es donde se ve con más claridad la humanidad de Viracocha, pues en ellas se habla de diversas cualidades exclusivamente terrenales, diciendo de él que era inteligente, astuto, amable, pero que al mismo tiempo era el hijo del Sol. Muchas leyendas dicen que navegaba en embarcaciones de juncos por las orillas del lago Titicaca y que fue él quien creó la ciudad megalítica de Tiahuanaco. Desde allí, envió a unos embajadores barbados a todos los confines de Perú con la misión de transmitir la cultura a la gente y de proclamar que él era su creador. Pero con el tiempo se mostraría insatisfecho con el comportamiento de los habitantes de la región y decidiría marcharse. Él y su gente partieron en dirección a la costa del Pacífico y se dirigieron al oeste, hacia el sol poniente.

Los aztecas atribuían todos sus conocimientos al dios-rey Quetzalcóatl y a sus compañeros, que fueron también los primeros habitantes del país y sembraron las semillas de la humanidad. Lo describen también como a un enigmático hombre barbado, de piel clara y complexión fuerte, con frente amplia y ojos grandes, que llegó desde el otro lado del mar en un barco sin remos. A Quetzalcóatl se le tenía por el dios del mundo, y le enseñó a la gente cómo debían utilizar el fuego para cocinar. También construyó casas y transmitió el concepto de familia y del matrimonio. También se le atribuye a él la invención del calendario, un calendario mejorado. Llevó a México todas las ciencias y los oficios necesarios para el desarrollo de una vida civilizada, lo cual supuso la entrada en una época de esplendor.

Como constructor, Quetzalcóatl reveló los secretos de la cantería y la arquitectura. Fue el padre de las matemáticas, la metalurgia y la astronomía, y se dice que tomó las dimensiones de la Tierra. Del mismo modo, como maestro de ciencias agrarias, Quetzalcóatl introdujo el maíz, cultivo básico en estas antiguas tierras. Gran sanador, fue el patrón de los médicos y los hechiceros, y enseñó el modo de usar las plantas medicinales. Además, se le reverenciaba como dador de leyes y patrón de la tecnología y la cultura. Su culto estaba lleno de misterios relacionados con la vida después de la muerte. También se decía que el propio Quetzalcóatl había viajado hasta esa luz y había vuelto para contárselo a la gente.

Al igual que los sumerios, muchos expertos creen que los mayas emigraron también desde alguna otra parte. Las leyendas mayas cuentan que sus antepasados llegaron dos veces: primero en una gran migración desde el océano y, luego, en un segundo grupo más reducido, que llegó desde el oeste. Este segundo grupo se convertiría en el pueblo kekchí de Guatemala. En su libro sagrado, el *Popol Vuh*, dice que su pueblo también había conocido a un misterioso vagabundo que había pasado por su región. Los kekchíes lo llamaban Q'uq'umatz, y lo relacionaban con la serpiente emplumada y, al igual que Enki, con el agua. Se le tenía por un gran organizador, fundador de ciudades y autor de leyes e inventor del calendario.

En las montañas de Colombia, al norte del mundo incaico, vivía otro misterioso pueblo, conocidos como los muiscas. En sus leyendas, encontramos también información acerca de un maestro barbado que llegó del este y a quien llamaban Bochica. La descripción es la misma que la de los incas. Al este de la región muisca, en Venezuela y áreas circundantes, la ciencia se encontró de nuevo con evidencias del paso de un misterioso vagabundo. Allí se le llamó Tsuma, y se dice que les enseñó la agricultura. Según una de las leyendas, le dijo al pueblo que se reuniera alrededor de un alto acantilado y, situándose en el borde, les dio una serie de leyes e instrucciones.

Al oeste del Yucatán, en la selva de Tabasco, las leyendas locales hablan de unos héroes populares que llevaron muchos inventos. Un ejemplo de ello es el mito de Pacal Votan, el más importante de los gobernantes de la ciudad de Palenque, una ciudad-Estado maya situada en el sur. La tumba de Pacal Votan se descubrió en 1952 durante unas excavaciones. Según la leyenda, Pacal Votan dejó su tierra natal y fundó Palenque. Se le consideraba un avatar para la nueva encarnación de Quetzalcóatl, enviado por los dioses para separar a la gente en aldeas y enseñarles la agricultura y la escritura jeroglífica, como la que aún se puede ver en los muros de sus templos.

Incluso en la lejana Isla de Pascua, las leyendas sobre la llegada de sabios nos recuerdan a los textos de Edfu. En ambos, la isla nativa fue destruida por una terrible tormenta y una inundación, que arrasaron la tierra sagrada, provocando la muerte de sus divinos habitantes. En ambos casos, las deidades de la antigua patria escaparon con una embarcación y terminaron encontrando el lugar en el que se asentaron, llevando con ellos grandes conocimientos. Además, ambos relatos dicen que el sendero tomado por escribas, arquitectos y astrónomos fue revelado por los dioses.

En estas y otras culturas, a todos estos maestros se los reverenció como dioses. Sin embargo, existen claros indicios de que se trataba de seres humanos. Pero la humanidad de estos maestros no oculta que la fuente original de su avanzada sabiduría se hallaba en «los dioses». Así pues, si los constructores del mundo antiguo, incluidos los anunnaki, eran seres humanos, como dejan claro los textos de Edfu, ¿quiénes o *qué* eran sus dioses?

¿Dioses terrestres?

En la tablilla *Enki y el orden mundial,* Enlil reunía una serie de instrucciones dirigidas a los humanos en diversas ciudades, y luego se las pasaba a Enki para que las distribuyera. Estas instrucciones recibían el nombre de *mes.* Los *mes* eran decretos oficiales de las deidades que constituían los fundamentos de todos los atributos de una civilización superior. Un *me* era una ley, o una serie de instrucciones sagradas que daban orientaciones sobre tecnologías, prácticas religiosas y ceremoniales, convenciones e instituciones sociales. Véanse como planos o anteproyectos culturales legalmente vinculantes. *Me(s),* como en la palabra *Mesopotamia,* que significa «entre dos ríos», significaba literalmente «entre». Estas doctrinas eran vinculantes porque venían directamente de los propios dioses y eran acuerdos *entre* los dioses y la humanidad. Es decir, fueron las primeras alianzas.

Originalmente, los *mes* los reunía Enlil, el espíritu, para luego pasárselos a Enki, el señor del reino terrestre, que podía materializarlos. Enki negociaba a continuación los *mes* con los gobernantes elegidos en los centros administrativos sumerios, comenzando por la ciudad de Eridú y continuando con Ur, tal como se detalla en *Enki y el orden mundial.* Del mismo modo que con la tablilla de los Destinos, no existen descripciones físicas de los *mes*. Pero sabemos que, en una tablilla, la diosa Inanna se los muestra al pueblo de Uruk a su llegada en «el barco del cielo». En este relato, los *mes* no sólo se representaron como tablillas, sino también como herramientas y objetos funcionales, tales como instrumentos musicales.

Sin embargo, justo cuando estos mitos nos hacen pensar que ya sabemos lo que son los *mes,* nos encontramos con que no todos ellos eran tangibles, sino que también había *mes* conceptuales. Lo que sigue siendo un misterio es cómo se exhibían estos *mes,* porque no sólo había *mes* conceptuales o abstractos, sino que también los había negativos. Algunos *mes* vendrían a representar todo lo que es malo y destructivo en la humanidad. Las deidades sumerias dictaron y dieron instrucciones a los primeros reyes, que fueron puestos en centros urbanos para «destruir otras ciudades» (Kramer, 1963). Fomentaban la «falsedad», aunque transmitían también las funciones de la «victoria» como heroísmo, dando a entender que el mal y el pecado también eran divinamente decretados y ejecutados por la realeza (Kramer, 1963). Otro aspecto importante de esta leyenda es que Enki aparecía en la esfera física, de modo que necesitaba un médium para canalizar con el resto de dioses. Para comunicarse con los demás, a veces convocaba al ave Anzû (Imdugud) como mensajera.

Según el relato dado por Samuel Noah Kramer en su importante trabajo *The Sumerians: Their History, Culture, and* Character [Los sumerios: Su historia, cultura y carácter], casi cien *mes* distintos aparecen en fragmentos de tablillas, y hace una relación de algunos de ellos:

- Realeza
- Armas
- Derecho
- Artes
- Música
- Poder
- Enemistad
- Falsedad

- Metalurgia
- Formación del escriba
- Formación del constructor
- Terror
- Paz
- Juicio

Estos *mes* son importantes para comprender el desarrollo humano y el papel que desempeñaron los sumerios en él. Es la primera vez en la historia en que vemos un sistema de gobernanza tan avanzado, un sistema decretado por la divinidad. Los *mes* fueron inspirados («a través del espíritu llegó») por Enlil, que poseyó a Enki para que emprendiera la acción aquí, en la Tierra. Enki era el mediador biológico, terrestre; y, aunque los relatos sumerios nos lo representan comiendo, bebiendo y conspirando con los humanos en el plano terrenal, Enki mantenía una posición superior a la de los llamados cabezas negras. Él era su señor. Para mantener este equilibrio de poder, Enki vivía en las montañas y disponía de porteros en la entrada. Éstos fueron los primeros reyes humanos del mundo, cuyos linajes sanguíneos se registraron cuidadosamente. Las evidencias de todo esto se pueden ver en la Lista de los Reyes Sumerios.

En esta tradición, la realeza la transmitían directamente las deidades. Si el rey humano se mudaba a otra ciudad, su realeza se transfería de una ciudad a otra, lo cual parecería apuntar a una autoridad intrínseca. Necesariamente, nadie cuestionaría tal autoridad. Pero esto dividió a la población, dando lugar por vez primera a lo del 99 % frente al 1 %. Este 1 % eran los reyes elegidos por Enki, que gobernaban sobre ciudades y pueblos. Con el transcurso de las generaciones, este grupo cerrado, que protegía celosamente su linaje, desarrolló sus propios símbolos y prácticas culturales. Estos símbolos se pueden rastrear desde los sumerios hasta las élites dirigentes de hoy en día. El símbolo más antiguo y, hasta cierto punto, el más importante es el del ave Anzû.

Las representaciones del Anzû se remontan a miles de años atrás. Esta ave de dos cabezas data del 3800 a. C., y fue el símbolo sumerio de Ninurta, el dios de Lagash, que daría muerte al Anzû en un combate por la tablilla de los Destinos. Algunos expertos bíblicos creen que ésta es la personificación original de Nimrod. Una curiosa y llamativa representación del Anzû es la que podemos encontrar en un jarrón de plata y cobre que Entemena, rey de Lagash, dedicó a Ninurta en torno al 2400 a. C. En el jarrón se puede ver a Enlil llevando un «extracto» de la constelación de Leo para crear a Ninurta y a Entemena, ambos representados como leones.

Los alineamientos astronómicos de Leo, Tauro y Sirio eran muy importantes para los sumerios, especialmente para sus élites, de ahí que podamos ver en este jarrón a los dos hijos de Enki, simbolizados por la constelación de Leo y creados a partir de extractos de esta constelación. Pero luego veremos que se siguió el mismo proceso para la creación del tercer rey y hermano, Gudea, que nació bajo el signo de Tauro. Gudea fue llamado el «arquitecto» de la Casa de Ningirsu.

Existen multitud de estatuas de Gudea, muchas de ellas hechas con la extraña diorita. Sin embargo, la estatua más antigua conocida –de hecho, la estatua más antigua conocida de un rey de Mesopotamia– fue robada del Museo de Irak. Claro está que objetos como éste revisten un gran interés para los saqueadores. Estos símbolos han sido importantes para las élites desde los inicios de la civilización humana, y siguen siendo reverenciados, codiciados y utilizados para transmitir un mensaje de autoridad sobre la humanidad hasta nuestros días. Hay quien cree que entre las élites modernas hay quien busca estos objetos como trofeos. Tienen la sensación de que estos símbolos les pertenecen por derecho propio y piensan que deberían poseerlos *ellos* exclusivamente. Esto se debe a que creen poder rastrear su linaje hasta los primeros reyes de Sumer, lo cual los convierte, desde su punto de vista, en parte de la clase dirigente originaria.

El águila de dos cabezas del mito del Anzû se encontraría también en Anatolia y posteriormente en Babilonia. De hecho, ejemplos de este símbolo se encuentran por todo el mundo. Durante un período de alrededor de mil años, se difundió por toda Asia, la India y Europa.

El culto de Ninurta, en tanto en cuanto nuevo centro de culto, como la adoración de Anu, Enlil y Enki, se trasladó hacia el noroeste de Sumer en el tercer milenio a. C., en otro ejemplo más de sincretismo. Así, Ninurta se convirtió en Nimrod, el constructor de la torre de Babel. Recordemos que fue Nimrod quien se rebeló contra Dios construyendo la torre, de forma muy parecida a la rebelión de Ninurta. Muchas personas son conocedoras de la reverencia que sienten los francmasones por el rey Salomón, pero no muchas saben que, en los siglos xv y xvi, era Nimrod, y no Salomón, a quien se tenía por el primer francmasón. Esto conectaba los orígenes de la masonería a la torre de Babel, en vez de al Templo de Salomón.

Para muchas personas en las tradiciones abrahámicas, Nimrod fue el primero que intentó instaurar un gobierno totalitario mundial, lo que ahora llamaríamos el Nuevo Orden Mundial. Fue el gran unificador y maestro constructor. A la luz de esto, el rito escocés utiliza el símbolo de Ninurta para representar sus grados trigésimo segundo y trigésimo tercero. Posteriormente, este símbolo sería utilizado en todas partes, tanto en los escudos familiares y militares como en los símbolos de gobiernos, realeza y grandes corporaciones multinacionales, incluso en el Tercer Reich. El águila, reconocida por su magnífica visión, puede ver en ambas direcciones cuando tiene dos cabezas. De ahí que esta criatura estuviera asociada con el ojo omnisciente de los linajes de las élites, a quienes los dioses anunnaki pusieron al frente para gobernar y esclavizar a la humanidad.

El deseo de unificar el mundo bajo un régimen totalitario ha estado borboteando bajo la superficie como una filtración de petróleo a lo largo de toda la historia, desde los días de los reyes sumerios. Y esto nos lleva a la siguiente pregunta: ¿por qué las compañías petrolíferas tienen tanto interés en estas excavaciones? ¿No estarán buscando también la tablilla de los Destinos? Aunque no disponemos de descripción alguna de la tablilla de los Destinos ni de sus contenidos, sabemos por el Enûma Eliš que Tiamat le dio esta tablilla a Kingu, a quien puso al mando de su ejército de «seres-estrella», como algunos lo han traducido. Posteriormente, durante la batalla entre Marduk y Tiamat, Marduk le arrebató del pecho la tablilla de los Destinos a Kingu, le puso su propio sello y se la puso él. Esto nos lleva a creer que esta tablilla era algo que se podía llevar o poner encima. En el poema *Ninurta y la tortuga,* es Enki quien está en posesión de la tablilla, y es a él a quien el ave Anzû se la roba. Esta tablilla era el arma de destrucción masiva original, dado que fue esa tablilla la que llevó el cambio a la humanidad, que pasó de una sociedad de cazadores-recolectores pacíficos, espirituales, naturales e igualitarios, a una humanidad controlada, oprimida, esclavizada por la distopía burocrática del «nosotros contra ellos» que vemos a lo largo de toda la historia.

Con frecuencia, la gente se pregunta si las armas que los arqueólogos buscan bajo las arenas del desierto en Oriente Próximo son armas para la guerra física. ¿Son armas nucleares? ¿Antiguas armas químicas? ¿O quizás algo tecnológicamente avanzado, pero completamente desconocido aún para nuestra tecnología? Aunque creo que existe la posibilidad de que quizás algún día encontremos una tecnología sorprendentemente avanzada, mucho más avanzada de lo que jamás creeríamos en la antigüedad, no creo que sea esto lo que algunos están buscando actualmente. Como ya vimos al principio del libro, los inventos sumerios mejoraron la vida cotidiana de las gentes de la antigüedad y, con el discurrir del tiempo, nuestra propia vida cotidiana. En cambio, esas invenciones son también los mismos mecanismos que amenazan con destruir la vida, puesto que la invención de los complejos sistemas gubernamentales, financieros y burocráticos constituye la verdadera arma de destrucción masiva.

Con demasiada frecuencia pensamos en las armas como algo puramente físico, pero las armas de la cultura suelen ser más peligrosas. Al confinar a las masas dentro de una serie de parámetros estrictamente definidos, algunos mantienen un completo control sobre ellas. En la medida en que los seres humanos mantengan una existencia corporal, necesitaremos alguna forma de orden mundial. Leyes, instituciones, aritmética, registros, lenguaje…, todo esto es necesario. También hay marcadores de civilización, que es lo que hizo a los sumerios, así como a nosotras, diferentes de los primitivos asentamientos de cazadores-recolectores, como el de Göbekli Tepe. Sin embargo, las barreras que limitan la expresión de nuestro libre albedrío son armas de control. Estas barreras suelen surgir de una lucha de poder entre nuestra propia voluntad y la voluntad de fuerzas opositoras.

El orden mundial cambió para siempre la forma de vida en la Tierra. En el Enûma Eliš se detalla la creación del universo. En *Ninurta y la tortuga* se esboza el cambio en el poder. Sin embargo, en *Enki y el orden mundial,* se generan una forma, una función y un propósito para el planeta Tierra. La esfera corpórea se formó construyendo muros, tanto de piedra como de cultura. A Enki, el señor de la tierra, se le describe como a un «artesano». Esta descripción ha llevado a algunas a asociar a Enki con Lucifer. Según la leyenda, quienquiera que poseyera la tablilla de los Destinos poseería el derecho divino de los reyes. Esto les permitiría gobernar el universo, pero eso no es todo. La tablilla concedía también el poder de todo conocimiento pasado, presente y futuro. Con esa tablilla, cualquiera podría ser un Vigilante, pues dispondría de la capacidad de «ver» en todas direcciones, al igual que la simbólica águila de dos cabezas.

A lo largo de la mayor parte de este libro hemos estado planteando que los anunnaki eran reales en la mayoría de los sentidos. Eran los reyes y los *influencers* del mundo antiguo, y sus seguidores los reverenciaban por sus ideas novedosas y por su sorprendente tecnología. Esta reverencia se debía también en parte a que estos seres estaban dispuestos a compartir su avanzada tecnología con las gentes de la región, mejorando en gran medida su vida. Aunque esta narrativa ciertamente terrestre parece ser la más probable, nos deja algunas preguntas por responder. Comprensiblemente, habrá lectoras que sientan que, al tiempo que estoy ofreciendo una explicación terrestre para los anunnaki, no estoy abordando adecuadamente los aspectos de los anunnaki que podrían adscribirlos a otro mundo distinto al nuestro. En el siguiente capítulo haré exactamente eso, pero he de advertir algo: la información de los capítulos que vienen a continuación pueden poner a prueba tu apertura mental y empujar los límites de lo que estás dispuesta a aceptar. Quizás se deba a que tal información no se basa en el marco tecnológico de los cohetes posterior a la II Guerra Mundial acerca de los extraterrestres, como Sitchin documentó, o puede que sea porque se basa en la suspensión de todas las creencias previas sustentadas sobre la naturaleza del universo en sí. Si eres un fan incondicional de cualquiera de los autores de los que he hablado hasta el momento en este libro y no deseas plantearte una alternativa a esa alternativa, yo te sugeriría que cerraras el libro ahora y siguieses con tus ideas intactas. Pero si estás dispuesto a aventurarte por un sendero de indagaciones que tenga en cuenta la ciencia moderna y los misterios de la mente, el espacio y el tiempo, entonces sigue leyendo.

CAPÍTULO 6

Dimensiones superiores

Puede haber galaxias en la sombra, estrellas en la sombra e, incluso, personas en la sombra.

STEPHEN HAWKING, físico teórico británico

En mi trabajo y en mis investigaciones, he descubierto que las cosas no son siempre como parecen. También he descubierto que puede que haya otro aspecto de los anunnaki, posiblemente un aspecto relacionado con otro mundo, y surge a partir de la pregunta de dónde adquirieron estos visitantes antediluvianos la información de la que disponían. Una podría preguntarse también de dónde sacaron sus ideas grandes pensadores como Nikola Tesla o Isaac Newton. ¿Podrían proceder de una fuente similar, quizás universal? ¿Podría ser una fuente de conocimiento situada en otro mundo? La confluencia entre el antiguo chamanismo y la ciencia moderna apunta a esta posibilidad.

En determinados campos, como la metafísica, la psicología, la biología y la teoría cuántica, nos encontramos con la idea de la existencia de un repositorio de información externo a nosotras mismas al que, potencialmente, podemos acceder. A veces se lo denomina inconsciente colectivo o consciencia universal, dependiendo de a quién le preguntes. Con independencia del nombre, las teorías apuntan a una interconexión entre todos los seres vivos e, incluso, a una memoria colectiva. Existen muchos ejemplos en los registros arqueológicos de creencias y experiencias compartidas por personas pertenecientes a culturas muy distintas. Y aunque los registros arqueológicos también muestran multitud de ejemplos de difusión, migración, comercio y expansión, con todo esto no se explica del todo la homogeneidad de determinadas experiencias místicas. Si las desnudamos de su identidad cultural, nos podemos encontrar con similitudes llamativas en las experiencias de las gentes de la antigüedad, especialmente entre chamanes y sacerdotes.

Jung creía que experimentamos el inconsciente a través de símbolos tales como el arte, la música y el lenguaje, tanto oral como escrito. Si tomamos en consideración la sorprendente regularidad que exhiben los temas que subyacen a estos símbolos, tendremos la impresión de que existe una mente colectiva o plano alterno de realidad. Esto es especialmente cierto en el caso de los símbolos arquetípicos, que se han transmitido misteriosamente a lo largo de la historia hasta llegar a nuestros días. Aunque tales símbolos nos ofrecen un atisbo de la continuidad del mensaje, no hacen otra cosa que rascar la superficie de una experiencia unificada mucho más grande. Si existe una consciencia universal en la que hay datos infinitos, es posible que haya organismos, únicos en diseño y función, conectados de tal manera que puedan acceder a ella. Quizás estos organismos puedan incluso enviar datos y recuperarlos.

Esto se parece a los modernos dispositivos digitales, que pueden sincronizarse con otros dispositivos y servicios digitales. La transmisión de los datos entre ellos puede parecernos mágica. Si alguien observara cómo comparten datos dos *smartphones* y no supiera nada de la tecnología que hay tras ellos, podría dar la impresión de que estos dispositivos se comunican entre sí independientemente, por motivos que podríamos inferir de forma correcta o incorrecta. Estamos limitadas por nuestros sentidos. Del mismo modo, los seres humanos viajamos, nos comunicamos y difundimos tanto ideas como símbolos. Sin embargo, estas ideas se derivan unas de otras; ¿acaso existe información que sea completamente original? Si observamos los registros arqueológicos e históricos, da la impresión de que existen momentos en los que la gente parece tener una chispa, algo suficientemente radical como para dar lugar a un cambio completo de paradigma.

Un número sorprendente de civilizaciones de la antigüedad –la harappa, la sumeria, la egipcia y la mesoamericana– aparecieron en nuestro planeta casi simultáneamente, hacia finales del 3000 a. C. No hemos descartado la teoría que afirma que la cultura migró desde un único centro hacia el resto de los lugares del mundo, pero Sumer, siendo la cuna histórica de la cultura, sobrepasó en su desarrollo a toda la población del planeta y fue el punto focal del urbanismo. Sirvió como hogar de los anunnaki, que transmitieron unos conocimientos muy destacados a determinadas personas durante varios cientos de años. De hecho, la historia nos habla de muchas y diferentes culturas que compartieron un elemento chamánico. También compartían la creencia en los espíritus de la naturaleza, en los demonios y en las posesiones. Valoraban los mensajes oníricos, los trances e, incluso, las sustancias psicodélicas. Lo que aquellos sumos sacerdotes e iniciados de la antigüedad sabían entonces es lo mismo que saben los sumos sacerdotes e iniciados del mundo moderno, y lo mismo en lo que creen y han llegado a experimentar de algún modo.

Podemos encontrar respuestas en Silicon Valley, donde un número creciente de élites tecnológicas están descubriendo que existe un fino velo entre esta realidad y otra. Cuando atraviesas el velo, puedes entrar en contacto con extrañas entidades que no han sido bien comprendidas hasta nuestros días. Ésta es la enseñanza secreta que se ha mantenido oculta y se ha transmitido exclusivamente a los iniciados en las escuelas de misterios. Ésta fue la sabiduría que se descubrió en las cuevas del Neolítico, cuando el chamán entraba en un estado similar al del trance y experimentaba cosas, y con esta cualidad prometeica, lo primero que nos dieron estos seres fue el fuego. El fuego era como capturar el sol con su calor, su seguridad y su poder. Ése es el motivo por el cual se asocia el fuego con el conocimiento, y por qué en los logos de las universidades suelen aparecer imágenes de antorchas y lámparas. En tanto no fuimos capaces de acceder a esa dimensión alternativa, ese otro plano, no fuimos capaces de recibir sus mensajes.

Chamanismo

El chamanismo es probablemente la religión más antigua de la Tierra; incluso, hoy en día, sus prácticas están bastante difundidas por todo el mundo. En antropología se afirma que el chamanismo surgió en la Edad de Piedra, cuando el primer ser humano consiguió hacer fuego y se interesó en las fuerzas de la naturaleza, porque su supervivencia dependía directamente de ellas. Hay que decir que, en aquellos tiempos, los seres humanos estaban más abiertos a la naturaleza y más en contacto con ella, y el chamanismo les permitía fundirse con el mundo natural. La visión de la realidad del chamanismo consta de tres niveles: el mundo superior o cielo, el mundo medio o tierra, y el inframundo o mundo inferior. Este concepto triple de la realidad no es sólo espacial, sino también simbólico. En el mundo superior moran los seres espirituales, los antepasados fallecidos y las deidades, que proporcionan ideas y sabiduría a los seres humanos que los visitan. El mundo medio concierne a lo terrestre y está compuesto exclusivamente de materia. El inframundo consta de los poderes de los animales y de los muertos humanos que no han ido al mundo superior.

Además de este cosmos triple, en el chamanismo se considera que todo está dotado de vida, no sólo los seres humanos y los animales, sino también las piedras, las plantas e incluso las estrellas. Todo tiene un alma, que abre al chamán o la chamana a un mundo multidimensional de conexiones. Todo está interrelacionado. Los chamanes viajan a través de los tres mundos en busca de conocimiento, fuerza y de una mejor comprensión de la realidad, una realidad donde cuerpo, alma y espíritu son diferentes, pero conforman una unidad. La naturaleza y el mundo espiritual están inextricablemente entrelazados a esta unidad. Para el chamán, los espíritus son seres conscientes, inteligentes y comunicativos que vagan libremente por los diferentes planos dimensionales, pero son invisibles para las personas ordinarias. El chamán custodia el espacio entre el mundo natural, del cual formamos parte los seres humanos, y el mundo sobrenatural. El chamán puede establecer contacto con el mundo de los espíritus y cruzar las fronteras entre el cielo y la tierra, así como entre el pasado y el futuro. Estos hombres y mujeres sabias se convirtieron en la antigüedad en las mediadoras entre los espíritus de la naturaleza o los espíritus de los antepasados fallecidos y la esfera terrestre, y con frecuencia recurrían a rituales para facilitar la comunicación con los espíritus.

Normalmente, para asegurarse la entrada a un estado mental o de consciencia diferente o en un trance, las chamanas se transformaban en algún otro ser, poniéndose pieles de animales y llevando a cabo ciertas danzas y sonidos. Teóricamente, en tal estado, las chamanas podían viajar a otras dimensiones y recibir respuesta a las preguntas que las gentes de su comunidad les formulaban. Entre tales respuestas podían darse orientaciones generales, curaciones, cómo mejorar las condiciones meteorológicas para salvar la cosecha o, incluso, avances tecnológicos. También recurrían a sustancias capaces de alterar las facultades mentales, como sustancias psicodélicas, con el fin de acceder a esa dimensión superior. Fuera cual fuera el método utilizado, las técnicas para alcanzar estos estados alterados de consciencia se transmitieron de generación en generación a través de la tradición oral.

En nuestro tiempo, a este fenómeno se lo denomina a veces mediumnidad, dándole el nombre de médium a la persona que es capaz de comunicarse con los espíritus. Otras personas puede que lo llamen canalización, y hay quienes afirman actualmente que, en sus trances, han establecido contacto con seres muy sabios de un plano superior de existencia. Curiosamente, esta creencia se ha abierto camino desde las selvas y los bosques hasta los gobiernos y los mercados, entre ellos las empresas de Silicon Valley. ¿Podían y pueden los chamanes, tanto antiguos como modernos, pasar de unos planos a otros de la existencia? Y, si es así, ¿es posible que esta dimensión alternativa fuera la fuente de los Siete Sabios de la antigüedad?

Los anunnaki ahora

En muchas religiones se tiene por cierto que hubo un tiempo en que los dioses estaban entre nosotras, pero que, en algún momento en concreto, se marcharon. Pero quizás comprendas mejor esta idea si utilizas un marco diferente. Suponiendo que los anunnaki y todos los demás seres que habitaban en el plano físico en el pasado hubieran sido humanos, quizás se marcharon simplemente porque fallecieron. Pero, con su fallecimiento, debería de haber tocado a su fin una época de grandes y rápidos avances en las civilizaciones antiguas. Sin embargo, no fue eso lo que ocurrió. El fallecimiento de los dioses no dejo tal vacío. Las civilizaciones continuaron avanzando, llevándonos con el tiempo hasta los *smartphones,* Internet y los automóviles sin conductor. Seguimos disfrutando de avances tecnológicos, y sigue habiendo una élite en la cumbre de las jerarquías sociales que, en efecto, «dirige el espectáculo». Si los anunnaki fueron simples seres humanos con grandes capacidades creativas y de liderazgo, entonces quizás podríamos decir que siguen viviendo entre nosotras. ¿Cuál sería, entonces, la diferencia entre un líder en el sentido general y un anunnaki?

Yo creo que es lo mismo que diferenciaba a los gobernantes y reyes de la antigüedad de aquéllos a los que se consideraba anunnaki: su capacidad para conectar con asesores o sabios que no eran de este mundo y que les permitía ascender al rango de anunnaki. La conexión con otro mundo y la posterior ascensión convertía a los hombres en dioses.

Entidades de otro mundo

Textos antiguos de todos los tipos nos hablan de grandes reyes terrenales que se comunicaban con entidades de otro mundo con el fin de encontrar respuesta a sus preguntas. Esto lo hacían a través de los sueños, la meditación, la oración, el trance o, incluso, el consumo de plantas medicinales. Durante la temporada de excavaciones de 1959/1960, unos arqueólogos alemanes encontraron un texto sumerio, diferente a cuanto se hubiera encontrado anteriormente, en el templo de Anu in Bit Res. Este texto, perteneciente a la Era Seléucida, pasaría a ser conocido como la Lista de los Reyes y Sabios de Uruk. Era diferente de otros textos conocidos como la Lista de los Reyes Sumerios, y en su relato se daba una relación de siete reyes con sus correspondientes sabios, seguidos por una nota sobre el «diluvio», para ofrecer a continuación otra relación de ocho pares de reyes/sabios más (Lenzi, 2008). Este texto se ha convertido en la base de las teorías académicas que proponen que los eruditos mesopotámicos, los *ummânū*, remontaban su linaje profesional hasta los sabios y, posteriormente, hasta el dios Ea. Si nos fijamos en la traducción más reciente de este texto, veremos que aparecen algunos detalles muy interesantes:

> Durante el reinado de Ayalu, el rey, Adapa fue sabio.
> Durante el reinado de Alalgar, el rey, Uanduga fue sabio.
> Durante el reinado de Ameluana, el rey, Enmeduga fue sabio.
> Durante el reinado de Amegalana, el rey, Enmegalana fue sabio.
> Durante el reinado de Enmeusumgalana, el rey, Enmebuluga fue sabio.
> Durante el reinado de Dumuzi, el pastor, el rey, Anenlilda fue sabio.
> Durante el reinado de Enmeduranki, el rey, Utuabzu fue sabio.
>
> Tras el diluvio, durante el reinado de Enmerkar, el rey, Nungalpirigal fue sabio, a quien Istar bajó del cielo al Eana. Él hizo la lira de bronce,

cuyos… (eran) lapislázuli, según la técnica de Ninagal. La lira fue situada ante Anu… la morada de (su) dios personal.

Durante el reinado de Gilgamesh, el rey, Sin-leqi-unnini fue erudito.
Durante el reinado de Ibbi-Sin, el rey, Kabti-ili-Marduk fue erudito.
Durante el reinado de Isbi-Erra, el rey, Sidu, aka Enlil-ibni, fue erudito.
Durante el reinado de Abi-esu, el rey, Gimil-Gula y Taqis Gula fueron los eruditos.
Durante el reinado de Adad-apla-iddina, el rey, Esagil-kin-ubba fue experto.
Durante el reinado de Nabucodonosor, el rey, Esagil-kin-ubba fue experto.
Durante el reinado de Asarhaddón, el rey, Aba-Enlil-dari fue experto, a quien los arameos llamaban Ahiqzr. (Lenzi, 2008, pp. 142-143)

Los escribas mesopotámicos establecieron una clara conexión entre los siete sabios y sus contrapartidas humanas. El texto también hace referencia a la tradición de tener un «dios personal». Existe un patrón similar en el Bìt mèseri mesopotámico, citado con más frecuencia como fuente del mito de los Siete Sabios. Este texto ofrece los nombres de los siete sabios como lo hace la Lista de Reyes y Sabios de Uruk, pero se los describe como hombres peces u oannes:

Ellos son los siete puràdu-pez brillantes, puràdu-pez del mar,
los siete sabios, que fueron creados en el río, que aseguran la ejecución correcta de los planos del cielo y la tierra. (Lenzi, 2008, p. 145)7.

En el texto del Bìt mèseri, a los Siete Sabios se los tiene por humanos, como se puede ver en la figura del oannes ataviado de pez. Aunque esta imagen es la que nos ha quedado, lo cierto es que es una interpretación tardía de un mito más antiguo. Beroso, el escritor babilónico de la era helenista y sacerdote de Bel Marduk, habla en su obra *Babyloniaca* de los Siete Sabios. Claro está que Beroso escribe muchos años después de los acontecimientos, dado que su obra data del siglo III a. C. Por otra parte, el Bìt mèseri es también un texto más reciente y una versión de la Lista de los Reyes y Sabios de Uruk, donde aparecen por vez primera los Siete

Sabios como entidades específicamente no humanas. Las expertas creen que los nombres de los sabios no tienen su origen en el Bìt mèseri, que es el más citado, sino en otro texto, posiblemente una crónica que sería posteriormente adaptada.

Basándonos en la carencia de instrucciones rituales asociadas con el encantamiento del Bìt mèseri, así como en las pistas textuales que encontró Lenzi, lo más probable es que la humanización de los Siete Sabios tuviera lugar mucho más tarde (Lenzi, 2008). Además, existen otros textos, hechizos y rituales curativos que invocan a los Siete Sabios como seres sobrenaturales. Pero los textos dejan claro que los *ummânū*, los escribas de alto grado que sirvieron como asesores de los reyes, y en la sociedad como expertos en rituales, así como autores de importantes tablillas cuneiformes, eran humanos. Aun así, sigue habiendo algunos expertos bíblicos literalistas que intentan resolver estas incoherencias diciendo, simplemente, que los Apkallu eran medio divinos, un tercio divinos o en parte divinos, pero también en parte humanos. No obstante, el texto deja muy claro que estos asesores cortesanos humanos recibieron sus conocimientos de los sabios, sabios que eran por completo no humanos o, como algunos dirían, divinos.

Lo que los textos originales nos están diciendo es que los reyes de Sumer tenían escribas muy bien formados, que cumplían el papel de asesores y que transmitían al soberano de turno los conocimientos que recibían de seres sobrenaturales, para que aquél pudiera ser el «constructor» de su reino. Utilizando estos planos sobrenaturales, los reyes sumerios lograron llevar a cabo destacadas hazañas de ingeniería, planificación, tecnología y desarrollos culturales, que llevarían a todos los avances vistos en el mundo antiguo. Aunque esto pueda sonar absurdo, no sería la primera vez que vemos algo así en la historia de las clases dirigentes y en los avances tecnológicos, pues nos podemos encontrar con la misma metodología en los inicios del Renacimiento europeo.

La magia enoquiana

Como ya se vio arriba, en el libro de Enoc hay muchas referencias a los Vigilantes. Este críptico texto desempeñaría un papel clave en la obra del famoso matemático, astrólogo y erudito inglés del siglo XVI, miembro del Trinity College de Cambridge, John Dee. Dee fue el autor de cuarenta y nueve libros sobre temas científicos, pero sus investigaciones en el mundo de lo oculto le granjearon una dudosa reputación.

Nacido en Londres el 13 de julio de 1527, Dee provenía de una familia galesa noble, los Dee de Nant y Groes, de Radnorshire, y era descendiente de Rhodri el Grande, príncipe de Gales (Shepard, 1982). El padre de Dee, siendo un caballero de la corte de Enrique VIII, pudo darle una buena educación en la Universidad de Cambridge (Shepard, 1982). Tras completar sus estudios en 1547, Dee se interesó por la astronomía y viajó por Bélgica, Luxemburgo, Holanda y Francia. Regresaría a Inglaterra en 1551, donde terminaría siendo acusado del intento de asesinato, por medio de artes mágicas, de la reina María Estuardo en 1553. Fue encarcelado en Hampton Court, pero posteriormente sería liberado.

Todo esto empañó su reputación hasta tal punto que la gente comenzó a sospechar de él. Posteriormente, escribiría que la gente le veía como a «un acompañante de los perros del infierno, capaz de invocar y conjurar espíritus perversos y malditos» (Shepard, 1982, p. 389). Pero su suerte cambiaría durante el reinado de Isabel I. En 1572, los astrónomos localizaron una estrella nueva en el cielo y, cinco años más tarde, señalaron un misterioso cometa. Debido a sus conocimientos astronómicos, mucha gente acudió a Dee para averiguar que podrían ser aquellas extrañas anomalías celestes; entre las personas que acudieron a él estaba la reina Isabel. Y, tras años de estudio de temas tales como astronomía, alquimia, adivinación, teorías rosacruces y misterios talmúdicos, por nombrar sólo unos cuantos de sus muchos intereses, Dee terminó por encontrarse entre los consejeros de la reina.

Un acontecimiento decisivo en la vida de Dee tuvo lugar en noviembre de 1582, cuando, mientras se hallaba orando, tuvo una poderosa visión. En ella, vio cómo la ventana occidental de su laboratorio empezó a brillar y se manifestó allí el ángel Uriel. Éste le sonrió y le entregó un cristal convexo, dándole instrucciones para que lo utilizara en sus comunicaciones con seres de otro mundo. Si miraba fijamente el cristal, estos seres se le aparecerían y le mostrarían los misterios del futuro. En su trabajo con este artilugio, Dee contrató como ayudante a un tal Edward Kelley, un hombre misterioso del que se rumoreaba le habían cortado las orejas por falsificar monedas.

Kelley veía siete entidades, a las que llamó Madini, Gabriel, Uriel, Nalvage, Il, Morvorgran y Jubanladace. Él creía que estos seres eran ángeles, y le ofrecieron instrucciones ocultas sobre cómo elaborar el elixir de la vida, cómo realizar hechizos y encantamientos y la forma de pedir consejo a diversas entidades. También se dice que le dieron a Kelley un lenguaje secreto denominado enoquiano. Se trataba de un lenguaje similar al sumerio que los Vigilantes hablaban en el jardín del Edén, y del que se creía que se había corrompido en lo que posteriormente sería el hebreo tras el destierro de Adán. Kelley predijo diversas tecnologías y descubrimientos científicos mucho antes de su aparición, como el telescopio, la energía solar, el láser, la velocidad de la luz y la multiplicidad de dimensiones.

Dee y Kelley siguieron utilizando técnicas como la meditación para contactar con entidades de otros mundos y adquirir tecnologías que cambiarían el rumbo de la historia de la humanidad, entre las que se hallan los fundamentos científicos de las más avanzadas herramientas para la navegación y la cartografía, que posteriormente permitirían el descubrimiento del Nuevo Mundo. Dee creía que estas entidades eran angélicas, pero Kelley terminaría asustándose y llegaría a considerarlas demoníacas.

Dee tuvo una larga vida como mago, erudito y escriba, fue asesor de muchos nobles, además de la reina. Su magia enoquiana estableció los rituales que, posteriormente, volverían a la vida a través de la Orden Hermética de la Golden Dawn (la Aurora Dorada), siendo algunos de ellos adaptados por Anton LaVey y la Iglesia de Satán. Sin extenderme más en este tema, sugiero la lectura del trabajo de mi querido amigo, el doctor John DeSalvo, biofísico e investigador de misterios de la antigüedad y de temas paranormales desde hace más de treinta años, que ha publicado numerosos libros sobre magia enoquiana. No dudes en consultar la obra de DeSalvo si quieres aprender más sobre la vida y las aventuras de Dee y Kelley. Se trata de una historia con detalles fascinantes que merece un estudio más profundo, motivo por el cual contacté con DeSalvo para preguntarle si podría haber algún tipo de ciencia que permitiera el funcionamiento de la magia enoquiana.

Como antiguo profesor universitario y como científico y experto en magia enoquiana, los puntos de vista de DeSalvo son únicos. DeSalvo dice que, aunque la magia enoquiana funciona, no es el resultado de la imaginación haciendo horas extra ni de la ilusión o la actividad subconsciente del mago. Según él, la magia enoquiana es real, y los Aethyrs, o esferas espirituales, y los ángeles son mundos y seres reales. Su teoría acerca del por qué o cómo opera esta magia es que el cerebro –más concretamente, la región cortical, responsable del funcionamiento del cerebro superior y de la interpretación de los estímulos sensoriales, como vista, oído, gusto, olfato y tacto– es asimismo el responsable de la recepción de información psíquica. DeSalvo señala que, aunque se cree que utilizamos menos del 10 % de nuestra capacidad cerebral, nadie sabe a ciencia cierta cuál es el verdadero porcentaje, y afirma que quizás alguna parte no utilizada del cerebro se emplee en la transmisión y recepción psíquicas.

DeSalvo cree que existen regiones corticales por descubrir que funcionan como receptores de los fenómenos psíquicos y los codifican, y que funcionan de la misma manera que la retina, que nos permite la visión al hacer el papel de receptor de los rayos lumínicos. Dice que somos capaces de entrar en cada Aethyr cuando esa área cerebral se activa como resultado del recitado de una llamada. Con ello, tomamos conciencia de los ángeles que residen en esa región. La glándula pineal, que se halla en el centro del cerebro y que en muchas culturas se afirma que es un centro psíquico, puede también albergar centros de recepción psíquica.

El doctor DeSalvo nos recuerda que, en la meditación oriental, se emplean determinados mantras como parte de la práctica. Los mantras están compuestos por una palabra o serie de palabras de sonido resonante, que generan cambios en el sistema nervioso. DeSalvo explica que éste es el motivo por el cual la persona que medita se relaja y entra en un trance profundo y en un estado alterado de la consciencia. Dice que esto ocurre también con las llamadas enoquianas, que son como mantras largos, que estimulan zonas específicas del cerebro que funcionan como receptores de cada uno de los treinta Aethyrs y sus ángeles.

Siendo practicante de meditación y yoga, estas explicaciones me resultan fascinantes. Y dado que el doctor DeSalvo es un científico reconocido y un antiguo profesor universitario, le pregunté si su teoría se podría poner a prueba científicamente. Dijo que tenía la esperanza de que su teoría fuera sometida a prueba en un futuro no muy lejano mediante la medición de la actividad de las áreas corticales del cerebro de una persona mientras realiza la meditación enoquiana y entra en los Aethyrs. Dice que un estudio clínico de este tipo demostraría si determinadas regiones del cerebro se activan o no con cada llamada, añadiendo que, si estas áreas se pueden identificar y cartografiar, dispondríamos de una verificación neurofisiológica de la magia enoquiana y de cómo opera. El doctor DeSalvo dice que una investigación neurofisiológica de este tipo podría generar también increíbles avances acerca de los estados alterados de la consciencia, pero advierte que, hasta que se pueda demostrar que la magia enoquiana tiene una base científica, de lo único que disponemos es de lo que podamos experimentar. Sin embargo, DeSalvo cree que la técnica específica que él enseña en sus libros tiene el mayor potencial para la apertura de estos centros dormidos del cerebro, de tal manera que sus estudiantes pueden explorar los cielos o Aethyrs por sí mismas (Lynn-DeSalvo, entrevista, 2019).

Aunque todo esto pueda sonar como muy alejado de los anunnaki, creo que, con la información que he presentado hasta aquí, podrás comenzar a establecer conexiones. Lo interesante de todo esto es que en la historia escrita podemos encontrar diferentes relatos de reyes que recurrían a eruditos y escribas que afirmaban tener contacto con entidades de otros mundos, de diferentes planos de la existencia. Estas entidades les ofrecían tecnologías sorprendentes, que garantizaban el poder y el prestigio del rey y que proporcionaban desarrollos culturales, como se puede ver en la Revolución Agraria, en la Era de las Exploraciones y en el Renacimiento. Pero ¿acaso estas prácticas ya no existen? ¿Han quedado relegadas a un cuadro místico y romántico de la historia, existente sólo en los cuentos?

La puerta hacia las estrellas

Silicon Valley, en el Área de la Bahía de San Francisco, es el centro global de la alta tecnología y el hogar de muchas corporaciones tecnológicas globales, entre las cuales están Apple, Facebook y Google. Es un eje global de innovación y avances tecnológicos, pero también es un lugar donde una élite tecnológica muy rica se ha obsesionado con algo: las drogas alucinógenas. Una de las más utilizadas es la dimetiltriptamina o N,N-dimetiltriptamina, conocida también como DMT. La DMT es endógena, lo cual significa que se produce en pequeñas cantidades en el organismo humano en el proceso normal del metabolismo. Se sintetiza durante la fase REM del sueño, pero también se puede obtener de ciertas sustancias psicodélicas, dado que es un alcaloide de muchas plantas. La estructura química de la DMT es parecida a la serotonina, uno de los más importantes neurotransmisores del cerebro de los mamíferos. Una vez dentro del sistema nervioso, la DMT actúa como una antagonista de los receptores de serotonina 5-HT2A. La DMT es un potente psicodélico que provoca estados alterados de la consciencia, con experiencias místico-religiosas, alucinaciones visuales y auditivas intensas y cambios en la percepción del tiempo y la realidad.

La DMT se encuentra en la naturaleza en muchas de las plantas que suelen utilizar los chamanes de América del Sur en sus prácticas. La ayahuasca es una bebida, enteógena y alucinógena, producida tradicionalmente por los chamanes de las tribus nativas de la cuenca del Amazonas y utilizada por las gentes de la zona para comunicarse con los espíritus a fin de obtener conocimientos prácticos del entorno y del cuerpo humano con fines curativos. La ayahuasca contiene DMT.

Las personas que han hecho un viaje de DMT dicen que es algo muy diferente de cualquier otra cosa conocida por el ser humano, y dicen que es casi imposible de describir ni expresar con palabras. Quizás el aspecto más extraño y notable de la experiencia de DMT sea que muchas personas comparten visiones llamativamente similares. En unos estudios llevados a cabo entre 1990 y 1995 por un psiquiatra de la Universidad de Nuevo México, Rick Strassman, muchos de sus voluntarios hablaron de haber sentido algo así como presencias extraterrestres, describiéndolas como «elfos», «alienígenas», «guías» o «ayudantes» (Pickover, 2005). Al mismo tiempo, algunas de estas criaturas tenían un aspecto similar al de payasos, reptiles, mantis religiosas, abejas, arañas, cactus, gnomos o figuras hechas de palos. En general, todos los participantes en la investigación comentaron que estas criaturas residían en una realidad paralela e independiente (Strassman, 2001).

Terence McKenna, etnobotánico, místico, psiconauta y uno de los más prolíficos escritores y conferenciantes sobre la DMT, relató una experiencia suya en la que mantuvo una reunión con unos seres a los que se refirió como «elfos-máquina autotransformadores» (Strassman, 2001, p. 187). McKenna creía que la DMT se podía utilizar para conectar con criaturas de otros mundos. Pero lo mismo dicen otras personas que han utilizado la DMT y que han tenido viajes similares, pues hablan de reuniones con seres inteligentes que pretendían obtener información acerca de nuestra realidad.

Es obvio que existe una larga historia en el uso de plantas, hongos e incluso animales, como ranas o serpientes, capaces de evocar efectos psicodélicos. McKenna sugería que nuestros simiescos antepasados imitaban a otros animales en la ingestión de sustancias que provocaban comportamientos inusuales. De este modo debieron de descubrir las primeras sustancias capaces de alterar la mente (Strassman, 2001). Existe toda una plétora de evidencias arqueológicas que indican que en muchas culturas de la antigüedad se utilizaron psicodélicos para alterar la consciencia; y, como señala Strassman, en África se han encontrado imágenes antiguas en las que unos hongos brotan de un cuerpo humano, así como en el arte rupestre prehistórico del norte de Europa, donde se han encontrado pistas que sugieren el influjo de las sustancias psicodélicas (Strassman, 2001). En el libro de Enoc, se dice que los Vigilantes enseñaron a los primeros seres humanos «hechizos y encantamientos, les enseñaron a cortar raíces y los familiarizaron con las plantas» (Charles, 1917). «Familiarizarlos con las plantas» puede significar que los Vigilantes enseñaron a los primeros seres humanos qué plantas podían utilizar para alterar su percepción de la realidad. De hecho, algunos investigadores han propuesto que el lenguaje se desarrolló a partir de la percepción, psicodélicamente potenciada, de los sonidos bucales de los primitivos homínidos. Otros sugieren que los estados psicodélicos conformaron la base de la experiencia religiosa en los primeros humanos.

Estas ideas no carecen de verosimilitud. Hay antropólogas que dicen que el cambio no se produjo de forma instantánea, que los seres humanos evolucionamos lentamente como consecuencia de la adaptación natural a nuestro entorno. Otros sugieren que este cambio de consciencia puede haber sucedido como resultado de cambios en la dieta de los primeros homínidos, e incluso sugieren que el mero hecho de cocinar los alimentos pudo provocar cambios fisiológicos en el cerebro. A finales de la década de 1990, el primatólogo de la Universidad de Harvard, Richard Wrangham, propuso que, entre 1,6 y 1,8 millones de años atrás, cuando el *Homo erectus* aprendió a asar carne y tubérculos en el fuego, tuvo lugar un cambio que aceleró el ritmo de crecimiento del cerebro (Wrangham, 2010).

Wrangham sostiene que fue el acto de cocinar el que, al facilitar la digestión de los alimentos, facilitó e hizo más eficiente la obtención de nutrientes para nuestros antepasados. De este modo, se incrementó la eficiencia calórica, permitiendo teóricamente que nuestros antepasados dedicaran menos tiempo a buscar alimentos, a masticar y digerir, lo cual llevaría con el tiempo al desarrollo de un tracto digestivo más pequeño y eficiente (Wrangham, 2010). Esta reducción de tamaño del tracto digestivo liberó energía suficiente como para permitir un crecimiento cerebral más denso. Los seres humanos tenemos más neuronas que cualquier otro primate, lo cual supone que nuestro cerebro precisa de al menos un 20 % de la energía del organismo cuando descansa; y esto nos lleva a la siguiente pregunta: ¿de dónde obtuvieron nuestros antepasados esa energía extra para expandir su mente? Wrangham está intentando responder a esa pregunta demostrando su «teoría de la digestión». En su laboratorio, él y sus colegas han estado estudiando lo que ocurre con roedores y pitones cuando comen carne cocida en lugar de cruda. En los informes que han publicado se demuestra que estos animales se hicieron más grandes y más rápidos, y que precisaban de menos energía para digerir los alimentos cocidos.

Los estudios de Wrangham siguen su curso, pero no les faltan críticos. Por ejemplo, existen pocas evidencias arqueológicas que demuestren que éste fuera un patrón del *Homo erectus*. De hecho, la mayoría de los arqueólogos apuntan a evidencias que muestran que el incremento en el consumo de carne se debió a los hábitos desarrollados en la búsqueda de alimentos y al importante papel que desempeñaron las hembras en la recolección de tubérculos al dividirse el trabajo. Aunque la idea de la comida cocida es fascinante y pudo contribuir ciertamente al desarrollo del cerebro humano, no parece ser lo que provocó tan rápidos cambios en la consciencia. La mayoría de las investigadoras sí que coinciden, en cambio, al afirmar que hubo algún tipo de acontecimiento que disparó una cadena de eventos en la consciencia. Algunas llaman a este misterioso acontecimiento «el Big Bang Cerebral», en tanto que otros lo llaman simplemente «el Salto». ¿Pudo ser el descubrimiento y la ingestión de sustancias psicodélicas lo que provocó este monumental acontecimiento en la estructura del cerebro humano?

Sería razonable pensar, al menos, que el hombre antiguo descubrió e ingirió hongos psicodélicos. Los científicos se han referido a estos hongos como «alienígenas de otro mundo», y lo cierto es que son muy diferentes de cualquier otro tipo de vegetales de la Tierra. Cuando se priva a los hongos de clorofila, siguen creciendo en la más completa oscuridad y, a diferencia del resto de las plantas, absorben oxígeno.

Es un hecho que los chamanes utilizaban hongos alucinógenos para entrar en trances en los cuales se comunicaban con los espíritus de los muertos y con sus deidades y aprendían cosas acerca del futuro. También se sabe que, en el norte, los chamanes utilizaban también setas venenosas. Hay evidencias que sugieren que los vikingos utilizaban la *Amanita muscaria,* conocida comúnmente como agárico pintado o falsa oronja, antes de entrar en combate, con lo cual perdían el miedo y se precipitaban ávidos en la refriega. En la antigüedad se sorprendían por la aparente capacidad de los hongos para reproducirse sin semillas, como de la nada. Se llegó a pensar que los hongos aparecían en aquellos lugares donde habían caído los rayos, como consecuencia de la exposición al rocío o por alguna otra fuerza milagrosa. Algunos incluso creían que había poderes divinos implicados en la aparición de los hongos. Sin embargo, en la Edad Media era más común pensar que los hongos surgían por el influjo de fuerzas diabólicas.

No se sabe exactamente cuándo las gentes de la antigüedad se familiarizaron con las propiedades psicodélicas de los hongos, pero los primeros grabados rupestres de hongos se remontan a varios miles de años atrás. Se cree que la mayor parte de los registros escritos antiguos sobre los hongos los realizó Eurípides (480-406 a. C.), aunque, sin duda, tuvo que haber más fuentes escritas, porque la mayor parte debieron de perderse durante guerras o incendios, como el de la Biblioteca de Alejandría, o, simplemente, por el deterioro propio del tiempo.

Aunque no sabemos exactamente cuándo descubrimos los hongos, sí que podemos decir que su descubrimiento tuvo un impacto, si bien no hay acuerdo en cuanto a la extensión de tal impacto. Quizás una de las más controvertidas afirmaciones acerca de la ilustre historia de la humanidad con los hongos mágicos la hiciera en 1970 un investigador de los manuscritos del mar Muerto, John Marco Allegro. Allegro publicó una serie de artículos en el *Sunday Mirror,* que precedieron a la publicación de su libro *Sacred Mushroom and the Cross* [Los hongos sagrados y la cruz], en los cuales decía que el cristianismo fue un culto de la fertilidad relacionado con hongos psicodélicos, y que Jesús no había sido otra cosa que el propio hongo.

Según Allegro, el hombre primitivo de las abrasadas y desérticas tierras de Oriente Próximo dependía casi por completo de la lluvia. La lluvia era la que provocaba el crecimiento de las plantas, por lo que los humanos de aquellas épocas llegaron a creer que en el cielo tenía que existir un enorme falo, y que la lluvia era el semen que derramaba para fertilizar el útero, que era la tierra (Allegro, 1970). Según él, esta sencilla explicación daba cuenta del nacimiento de todas las religiones del Creciente Fértil: los antiguos cultos de helenos y persas, el judaísmo, el cristianismo e incluso el islam, procedían todos de una fe primitiva basada en el falo celestial. Y tras formularse esta teoría de la lluvia divina, la gente terminó reverenciando la lluvia y el agua por sus poderes dadores de vida.

Allegro creía que los antiguos mesopotámicos habían descubierto una herramienta que les permitía ir de este mundo al cielo (Allegro, 1970), pero que no hicieron público este descubrimiento porque su dios recelaba de este poder, y sólo permitía a un pequeño y selecto grupo disfrutar de estos atisbos mágicos del paraíso. De este modo surgió la clase sacerdotal, con una formación y unas ceremonias secretas durante las cuales los iniciados ingerían drogas como medio para desarrollar poderes más grandes que los de los demás. Muy rara vez, sólo en situación de gran necesidad, estos secretos se plasmaron por escrito. Lo normal era que se transmitieran de sacerdote a iniciado mediante instrucción verbal. Allegro propondría posteriormente que la única razón por la que se pusieron por escrito los misterios de los hongos tuvo que ser por sufrir persecuciones o por miedo a perder el hilo de la tradición durante alguna guerra (Allegro, 1970). En estos casos, incluso, sintieron la necesidad de plasmar por escrito el nombre de cada sustancia, las instrucciones de uso y otros detalles importantes con un código oculto, que, según Allegro, era el verdadero significado tras los libros del Nuevo Testamento.

Con independencia de lo plausible que pueda ser o no la teoría de Allegro, lo que sí muestra su trabajo es que hubo una profunda fascinación con los hongos en muchas religiones del mundo antiguo. Esto significa que es más que probable que los sumerios tuvieran acceso a algún tipo de sustancia psicodélica en sus ceremonias religiosas y la utilizaran con regularidad. Arqueológicamente, sabemos que los sumerios utilizaron opiáceos y narcóticos derivados de la *Cannabis sativa* (cáñamo), *Mandragora* spp. (mandrágora), *Lolium temulentum* (cizaña) y *Papaver somniferum* (opio) (Teal, 2014). También existen evidencias de que había amapolas de opio en Sumer hacia el 3000 a. C., pero las utilizaban sólo los sacerdotes en los templos curativos, así como junto con cicuta, que los sumerios utilizaban para la eutanasia (Teal, 2014). La farmacopea de Mesopotamia tenía un alto grado de elaboración y detalle. Empleaban plantas y minerales, como el cloruro de sodio y el nitrato de potasio, así como piel de serpiente, caparazón de tortuga, casia, mirto, asafétida, tomillo, sauce, pera, higo, abeto y dátiles (ibíd.). Considerando su más que posible uso de sustancias que alteran la mente, es muy probable que los sacerdotes sumerios emplearan estas drogas para contactar con los Siete Sabios, de forma muy parecida a como Dee y Kelley utilizaban la meditación para lograr el mismo objetivo y del mismo modo en que la mayoría de los chamanes de la antigüedad habían hecho antes que ellos.

Estas antiguas técnicas para contactar con entidades de otros mundos se siguen utilizando hoy en día. Personas en posiciones de poder están experimentando con DMT, meditación y toda una serie de extraños procedimientos médicos con el fin de obtener una «sabiduría superior», «innovaciones tecnológicas», una «consciencia expandida» o la «ascensión». Se dice que estas experiencias cambian la vida de las personas, y que la interacción con los llamados «elfos máquina» son tan profundas que la gente se queda con la sensación de haber sido bendecida con una sabiduría cósmica y un amor infinito. Pero ¿son reales estos seres aparentemente benévolos? ¿Están ahí sólo para ayudar, o podría haber un lado oscuro en esta práctica oculta?

Como hemos dicho ya, existen buenas evidencias científicas que sugieren que la vida se introdujo en la Tierra a través de un meteorito, que trajo la vida primitiva que pudo haberse originado en algún otro lugar del universo. Esporas microbianas pudieron haber sido lanzadas a través del espacio merced a las radiaciones emitidas por las estrellas, junto con los retrovirus extraterrestres que pudieron llevar a la explosión cámbrica. Si esto fuera así, es posible, según el etnofarmacólogo investigador y hermano de Terence McKenna, el doctor Dennis McKenna, que en un «acto de cirugía genómica a escala biosférica», el triptófano y sus neurotransmisores mensajeros, como la DMT y la serotonina, se implantaran también en la biosfera durante el Eón Arcaico (McKenna, 2017). Mc-Kenna especula aún más en este punto, preguntándose si una civilización biotecnológicamente avanzada, capaz de viajar a través del espacio, podría haber implantado estos mensajeros moleculares «para que funcionaran como un elemento de presión evolutiva selectiva, que hubiera llevado finalmente a la aparición de sistemas nerviosos complejos e inteligencia» (McKenna, 2017, p. 3). Por extravagante que esta teoría pueda parecer, no se halla fuera de la esfera de la posibilidad.

Con la ciencia es posible comprender las formas precisas en las que una civilización extraterrestre podría haber manipulado la genética de los seres humanos primitivos, tanto directamente, a través de retrovirus, como indirectamente, a través de presiones evolutivas concretas que hubieran espoleado a la humanidad hacia el «gran salto» de la mente humana. Supondría una forma bastante más avanzada y sofisticada de conseguir el objetivo de la manipulación genética que la idea de un alienígena antropomorfizado que hubiera cabido esperar en un cohete de la década de 1950, que hubiera venido a la Tierra a extraer recursos tales como minerales o piedras. Sin duda, una raza de seres avanzados no habría necesitado tales cosas, y su mera sugerencia estaría limitando nuestra percepción de la vastedad del universo y de las posibilidades que encierra.

Pero, frecuentemente, los textos sumerios son muy claros en la idea de que los sacerdotes utilizaban medicinas y encantamientos con el fin de recibir información, telepáticamente, de seres que para ellos eran divinos. Fueron muy específicos en sus descripciones, y cuando una se pone a estudiar tablillas, aparte de las pocas que estudiaron investigadores anteriores como Sitchin, se encuentra con muchísima más información. No es necesario rellenar ningún vacío, en la medida en que los sumerios ya lo hacían por nosotros, dado que eran meticulosos en sus registros y sumamente prácticos en la mayor parte de los aspectos de la vida. Después de años estudiando textos sumerios de los que habitualmente nadie habla, sólo puedo llegar a la conclusión de que los anunnaki —las élites tecnocráticas humanas de la antigua Mesopotamia— estaban en contacto directo con fuentes extraterrestres a quienes consideraban sabias. Estos sabios son las mismas entidades ajenas a este mundo con las que otras muchas civilizaciones contactaron y de las cuales recibieron tecnología. Son los mismos seres con los que John Dee y Edward Kelley contactaron. Estos seres han sido la verdadera mano oculta tras el progreso humano desde los comienzos de la humanidad en el jardín del Edén, y han estado al timón de los avances técnicos de muchas civilizaciones, como los sumerios, los antiguos indios, egipcios, griegos, romanos, aztecas e, incluso, los alemanes durante la II Guerra Mundial, y actualmente las élites tecnológicas de Silicon Valley. ¿Quiénes son estos «elfos máquina» y qué interés pueden tener en la humanidad?

Los elfos máquina

Elfos máquina es, como ya se ha mencionado, un término acuñado por Terence McKenna para describir a los seres con los que entró en contacto mientras estaba bajo los efectos de la DMT. Curiosamente, son muchas y muy diferentes las personas que han contactado con seres parecidos, y algunas incluso han tenido experiencias al mismo tiempo con los mismos seres. ¿Por qué las personas los ven cuando ingieren drogas psicodélicas? Durante la experiencia de la DMT, estas entidades llegan y se comunican telepáticamente con la persona que está realizando el viaje. Se sabe que las deleitan mostrándoles visiones, trucos, el pasado, el presente, el futuro o, a veces, todo a la vez, como si se curvara el espacio-tiempo. También dan consejos y ofrecen información tecnológica. Muchos genios modernos han atribuido su creatividad a sueños o meditaciones, incluido Nikola Tesla, que llevaba a cabo regularmente «experimentos oníricos» realistas en su laboratorio, con el fin de conseguir visualizaciones complejas de sus inventos.

Los nazis también creían estar en contacto con seres interdimensionales que les ofrecían diversas tecnologías y planos de ingeniería. Tales actividades de canalización tenían lugar en la Sociedad Vril, cuyos miembros fundadores fueron cuatro médiums, todas ellas mujeres, que decían canalizar mensajes de los alrededores de la estrella Aldebarán. Traducían mensajes desde un lenguaje alienígena que parecía ser una especie de protosumerio muy parecido al enoquiano. Los seres a los que canalizaban esbozaban los planos de avanzados aviones, que posteriormente modificaban los científicos nazis. La Sociedad Vril recibió este nombre por la antigua palabra sumeria *Vri-ll,* que significa «divino». Utilizaban símbolos sumerios, y veneraban al dios sumerio Ilu, quien, según su mitología, fue el primer dios, creador y demiurgo que vino de las estrellas y creó a los seres humanos en la Tierra. Los miembros de la Vril creían que podían utilizar la telepatía para comunicarse con estos seres y proporcionaban a los nazis ventajas tecnológicas sobre sus oponentes. ¿Accedieron los nazis a una inteligencia extradimensional, o quizás supradimensional, que, hasta entonces, sólo había estado al alcance de chamanes y antiguos sacerdotes de los cultos mistéricos? Lo que no tardé en descubrir mientras investigaba estas y otras cuestiones fue que esta tradición sigue muy activa en nuestro moderno paisaje geopolítico.

El informante

Un lector mío, que me pidió figurar como RedViking_45, contactó conmigo para contarme una historia personal, la de sus encuentros con entidades con las que él creía haber contactado a través de prácticas espirituales. Afirmaba disponer de información sobre un Programa Secreto de Contacto, incluido en una sección marginal del Gobierno, financiado por los Rockefeller y con la misión de convertir a todo el mundo en avatares sin alma o vasijas vacías para ser habitadas por entidades de otro mundo. Lo comparó todo con la película de ciencia ficción *Contact*, de 1997, porque, según los documentos, estos seres estaban dando instrucciones a algunos seres humanos sobre cómo construir máquinas para establecer contacto. Sin embargo, a diferencia de la película, las máquinas que estas entidades quieren que construyamos forman parte de una agenda transhumanista donde el hombre y la máquina se unan. Me proporcionó documentos para sustentar sus afirmaciones, y me pidió que los guardara hasta que él y su familia se hubieran trasladado a algún lugar del Sudeste Asiático. Estos documentos, conocidos como los *Contact Papers* [Documentos del Contacto], los podría dar a conocer en cuanto RedViking_45 me diera permiso.

> Estimada doctora Lynn:
>
> Le escribo para contarle con todo lujo de detalles una experiencia que tuve, lo que sé y cómo conseguí los Contact Papers. Hace unos cinco años, asistí a una feria local «New Age» con una prima mía, que estaba metida en reiki. En la feria había todo tipo de tiendas, en las que se ven-

dían cosas como libros, joyas y arte. Compré unos cuantos libros sobre salud natural y sanación, pues eso era todo lo que realmente había ido a buscar. Mi prima, sin embargo, estaba interesada en todo lo que había en la feria, de modo que terminó apuntándose a un taller sobre «regresión a vidas pasadas», dejándome solo y aburrido. A mí, normalmente, no me atraen estas cosas. Serví durante dos reemplazos en la guerra de Afganistán y dejé de creer en la religión y en Dios después de todo aquello.

El caso es que debía parecer solo o perdido, porque un tipo se acercó a mí y se puso a hablar sobre las inminentes elecciones presidenciales. Pero llegó un momento en que me dio la impresión de que era un radical, de modo que le dije que yo era políticamente independiente, y que no tenía tiempo para partidos políticos. Sin embargo, me sorprendió cuando dijo que él también era independiente, pero sólo porque sabía que todos los líderes mundiales estaban «en el mismo equipo». Me explicó que, desde la antigüedad, unas enseñanzas espirituales denominadas la «Sabiduría Eterna» se habían ido transmitiendo de generación en generación por medio de un grupo de seres invisibles. Afirmaba que existe un relato sistemático de la evolución de la consciencia en el hombre que detalla cómo llegó a la existencia el universo y cuál es su naturaleza y su futuro.

Su franqueza me echó para atrás, de modo que le pregunté cómo sabía eso, y me dijo que él también estaba en contacto con esos seres. Le pregunté cómo lo hacía y, antes de que pudiera responder, mi prima nos interrumpió diciendo que teníamos que irnos, porque no quería pagar más por el estacionamiento del automóvil. Creo que aquel hombre se dio cuenta de que había despertado mi interés, por lo que me llenó la mochila con folletos y trípticos, y al final me puso una foto en la mano. La mantuvo allí por lo que me pareció demasiado tiempo, de modo que retiré la mano y metí la foto en mi bolso de mano. El hombre me miró a los ojos, sonrió y me dijo que yo acababa de tocar la mano del Maitreya.

Más tarde, aquella noche, tomé mi bolso de mano y saqué la foto. Era una foto en blanco y negro de una mano delgada, con huellas dactilares y todo. Me pregunté qué habría querido decir cuando me dijo que había tocado la mano del Maitreya. ¿Quién sería Maitreya? Encontré respuestas en los folletos que el hombre me había dado. Según la organización, este hombre era el que estaba promoviendo la feria New Age, y Maitreya es el maestro mundial que aparecerá para unificar a todas las religiones en la paz. La llegada de este ser, a quien algunos llaman avatar, Mesías o Cristo, llevará a la Tierra desde la Era de Piscis hasta la utópica Era de Acuario. Jesús, normalmente simbolizado por un pez, dirigió la Era de Piscis, y eligió a pescadores como discípulos. El tal Cristo era el Maitreya de la Era de Piscis, dado que cada era tiene su propio «maestro mundial», pero Jesús tenía que ser reemplazado por un nuevo maestro mundial en la Era de Acuario. La imagen de la mano de la foto era la del propio Maitreya.

Todo esto me resultaba sorprendente. Nunca había leído ni oído nada como aquello. Leí que la mano era una «tarjeta de visita» personal del Maitreya, y que la imagen de su mano había aparecido en diversos lugares del mundo. El ejemplo más llamativo fue el de una mujer de Barcelona, España. Al entrar en el lavabo de invitados de su casa, se había encontrado con la impresión de una mano en el espejo. La limpió, pero, al cabo de pocos días, la mano volvió a aparecer, pero esta vez en su propio baño. En vez de pasarle un paño, le hizo una foto y se la envió al líder del grupo que afirmaba estar en contacto con el Maitreya. Fue éste el que confirmó que la huella de la mano pertenecía al propio Maitreya. Desde entonces están repartiendo fotos de la huella de la mano, porque dicen que tiene poderes curativos y unas misteriosas propiedades físicas, como las de la Síndone de Turín.

Al principio, pensé que los poderes curativos de la mano de Maitreya eran una idiotez, pero guardé la foto en el cajón de mi mesita de noche. Pasaron los meses y no volví a darle muchas vueltas ni a la foto ni al relato de Maitreya. Y, posteriormente, cuando empecé a trabajar con dos amigos, me encontré en Facebook con una organización que enseñaba a meditar a la gente. En el grupo, aprendí a meditar en diversos momentos del ciclo lunar. El objetivo era ayudar a traer la paz al mundo, y aquello me resultó bastante relajante, además de gratificante. Una noche de abril, mientras estaba en meditación profunda, vi de pronto una extraña luz. Bueno, no fue exactamente así. En realidad, no vi la luz con los ojos; fue como si la viera en mi cabeza y la sintiera en los ojos. Sé que suena extraño, ¡pero puedo asegurarle que experimentarlo fue aún más extraño!

La luz se hizo más y más brillante, hasta que al final comenzó a pulsar con distintos colores que se alternaban. Iba desde el púrpura a un azul eléctrico, luego al rojo, después al negro y finalmente al púrpura de nuevo. Era como un fuego púrpura en el ojo de mi mente. Me quedé cautivado con aquella exhibición de colores, hasta que de pronto me di cuenta de que los colores pulsantes comenzaban a adoptar la forma de una mano, ¡y supe al instante que era la mano de Maitreya! Después, escuché una voz. Parecía una voz masculina, pero no era demasiado profunda. Intenté hablar, pero no pude pronunciar ni una palabra. En cambio, me sentí inundado de información, casi como si la estuvieran descargando en mi consciencia. Finalmente, la luz pulsante se fue atenuando hasta desvanecerse en la nada, aunque quedaron unas pequeñas manchas raras azules y rojas destellando de forma intermitente.

Abrí los ojos. No hubiera podido explicar cómo me sentía. Realmente, no había palabras para contarlo. Pero sí supe que tenía que ir a la cocina, abrir el cajón de los trastos, sacar una libreta y un lápiz roto y escribir lo que había «escuchado». Después de garrapatear la información lo más rápido que pude, miré el papel para ver lo que había escrito. El mensaje decía:

«Las puertas se abrirán pronto. Desde el centro del planeta emergerán, y tomaré el lugar que me corresponde al timón de este gran vehículo. Los siete embaucadores danzarán a través de los cielos celebrando mi regreso. Reclamaré lo que queda de mi reino. Los hijos y las hijas de Enki serán elevadas por el conocimiento de su verdadera naturaleza, tal como está codificada en la esencia de la vida».

Estaba asustado. No tenía ni idea de lo que significaba. Sabía que era importante, porque podía sentirlo. Desde entonces he intentado conseguir más mensajes, pero ya no he vivido nada parecido a esto, por mucho que lo haya intentado meditando. La cosa ha llegado a un punto en que, ahora, cada vez que intento meditar, me quedo dormido. No estoy seguro, pero creo que la única explicación que tengo para aquello es que, de algún modo, canalicé a un ser cuando estaba meditando. Creo que el ser al que canalicé era un anunnaki. Aunque no tengo manera de demostrarlo, lo siento en lo más profundo, y creo que es importante que el mundo conozca el mensaje, lo que se me dijo. Ésta es la primera vez que le cuento esto a alguien. Algunos quizás lo llamen profecía. Otros quizás digan que fue un sueño. Yo no estoy tan seguro.

Después de todo esto, me puse a leer un montón de cosas por Internet y encontré información sobre la canalización. Me encontré con una organización en la que decían entrenar a la gente para contactar con entidades en nombre de la buena voluntad y la paz mundiales. Aquello sonaba bien porque, tal como van las cosas en el mundo, creo que necesitamos un poco de paz. Fue entonces cuando se me reveló todo, no todo de golpe, sino que poco a poco averigüé la verdad. De modo que me uní al grupo, que tendrá que permanecer aquí sin nombre. No le puedo decir el nombre de la organización porque firmé un juramento que temo romper. Ellos tienen toda mi información, incluso fotos de mi familia con las que pueden identificarnos. Supongo que lo comprenderá. Supongo también que esto me convierte en una especie de informante, o soplón, no lo sé. Lo único que sé es que no puedo vivir más con esta carga, y que el mundo tiene que saber la verdad acerca de lo que está ocurriendo en los niveles más altos del gobierno.

Empecé a participar en lo que ellos denominaban el «Trabajo», que suponía la realización de meditaciones mensuales durante la luna llena. Sé que suena cursi para un tío hecho y derecho, pero había algo en ello, hasta tal punto que casi me hice adicto. Después de muchos meses, me metieron en un grupo de lo que ellos llaman «compañeros de trabajo», e hicimos un grupo de meditación. Durante esta meditación, invocamos a una especie de ser. Este ser vino a la existencia a partir de un orbe de luz que apareció como una mota de polvo. Empezó a crecer y a brillar hasta que, de tanto brillo, pude sentir su calor. El ser comenzó a hablar, pero de un modo tal que yo sólo podía sentir y ver lo que estaba diciendo. Nos decía que uniéramos las religiones del mundo y completáramos el plan, para así poder disponer de un avatar para su aparición en la tierra. En aquellos momentos, yo pensaba que acababa de encontrarme con la religión. No creía que las cosas pudieran ir más allá.

Sería en mayo de 2018 cuando me encontré con algo relativo al grupo al que me había unido, una información que me llevó a lamentarlo todo. El grupo disponía de una sala de lectura y una biblioteca llena de libros de ocultismo. Un día me fui allí y me puse a explorar lo que había. No había nadie en la sala, de modo que me pasé un montón de tiempo echando vistazos por aquí y por allí, hasta que me encontré con una pila de documentos y carpetas en la mesa de información. Me puse a mirar aquello hasta que, de pronto, me detuve en seco al ver un documento con una foto de un ovni como los que se ven en las películas antiguas. Era una foto vieja, pero estaba tan fuera de lugar como para que me detuviera a mirar más a fondo. Entonces vi más documentos, que parecían escritos en sumerio. Oí hablar a alguien en la entrada, y no sé lo que pasaría por mi cabeza, pero pillé un puñado de esos documentos y salí de allí justo antes de que la mujer que me había recibido a la entrada regresara de su descanso. Éstos son los documentos de los cuales le envío copias y fotos. Por favor, no los difunda todavía. Yo le haré saber cuándo es seguro hacerlos públicos si usted lo desea. Lo entenderá cuando vea lo que dicen.

Estos documentos demuestran que niveles profundos de los gobiernos de algunos países están estudiando en secreto la tecnología de los ovnis, y que incluso tienen contactos con representantes de civilizaciones extraterrestres. Todos estos documentos indican que existe una política de secretismo en torno a los ovnis, una política sin precedentes por su alcance e importancia. Todo lo que esté relacionado con esto es minimizado en los medios de comunicación y las televisiones, sobre todo en Estados Unidos, a pesar del obvio atractivo comercial del tema. ¿Se ha dado usted cuenta de que no se han llegado a hacer películas sobre los anunnaki? Con la excepción de una pequeña alusión en *Prometheus,* de Ridley Scott, no ha habido interés alguno por los anunnaki en los medios de comunicación. En cambio, atiborran a la gente con ficción de baja graduación y con ocultismo fake sobre personas pájaro, que no conciencia en modo alguno respecto a la verdad.

La totalidad de la historia conocida de la humanidad está impregnada de datos sobre la existencia de ciertas «sociedades secretas». Ni siquiera los investigadores e historiadores más escépticos dudan del hecho de que existieran tales sociedades en el pasado. Y, naturalmente, esas sociedades siguen existiendo ahora; y, según algunos datos, siempre han estado ahí, aunque estoy seguro de que usted ya lo sabe. Básicamente, cualquier persona que se halle en determinado nivel evolutivo, sea por inteligencia, talento o conciencia psíquica, es reclutada para formar parte de estas asociaciones secretas. Y si vemos sus actividades nos daremos cuenta de que ha habido siempre una ciencia de dos niveles en nuestro planeta: la de las élites y la de los consumidores. Debido a la demanda de consumo de juguetes y distracciones, se estima que la ciencia y la tecnología obtenidas mediante canalizaciones en las sociedades secretas estaba a su disposición al menos ochenta años atrás. De modo que quién sabe desde cuándo tenemos cosas como la radio o la inteligencia artificial. Si busca usted la patente de la máquina del sensorama, verá que se trata de un dispositivo de realidad virtual que fue diseñado en la década de 1950, pero idéntico al que tenemos ahora. Y ahora hay gente trabajando por ahí en el desarrollo de energía gratuita y antigravedad.

El motivo por el cual se ocultan los más recientes descubrimientos es obvio: porque el dinero se hace con aquello que se vende de manera constantemente e ininterrumpida. Así pues, sabemos que una empresa que producía equipos eléctricos compró y congeló una patente de bombillas eternas que se inventó a finales del siglo pasado. Es el mismo motivo por el cual todos los grandes inventos de Nikola Tesla, en particular el del «convertidor de estado sólido», que convertía la energía que penetraba en el espacio en electricidad, fueron sacados de la circulación. Un dispositivo del tamaño de una lata de refresco se puso a prueba, y durante una semana proporcionó energía eléctrica completamente gratuita para conducir un automóvil. Pero esto era un problema para las empresas petroleras y las compañías eléctricas. Es lógico suponer que existen otros motivos para que las sociedades secretas retengan parte de sus logros científicos y técnicos. Es posible que muchos de quienes durante largo tiempo retiraron de la circulación o destruyeron de forma sistemática libros y manuscritos con conocimientos secretos lo hicieran por consideraciones humanas muy comprensibles.

Las sociedades secretas están sumamente interesadas en poseer conocimientos avanzados y alta tecnología. Ése es el motivo por el cual hay gente que desaparece. Es una realidad que investigadores prometedores desaparezcan sin dejar rastro, que alguien se lleva sus obras de las bibliotecas, que sus nombres desaparecen de los libros. Nunca se vuelve a hablar de ellos. Se dice que existe una lista de áreas científicas y técnicas sometidas a control, como la visión remota y la óptica psicológica, la transmutación de elementos químicos a temperaturas sencillas, la transmisión sin cables de energía a distancia, la antigravedad, la gestión del espacio-tiempo, algunos aspectos de ingeniería genética y parapsicología. Aquí hay que incluir también la información sobre los ovnis, pero entre las sociedades secretas siempre ha habido una competencia oculta desde principios del siglo xx. Creen que los seres con los que están en contacto quieren que unifiquen a la gente y que construyan un sistema global.

Las principales líneas de este gobierno mundial comienzan a concretarse a principios del siglo xx. Las sociedades secretas de los Illuminati puestas en marcha en Gran Bretaña y los Estados Unidos combinaron sus esfuerzos en una estructura denominada la Tabla Redonda en 1919. Organizaciones como el Consejo de Relaciones Exteriores y el Grupo Bilderberg están metidos en todo esto.

En la década de 1950, el presidente Eisenhower firmó el Memorándum Ejecutivo secreto del NSC 5410 para crear un comité denominado «Majority-12» para supervisar y controlar todas las actividades secretas referentes a civilizaciones extraterrestres: Allen Welsh Dulles, director de la CIA; John Foster Dulles, secretario de estado; Charles Wilson, secretario de defensa; almirante Arthur Redford, jefe del Alto Mando Conjunto; Edgar Guve, director del FBI: título «Hombres Sabios». Estos seis eran miembros de una sociedad secreta de investigadores que recibe el nombre de La Sociedad Jasón.

Estos tipos eran figuras clave del Consejo de Relaciones Exteriores. Eran doce personas, seis de las cuales tenían cargos gubernamentales en Majority-12. Durante muchos años, este colectivo estuvo compuesto por altos cargos y líderes del Consejo de Relaciones Exteriores, y posteriormente de la Comisión Tripartita. Entre ellos estaban Gordon Dean, George Bush y Zbigniew Brzezinski, pero hay muchos otros en las listas de estos documentos. Se habla de ellos colectivamente como del «Nuevo Grupo de Servidores Mundiales». Cuando estuve en esta organización, teníamos que escribir informes sobre las actividades de estas personas. Se suponía también que teníamos que apoyar su trabajo a través de la oración y la meditación. Aunque esto no es nada nuevo, como ya hemos comentado.

Durante miles de años, estas organizaciones han jugado el papel de mediadoras conscientes entre la humanidad y otras civilizaciones del espacio. Al gobierno en la sombra se le proporcionó un amplio rango de tecnologías para que dominaran el mundo, a cambio de garantizar el secreto de la existencia de estos seres —que se cree que vienen del sistema estelar Zeta Reticuli— y que no se interfiriera en sus asuntos en la Tierra.

Lo que le estoy contando está todo en el documento que le he proporcionado. También tienen dibujos y planos de extraños dispositivos, y lo que parece una nave, aunque no puedo estar seguro de ello. Lo único que sé es que todo esto puede sonar a rollo de vídeo de YouTube, pero usted vio las fotos. Había en ellas sumerio por todas partes. Había también fotos de objetos y cosas de Irak. Lo que intento decirle, doctora Lynn, y lo que espero mostrarle con estos documentos, es que los Rockefeller estaban financiando investigaciones sobre los ovnis al mismo tiempo y a través de las mismas organizaciones con las cuales financiaban investigaciones espirituales y ocultas. Quieren reclutar a tanta gente como sea posible a través de sus grupos de meditación porque creen que estos seres alienígenas son seres de luz que necesitan energía para manifestarse a través de la gente, porque las personas, según estos documentos, «son antenas telepáticas electroquímicas que pueden conectar con diferentes dimensiones». Creen que este planeta es una tercera dimensión, que es el mar primigenio entre las dimensiones inferiores y superiores. Las élites están buscando personas psíquicamente dispuestas que puedan interconectarse con otras dimensiones. Estas entidades son algo parecido a un parásito extraño. Cuando estuve trabajando con este grupo, intentando invocar al nuevo maestro mundial, o Maitreya, de lo que no me di cuenta en aquel momento es de que estaba invocando Arcontes, que ahora sé que son androides biológicos. Usted me preguntó acerca de la DMT. Lo único que puedo decir es que sí, se animó a parte de este grupo de meditación a probar la DMT con el fin de que pudiéramos contactar con estos seres. Yo no la probé, pero sé que, antes de probarla, tenías que registrarte con tu «guía», que era un psicólogo titulado. Grababan la sesión y, después de tu «viaje», se reunían contigo y lo registraban todo en un archivo, y te pedían que escribieras un informe y lo mandaras a un lugar al que denominaban la «Oficina Central». Lo único que pude averiguar sobre la Oficina Central fue que tenían sedes en Nueva York, Londres y Ginebra.

Ciertamente, quiero que toda esta información circule, y empiezo con usted. La gente tiene que saber lo que estos grupos están planeando. Son, esencialmente, un culto de muerte y están intentando traer un Armagedón. Éste es uno de sus mantras en los grupos de meditación. Intentan invocar a aquél a quienes los cristianos llaman el «Anticristo». Creen que este Anticristo adoptará la forma de un ovni. He tenido que considerar muy a fondo el papel que desempeñé en todo esto y todo lo que he hecho pasar a mi familia. Después de haber estado envuelto en todas estas cosas, estoy convencido de que esas entidades a las que algunos denominan anunnaki no son alienígenas, sino demonios.

A través de la conversación con RedViking_45 y de su misiva reconocí un montón de temas con los que me hallaba familiarizada. Me puse a pensar en todas las culturas que dicen haber tenido contactos con maestros de otras esferas. De hecho, todas ellas afirmaban haber recibido desarrollos tecnológicos de esos seres, y todas ellas hicieron grandes ciudades y construcciones. Sin embargo, da la impresión de que siempre había un precio. Con el tiempo, estos seres extraterrenos exigían un pago por sus dones civilizatorios, y ese pago era a veces la sangre de la gente. Éste fue el caso en Mesopotamia, después de desarrollarse hasta un grado extraordinario, incomparable en el mundo antiguo. También se pudo ver en Babilonia y en Cartago, donde sacrificaban a los niños. Volvió a ocurrir con los aztecas, que se hicieron famosos por sus ingentes matanzas y por el sacrificio de su propia gente. Incluso en el caso de los nazis, que ya sabemos cómo terminó la cosa: con la muerte de millones de judíos. ¿Cuál será la tarifa de nuestra civilización moderna, cuando llegue el momento de pagar el precio de nuestros avances tecnológicos? ¿Será un colapso sangriento lo que nuestra civilización tendrá que afrontar? ¿Qué nos depara el futuro?

CAPÍTULO 7

Nibiru y el Armagedón

El fin de la especie humana será cuando, con el tiempo, muera la civilización.

RALPH WALDO EMERSON,
poeta y filósofo estadounidense

Nibiru

¿Cuál es nuestro destino? Da la impresión de que hayamos alcanzado un punto crítico en nuestro desarrollo como especie. Hay quien dice que estamos condenados, señalando al cataclismo de Nibiru como nuestro deceso definitivo.

Las referencias a Nibiru en las tablillas mesopotámicas son fragmentarias en el mejor de los casos, relacionadas normalmente con los epítetos del dios Marduk, lo cual ha dado lugar a diferentes interpretaciones. Las asociaciones astronómicas se complican por causa de la precesión de los equinoccios, porque la disposición de las estrellas en el cielo en aquella época era diferente a la de ahora. En particular, en la antigua Mesopotamia, la estrella polar era Thuban, de la constelación del Dragón, asociada con Tiamat. Pero hay que tener en cuenta otro detalle, y es que, en el mundo antiguo, se consideraba que la Tierra era plana. Aunque las tablillas de las que disponemos hoy en día no parecen sugerir lo contrario, sospecho que no tardaremos mucho en descubrir que los sumerios sabían algo más. De Nibiru se decía que se bañaba en el océano (mar de Tiamat), en concreto, el concepto de las «dos puertas celestes» a ambos lados en el horizonte, que parecería que dejan las estrellas al atardecer y se sumergen en el inframundo al amanecer. Según la hipótesis de que *Nibiru* debería traducirse como «punto de cruce», que divide no el horizonte, sino el ecuador celeste, Tiamat sería la Vía Láctea, o bien la franja oscura que discurre por su centro, y Nibiru se ubicaría en la Vía Láctea.

Si consideramos Nibiru como un cuerpo astronómico, el problema lo tendremos en las listas de estrellas que se reverenciaban en la cultura sumerio-acadia que se han podido reconstruir, pues los objetos celestes que podrían apuntar a Nibiru en muchas teorías aparecen ya mencionados en estas listas como objetos aparte. Los antiguos también dividieron el cielo en varios «senderos» y los asociaron con los principales dioses. Nibiru estaba situado en el sendero del dios Anu, y fue relacionado con el planeta Júpiter en varias ocasiones (aunque hay una mención en la cual se le asocia a Mercurio). Hay quien considera que Nibiru debía de ser Júpiter, aunque las listas dicen lo contrario. También hay una hipótesis que apunta al cinturón de Orión, pero Betelgeuse no es visible durante el mes de Adar, el duodécimo mes hebreo, marzo en el calendario gregoriano, por lo que no se corresponde con los textos. Otra hipótesis relaciona a Nibiru con la estrella Sirio, la estrella más brillante del cielo. En un caso, a Nibiru se la describe aparte de planetas y estrellas, y la ubican en el centro de los «doce meses estelares», lo cual podría interpretarse como que Nibiru es un punto fijo en el eje del mundo, o bien el eje de la eclíptica de la esfera celeste.

La vinculación de los mitos del mundo antiguo respecto al dragón Tiamat, muerto por Marduk, es clara. En concreto, podemos verla en el mito griego que le da nombre a la constelación del «Dragón». En el mito, este dragón fue muerto por la vecina constelación de Heracles durante la Titanomaquia, la serie de batallas de diez años en las que se enfrentaron los titanes y los dioses olímpicos. En un mito indio similar, el dios del trueno, Indra, mata y descuartiza el cuerpo de la serpiente Vritra. En la mitología india, Indra está vinculado con la constelación de Aries. Además, en las vecinas tierras de Persia, el nombre del planeta Marte (que se corresponde astrológicamente con Aries) era «Verethragna», que significa «el que mató a Vritra». Según esto, es poco probable que Marte pudiera ser Nibiru, dado que ya aparece mencionado por los sumerios. Aries tiene también una estrella muy brillante, Hamal, que podría ser un marcador del equinoccio vernal y, por tanto, podría ser la estrella de Marduk o Nibiru. Otros investigadores creen que Nibiru era algún objeto astronómico visible que marcaba el equinoccio, que tenía lugar a finales del mes de marzo, o el punto celeste que podría marcar el equinoccio. Esto podría significar que la estrella Aldebarán pudiera ser Nibiru para los sumerios.

Sin embargo, todas estas posibles explicaciones no son las que nos vienen a la cabeza cuando oímos la palabra Nibiru, pues Nibiru es ahora, para mucha gente, el planeta X, cuya órbita, de acuerdo con Sitchin, cruza el sistema solar entre Marte y Júpiter cada 3600 años. Como ya hemos dicho, Sitchin decía que Nibiru aparecía en los textos sumerios como el duodécimo planeta, y de ahí el título de su primer libro. De ese planeta, pensaba Sitchin, habían venido los anunnaki, y teorizaba que Nibiru, al pasar por las cercanías de la Tierra, provocaba grandes catástrofes debido a su fuerza gravitatoria. Ésta sería una reminiscencia del marco de colisión planetaria de Velikovsky.

Sin embargo, los astrofísicos refutan la posibilidad de la existencia de Nibiru, afirmando que no puede existir nada con esa masa y esa órbita. También afirman que los anunnaki no podrían haber vivido en un planeta así debido a que la supuesta situación de Nibiru lo ubicaría en el cinturón de Kuiper y la nube de Oort, donde no hay luz solar y la temperatura del planeta sería extremadamente fría, lo cual haría imposible la vida tal como la conocemos. Además, actualmente, no hay ninguna tablilla sumeria que ponga en conexión al planeta Nibiru con los anunnaki. Lo único que se ha citado como evidencia es el sello cilíndrico sumerio VA 243, del que ya hemos hablado aquí. Aunque mis especulaciones sobre lo que representa el VA 243 no fueran correctas, demostrarían al menos que existen muchas maneras de interpretar este tipo de objetos. Si optas por aceptar la hipótesis de Sitchin, este sello seguiría siendo la única conexión con otro planeta. Y, aun así, tampoco hace referencia alguna a ningún planeta con ese nombre ni afirma en ningún sitio que sea éste el hogar ancestral de los anunnaki.

En los textos sumerios, la palabra *Nibiru,* deletreada *Neberu,* tiene como superíndice el signo cuneiforme de «dios». Esto, en todo caso, significaría que Nibiru era un dios. Alternativamente, o quizás en conjunción con esto, hay también casos en los que la palabra *Nibiru* tiene como superíndice el signo cuneiforme de «estrella». Esto no sería extraño porque, como vimos en el capítulo 5, los antiguos astrónomos mesopotámicos asociaban los cuerpos celestes con deidades. Pero, una vez más, hay que señalar que existe una ortografía alternativa para Nibiru. Desde esta perspectiva, me sumergí en los diccionarios de cuneiforme y, al final, llegué a la conclusión de que, quizás, Nibiru no fuera un planeta errante, sino un cometa.

Si examinamos la ortografía acadia, unas veces lo encontramos como *Neberu,* que significa «cruzar», y otras como *Neberi,* que significa «un barquero», como aquella persona que necesitarías para «cruzar». Y si divides la palabra, la ortografía de Nibiru quedaría así: *Ne-Be-Ru/Ri.* Según las traducciones más antiguas, *Ne* significaba «brasero», o bien un recipiente para albergar carbones ardientes. *Ne* significaba también «fuerza» (The Pennsylvania Sumerian Dictionary). *Be* significaba «disminuir» o «recibir» (McKenna, 2017). Por último, *Ri* significaba «echarse», «lanzar» o «arrojar» (McKenna, 2017). Así, podríamos interpretar *Nibiru* como «un brasero contundente que disminuye a medida que se arroja». Si tomamos en consideración la vinculación que se hacía entre estrellas y deidades, parecería razonable comprender Nibiru como un cometa. Si nos situamos en la posición de un antiguo sumerio, un cometa podría muy bien describirse como un brasero o recipiente de carbones ardientes. Además, podría verse como un brasero que hubiera sido arrojado sobre la Tierra o que simplemente cruzara sobre la Tierra, lo cual encajaría con el movimiento aparente de un cometa.

En aras del argumento, pongamos que los cometas errantes, y no los planetas errantes, son los culpables de las catástrofes, sobre todo si tenemos en cuenta que los astrofísicos no ven probable el escenario de la existencia de un planeta errante. Esto tendría mucho más sentido si aplicamos los cálculos de Sitchin de los 3600 años, porque ofrece más candidatos posibles entre los muchos cometas que circulan por ahí. También encajaría más con predicciones del pasado y con augurios sobre el fin del mundo.

Al igual que los dioses de otras muchas culturas, de los anunnaki se predijo que volverían a la Tierra algún día. Según Sitchin, cabría esperar a Nibiru y a los anunnaki en algún momento después del año 2900 d. C, dado que el anterior paso de Nibiru tuvo lugar en el 556 a. C. Sin embargo, inspirándose en el calendario maya, el escritor e investigador turco Burak Eldem calculó posteriormente que Nibiru volvería en el año 2012. En un principio, Nibiru parecía ser la invención mitológica de una civilización antigua sin relevancia específica para el año 2012, pero la existencia del planeta pareció ser confirmada por la NASA el 31 de diciembre de 1983. A través del IRAS, Infrared Astronomy Satellite [satélite astronómico de infrarrojos], se descubrió un nuevo cuerpo celeste: un planeta tan grande como Júpiter y tan cercano a la Tierra que podría formar parte de nuestro sistema solar. Aquel objeto se encontraba entonces en el borde occidental de la constelación de Orión, se trataba de un planeta especialmente frío y posiblemente se movía en dirección a la Tierra. Posteriormente se informaría de que no se trataba de un planeta distante, sino de una galaxia distante.

Pero, pesar de la rectificación, la teoría de un planeta aproximándose la elaboraría posteriormente, en 1995, Nancy Lieder, creadora de la página web ZetaTalk, que afirmaba estar en contacto con alienígenas de la galaxia Zeta Reticuli merced a un implante en su cerebro, y afirmaba que había sido elegida para advertir a la humanidad. El planeta X, un objeto cuatro veces más grande que la Tierra, se abriría camino por nuestro sistema solar en mayo de 2003 y provocaría un cambio en el eje de la Tierra, barriendo a la mayor parte de la humanidad durante el proceso. En abril de aquel año, todo el mundo podría ver el planeta en el cielo de la Tierra con la forma de una cruz roja.

El año 2003 llegó y pasó de largo, y se demostró que esta profecía era incorrecta. Lieder diría después que había anunciado deliberadamente una fecha incorrecta con la intención de comprobar si los gobiernos adoptaban medidas para informar y proteger a la ciudadanía. Y añadió que sólo presentaría datos reales si el objeto estuviera tan cerca como para no cometer errores en el cálculo de su curso, de modo que fuera imposible que los poderosos pudieran utilizar la información a expensas de los demás. Lieder también se refirió a este objeto como el planeta X, pero Sitchin negó enfáticamente que esto pudiera tener conexión alguna con «su» Nibiru y su escenario apocalíptico del día del juicio, que hubiera tenido lugar en torno al 2012. Sin embargo, tanto Lieder como Sitchin tuvieron mucho éxito entre el gran público y atrajeron a muchos seguidores.

Entonces se dijo que, el 15 de mayo de 2009, Nibiru, o el planeta X, se haría visible por vez primera, como una tenue luz rojiza, desde el hemisferio sur; que podría verse con un pequeño telescopio o, incluso, a simple vista. Y se dijo que, pocos meses después, podría verse en el resto del mundo. Cuando pasó la fecha, se pudo constatar que esta nueva profecía tampoco se había cumplido. El hecho de que la NASA no mencionara a Nibiru podría explicarse mediante las teorías de la conspiración, que sostienen que se mantiene a la población en la ignorancia para impedir disturbios a nivel global, pero las fotos o vídeos en Internet de astrónomos aficionados independientes tampoco resultan convincentes. En ellos se suele ver un objeto brillante cerca del Sol justo antes o después del ocaso, pero estas fotos pueden tener una fácil explicación por los destellos de la lente; es decir, debido al reflejo y la dispersión de la luz que provocan las irregularidades en el material de la lente. No existen fotos conocidas en las que aparezca un objeto celeste que pueda justificar en modo alguno que un planeta de grandes dimensiones se esté aproximando a la Tierra.

En mayo de 2009 y en los meses que siguieron, los astrónomos aficionados no pudieron presentar imágenes convincentes de Nibiru. Sin embargo, algo que podría ser Nibiru parece que se fotografió en enero de 2008 desde el telescopio de la Estación Amundsen-Scott de la Antártida. Las fotos se pueden encontrar en YouTube, y en ellas se ve una estrella roja junto con la sombra de un planeta o una luna que gira a su alrededor, en medio de otros cuerpos celestes. El material visual se obtuvo apuntando el telescopio a una ubicación en el cielo definida por las coordenadas 5 h 53 m 27 s, -6° 10' 58".

Pero, quienquiera que utilice estas coordenadas en Google Sky para ver con sus propios ojos ese objeto rojizo se va a llevar una decepción. En Google Sky sólo se puede ver una superficie oscura en la constelación de Orión. La explicación de la NASA es que existe un «problema técnico»: el conjunto de datos está compuesto por una gran colección de imágenes de la Sloan Digital Sky Survey, y cuando se pasaron las fotos por Photoshop algo debió de ir mal. Se han comprometido a subsanar el error en el plazo de dos años, cuando hagan la siguiente actualización; pero, hasta el momento, esto es lo que tenemos.

Hay quien todavía plantea que, si Nibiru no existiera, ¿por qué esa región exacta del cielo aparece oscurecida? Pero, por otra parte, si Google Sky y las organizaciones gubernamentales implicadas realmente quisieran ocultar del público en general un cuerpo celeste, ¿por qué no hacerlo de una forma más sutil? Sólo con que hubieran quitado unos cuantos píxeles habría bastado para que todo el mundo hubiera visto que Nibiru no estaba allí. Además, dejar una zona negra no haría otra cosa que alimentar las teorías de la conspiración, por lo que sería poco probable que Google Sky intentara ocultar un planeta, un cometa o una estrella de este modo.

Además, la idea de que hayan podido ocultar Nibiru no es demasiado convincente. La única fuente que vincula esas coordenadas con la ubicación del planeta es un vídeo que se subió a YouTube a principios de 2008, pero que después fue eliminado. Google Sky está en marcha desde agosto de 2007. La persona que añadió las coordenadas de las supuestas fotos de Nibiru podía saber, por tanto, que apuntaban a una ubicación que no mostraba ningún detalle, que apuntaba a una zona negra. Es posible que Google Sky mantenga a la gente en la ignorancia para evitar disturbios a nivel global, y que oculte deliberadamente un planeta, pero también es posible que algún fan de Nibiru hayan buscado una región negra, sin datos, en la cual situar su planeta y así mantener vivo el mito.

Es importante señalar que la NASA niega enfáticamente la existencia de Nibiru y ofrece una serie de argumentos en su página web para sustentar esta conclusión. Afirman que un planeta grande, una estrella enana marrón o cualquier otro cuerpo celeste de grandes dimensiones que hubiera podido entrar en nuestro sistema solar no habría pasado desapercibido para la comunidad astronómica. Además, tal objeto influiría en los demás planetas a través de su gravedad, y sería visible mediante los telescopios infrarrojos. La NASA ha estado escaneando el cielo desde principio de la década de 1980, pero dicen que no han encontrado ni rastro de Nibiru. Además, las órbitas de los planetas interiores no ofrecen indicios de que un cuerpo celeste de gran tamaño pudiera pasar por nuestro sistema solar cada 3600 años.

No obstante, hay astrónomos que parecen cubrirse las espaldas ante la posibilidad de que, de pronto, un objeto rojo aparezca en el cielo. El astrónomo Brad Carter, afiliado a la University of Southern Queensland, afirma que Betelgeuse (Alpha Orionis), una supergigante roja de la constelación de Orión, se encuentra en el final de su vida y está a punto de convertirse en una supernova (Praetorius, 2011). Si esto ocurriera, tendríamos un segundo «sol» rojizo durante semanas, aproximadamente del mismo tamaño y posiblemente muchas veces más brillante que el Sol blanco amarillento que ya conocemos (Praetorius, 2011). No se espera que tal supernova tenga consecuencias adversas para la vida en la Tierra. Según Carter, la explosión de Betelgeuse tendrá lugar en algún momento dentro de los próximos 10 000 años (Praetorius, 2011).

¿Será que la comunidad astronómica considera que conviene explicar de antemano la aparición súbita de un cuerpo celeste rojizo en la constelación de Orión? Esto también alimenta las teorías de la conspiración. Si la profecía fuera correcta, Nibiru debería de haberse hecho visible para todo el mundo en 2012, y no fue así. Quizás la NASA esté silenciando a quienes creen que la profecía se está cumpliendo, al afirmar que no hay ningún planeta aproximándose, pero siempre habrá quien prefiera las explicaciones de una institución científica como la NASA a una profecía basada en la mitología.

La idea de que un planeta pase por las inmediaciones de la Tierra cada 3 600 años no se puede demostrar. Que este relato sea cierto o no es algo que no se puede determinar a través de la ciencia. De hecho, gran parte de la ciencia que tenemos a nuestra disposición parece desestimar esta idea. Como con cualquier otra historia de la antigüedad, habrá indudablemente elementos posibles, e incluso elementos probables, pero no existen evidencias concluyentes. Además, no existe siquiera consenso acerca de la interpretación correcta de los textos sumerios y de los datos que se mencionan en ellos.

Después de que la NASA informara de la aparición de un cuerpo celeste de grandes dimensiones en las fronteras del sistema solar en 1983 y de que se retractara poco después, Nancy Lieder anunció la proximidad del planeta X y la inminencia del apocalipsis. Su declaración de estar en contacto con seres extraterrestres no debería ser motivo suficiente para creer en sus predicciones (Lieder, 2003), puesto que muchas predicciones previas acerca de Nibiru o el planeta X no se han hecho realidad. Pero, aunque la base de tal profecía no parezca estable, no debería extrañarnos que los fans de Nibiru sigan creyendo en Nibiru. La mayoría de ellos no han estudiado astronomía ni disponen de un telescopio; y si sospechan que la NASA está ocultando información y engañando al público en general, no van a ser ellos quienes refuten la teoría del planeta que se aproxima. La región oscura en Google Sky, justo en el lugar donde, según estas personas, debería estar Nibiru, no permite más investigaciones autodidactas y, con ello, alimenta el pensamiento conspirativo.

Además, por el reciente anuncio de la supernova de Betelgeuse se podría sospechar que la NASA está anticipando la posibilidad de que aparezca un cuerpo celeste rojizo de grandes dimensiones. La descripción de la supernova y la de Nibiru no se diferencian demasiado: ambos cuerpos serían visibles como un objeto rojo en la constelación de Orión, tan grandes como el Sol y, posiblemente, más brillantes. La única diferencia está en los efectos que cabría esperar de cada uno de estos cuerpos celestes. Según la NASA, la supernova apenas tendrá influencia sobre la vida terrestre, en tanto que Nibiru se dice que provocaría desastres naturales a gran escala. Obviamente, no es imposible que la NASA pudiera estar anticipando la llegada de Nibiru y estuviera intentando evitar una histeria colectiva, afirmando que el objeto rojo brillante es un fenómeno natural inofensivo. Una maniobra de distracción así encajaría con el pensamiento conspirativo, porque los fans de las profecías del fin del mundo suponen que los líderes mundiales tendrán a la gente a oscuras mientras les resulte posible ante el hecho de un inevitable apocalipsis. La existencia de un planeta errante como Nibiru parece improbable, pero aún en el caso de que el planeta parezca existir, podría resultar ser una supernova o, incluso, un cometa.

El regreso de los anunnaki

Según muchos autores, incluido Sitchin, los anunnaki van a regresar a la Tierra, y estoy convencida de que se va a seguir debatiendo sobre esto tanto si vienen en un planeta que desafía las leyes de la física como si vienen en una nave espacial metálica de los años cincuenta. Supongamos que vuelven, lo cual significa asumir que se fueron. Según los confidentes con los que he hablado, y apoyándome en investigaciones realizadas posteriormente a las filtraciones, el verdadero peligro del regreso de estos seres no será el de un cataclismo. El peligro se dará, más bien, cuando las estrellas se alineen y la Tierra esté alineada con la consciencia grupal que está intentando, literalmente, invocar a estos seres. Estas personas puede que abran una caja de Pandora que, quizás, ya no puedan cerrar; y puede que ése sea el problema. La amenaza no viene bajo forma física en un principio; será una batalla espiritual. Y hay que tener en cuenta que, cuando digo *espiritual,* no me refiero a religioso. Estos asuntos trascienden la religión y hacen referencia a una verdad cósmica universal que la humanidad todavía no ha comprendido del todo.

Un sorprendente número de culturas antiguas cuentan leyendas acerca de portales hacia otros mundos o hacia mundos paralelos y agujeros espaciales, y el alineamiento de los cuerpos celestes tiene mucho que ver con todo esto. Muchas culturas hablan también de un *axis mundi* que, según ellas, conecta el plano físico con el espiritual. Ésta sería la puerta estelar, como la llama Gary David: «un túnel divino situado en el cielo a través del cual el alma trasciende». El chamanismo y la clase sacerdotal de las escuelas de misterios se congregaban en estos lugares. Llevaban a cabo rituales mientras observaban en cielo, con la esperanza de establecer contacto con inteligencias de otros mundos. Pero, como ya hemos visto, esta práctica no se ha limitado al mundo antiguo. Algunos de los individuos más ricos y poderosos del mundo moderno están llevando a cabo actividades similares, y algunos están buscando activamente ubicaciones de posibles puertas estelares. De hecho, hay quien cree que la búsqueda de estas puertas ha llevado a la realización de excavaciones arqueológicas secretas por todo el mundo.

En mi propio trabajo, me he encontrado con personas que insisten en que la guerra de Irak no tenía nada que ver con la búsqueda de armas de destrucción masiva de Saddam Hussein, ni siquiera con los campos petrolíferos de Oriente Próximo. Se rumorea que el verdadero motivo era la búsqueda de secretos y tecnologías de la antigüedad de las cuales Estados Unidos quería apropiarse. Existe una extraña conexión entre esta teoría y el saqueo del Museo Nacional de Irak, que examinaremos en el próximo capítulo. Pero, por ahora, me gustaría hablar del trabajo del doctor Michael Salla, que fue profesor asociado de la Escuela de Servicio Internacional, en la American University. Cuando comenzó la guerra en Irak en 2003, el doctor Salla publicó un relato en el que decía que, antes de la invasión de Irak, la administración Bush se enteró de la existencia de una antigua puerta estelar oculta en el centro de Irak (Salla, 2003). El doctor Salla afirma:

Las organizaciones gubernamentales clandestinas relacionadas con esto están luchando por el control de la antigua tecnología extraterrestre (ET) que existe en Irak, con el fin de prepararse para una inminente serie de acontecimientos que se corresponderían con al «profetizado regreso» de una avanzada raza extraterrestre. (Salla, 2003)

El doctor Salla señala que una parte muy importante de los relatos sumerios de los anunnaki guarda relación con seres que dejaron este planeta entre el 1800 y el 1700 a. C. (Salla, 2003), y basa mucha de su información en el trabajo de Sitchin, así como en el de Von Däniken. Salla dice que existen fuentes que describen la actual era como la del inminente retorno de los anunnaki. Sostiene, utilizando de nuevo el marco teórico de los astronautas de la antigüedad que utilizó Sitchin, que estos seres podrían volver físicamente para gobernar a los seres humanos y esclavizarnos de nuevo (Salla, 2003). Así, si los anunnaki están a punto de regresar, las supuestas puertas estelares deberían abrirse primero para dejarles entrar.

Sin embargo, en los documentos que me entregó RedViking_45, se habla de una invocación que utilizan los iniciados e iniciadas de los grupos ocultos modernos que pide la apertura de una puerta estelar. Esta invocación dice: «Desde lo que llamamos la puerta de Gaia, que el Plan de Orden y Luz comience, y se abran las puertas donde los Sabios deambulan» (Contact Papers, por RedViking_45). Si existen otras razones, más allá de las que se nos cuentan, para la implicación de Estados Unidos en Oriente Próximo, sospecho que existe algo más que un objetivo invisible o espiritual en juego. No obstante, un amplio rango de textos antiguos parece dejar claro que habrá un acontecimiento en un momento dado que alterará el curso de la historia. ¿Será un acontecimiento violento, un ataque o un impacto catastrófico? Tendremos que esperar para verlo, pues las evidencias que tenemos hasta el momento no lo dejan claro. En un momento dado, profecía o no, podríamos recibir el impacto de un meteorito.

De nuevo, el escenario del día del juicio es fácil de imaginar, porque encaja bien con nuestras expectativas culturales del aspecto que podría tener un cataclismo. Por otra parte, refuerza nuestros miedos primarios hacia la violencia y el derramamiento de sangre, y se reafirma posteriormente con las películas de ciencia ficción. Para cuestionar la tan específica interpretación de los alienígenas antropomórficos explotando en algo parecido a una nave espacial o la del cuerpo celeste estrellándose en la Tierra, te recordaré que ya hablé de esto casi al principio del libro, al hablar de los meteoritos que traen vida extraterrestre a la Tierra.

Imagina por un instante un escenario de día del juicio final diferente, más insidioso; un juicio final que llegara en silencio. Si Nibiru fuera un meteorito, no tendría por qué ser demasiado grande para provocar un acontecimiento del nivel de una extinción, y podría hacerlo de una forma tan silenciosa que podría pasar completamente desapercibido. Un meteorito podría llegar a la Tierra, explotar en los niveles superiores de la atmósfera y dejar caer un virus del espacio exterior capaz de acabar con la humanidad. Y dado que sería algo extraterrestre, nos resultaría bastante difícil predecir con exactitud cuál sería el resultado, por lo que sería fácil suponer que el virus podría ser dañino, como mínimo, o incluso mortal. Pero quizás no sea así. Si los seres de este hipotético escenario de «Armagedón suave» fueran los Arcontes de los gnósticos y los Vigilantes de los que hemos estado hablando, sus motivos para la invasión podrían ser más complejos.

Hay quien cree que estas entidades, o los elfos mecánicos, están buscando avatares para poder experimentar la vida tal como la experimentamos los seres humanos. Quieren vivir en esta dimensión. Y podría darse el caso de que, en vez de matarnos, el virus extraterrestre nos convirtiera en avatares zombis para que estas entidades de otro mundo pudieran habitarnos y utilizarnos a voluntad. Si los Sabios anunnaki son seres divinos que moran en diferentes planos de realidad, como los textos sumerios indican, este escenario les ofrecería la oportunidad de volver y manifestarse en un sentido corporal. Se convertirían en señores de este mundo, y nosotras no seríamos más que una cáscara de nuestro antiguo yo, hasta que dejáramos de serles necesarias. Repito: todo esto es si nos basamos la conexión con los anunnaki y el fin del mundo tal como las conciben Sitchin y Lieder. De otro modo, ¿quién me dice a mí que estos seres se marcharon realmente? Porque, si hacemos un análisis comparativo cruzado de la literatura, da la impresión de que nunca se hayan ido, sino que están ocultos en la oscuridad, esperando a que los llamemos a través de ciertas prácticas meditativas o incluso sustancias alucinógenas.

Me preguntan con frecuencia qué teorías son las correctas, y lo que digo es que espero que seas tú misma quien tome en consideración los puntos que he remarcado y lo investigues por ti misma. Simplemente, recuerda que hasta las alternativas precisan de alternativas si queremos generar un verdadero debate para llegar a la verdad. La verdad está por encima del ego, y el culto a la personalidad que se está apoderando del mundo de las investigadoras e investigadores alternativos nos está matando. Conviene que abordemos las ideas con un sano escepticismo. Como dijo el filósofo y científico René Descartes, «La duda es el origen de la sabiduría».

CAPÍTULO 8

El encubrimiento

La historia no es más que un paquete de trucos que hacemos sobre los muertos.

Voltaire, historiador y filósofo francés

Por muchos viajes que hagamos a la madriguera del conejo, podemos salir de allí con tantas o más preguntas que respuestas. Yo he aprendido mucho en mi búsqueda de la verdad acerca del pasado. Entre otras cosas, he aprendido que las élites globales están muy interesadas en encontrar y ocultar determinadas cosas. La historia es una herramienta importante para dar forma a la realidad. Quizás haya gente que se sorprenda, pero la historia no consiste en una serie de hechos, lugares, personas y acontecimientos. Esto no son más que datos históricos puntuales. Es el acto de conectar estos puntos lo que crea la historia. La historia es un tejido en el que los hilos pasan por esos puntos fijos. La arqueología, en tanto que adquisición y análisis sistemático de evidencias del pasado, puede proporcionar más datos puntuales mensurables y observables; pero ni siquiera esos objetos son historia en sí. Ése es el motivo por el cual se necesitan personas que se dediquen a la historia.

Napoleón se lamentó en cierta ocasión, diciendo: «¿Qué es la historia, sino una fábula consensuada?». Para comprender la tapadera, conviene entender el origen del pensamiento histórico y de la era en la cual comenzó a formalizarse el concepto de historia. Los historiadores griegos y romanos apreciaban y comprendían el valor del registro de acontecimientos del pasado, pero tanto su propósito como sus métodos eran diferentes. Por ejemplo, Herodoto hizo una criba de la literatura griega con el fin de racionalizar los mitos heroicos y construir así una narrativa histórica. Era un trabajo amplísimo y ambicioso, que precisaba de la cronología, que resultó ser una improvisación suya. Herodoto le daba una importancia particular al papel del individuo en la historia, en vez de al papel de las élites.

A diferencia de quienes favorecían una historia poética y de amplio alcance, Tucídides hacía referencia a puntos concretos sobre una línea temporal histórica, como el comienzo de la guerra del Peloponeso, para crear un marco cronológico del pasado griego. Los griegos veían la guerra como una fuerza importante que determinaba su propio destino, de ahí que prestaran especial atención al destino de los Estados en el contexto de las guerras. Aun así, seguían contemplando el papel del individuo en la historia. Pero aunque los griegos tomaban en consideración el concepto de destino cuando escribían historia, no por ello planteaban necesariamente una causación divina, dado que la historiografía griega se ocupaba sólo de acontecimientos, personas e instituciones, en vez de materias filosóficas, fijándose sólo en las causas humanas. A los historiógrafos griegos no les preocupaba tanto la filosofía como el relato general de los acontecimientos demostrables; si no con relatos de primera mano, sí al menos con relatos razonables. Pero debido al carácter fragmentario de las ciudades-Estado griegas, su empeño resultaba ciertamente difícil.

En cambio, los historiadores romanos intentaron crear una narrativa más coherente, poniendo el sello de «Romanitas» sobre los acontecimientos históricos, inclusive en las adaptaciones de las historias griegas (Breisach, 2007). Por ejemplo, Polibio utilizó el sistema cronológico de los años de las Olimpiadas, unificando en gran medida la narrativa histórica romana. Esta cronología fue todo un logro, aunque carecía de la amplitud que caracterizaba el trabajo de los autores griegos, como Herodoto. En vez de escribir sobre mitos y leyendas en un intento por construir una historia lógica, Polibio se centró en relatos más recientes de la historia, creyendo que los testigos presenciales eran lo más fiable. Fue tan pragmático que el historiador Enrst Breisach afirma: «[Polibio] rechazaba enojado el objetivo de escribir historia para entretener o satisfacer la curiosidad local o por las cosas antiguas» (Breisach, 2007, p. 49). La meta de los historiadores romanos al plasmar por escrito sus historias consistía en enseñar lecciones de vida, con la intención de conseguir que en la esfera pública se aplicaran estas lecciones en el presente. En cambio, a los griegos no les preocupaba generar comportamientos cívicos, sino que sentían que la historia debía «contar un relato del pasado, un relato inspirador y educativo que, de vez en cuando, pudiera entretener» (Breisach, 2007).

Los historiadores e historiadoras modernas son muy cuidadosas a la hora de evaluar las fuentes; y aunque los historiadores griegos no analizaban de forma similar sus fuentes, las tenían en cuenta, prefiriendo normalmente los relatos de primera mano. Por otra parte, los historiadores modernos intentan organizar los acontecimientos en orden cronológico. Con respecto a la postura del reconocido historiador Kurt von Fritz, tanto griegos como romanos intentaban disponer las cosas en el orden «real». Pero la realidad es subjetiva, de manera que lo que era real para los romanos podía no ser real para los griegos. La definición de la comunidad histórica moderna de *lo real* quizás parezca irreal para las historiadoras del futuro. Aunque la cronología de griegos y romanos no sea del todo exacta, basándose en su comprensión, era real y precisa para la gente de su época. Sin embargo, la historia «debería hacer visibles las fuerzas vivas que operan en el desarrollo de la historia» (Fritz, 1936, p. 315). Tanto los historiadores griegos como los romanos valoraban hasta cierto punto el papel del individuo en la historia; pero aunque unos y otros intentaban encontrar causaciones humanas en los acontecimientos históricos, la diferencia estaba en su propósito: para los griegos, era el entretenimiento; mientras que, para los romanos, el propósito era educativo, pues pretendían conformar así a los legisladores. En última instancia, la historia es actualmente más sofisticada en su metodología. Sin embargo, sus raíces griegas y romanas son evidentes. Este hecho, junto con el declive de la educación pública, ha dado lugar a un clima de aburrimiento y desencanto en las aulas hoy en día. Todo esto cambia al nivel universitario, aunque no necesariamente para mejor.

Cuando la gente descubre que soy historiadora, normalmente reaccionan de dos maneras bien diferenciadas: «¡Guau! ¡Eso debe ser guay! ¡Siempre me ha encantado la historia!», o bien «¡Guau!… Eso debe de ser muy aburrido. Yo detestaba la historia en la escuela». Por extraño que parezca, hasta yo detestaba la historia en la escuela. Pero no se me malinterprete. Siempre me han interesado las civilizaciones antiguas y la arqueología. (¡Mi primera excavación la hice en el patio trasero de mi casa, para consternación de mi madre!) Sin embargo, la historia era algo que yo quería aprender por mí misma. No disfrutaba de la historia en el contexto institucional, al menos, no en la escuela elemental o el instituto. En la actualidad, la historia se basa en la memorización y la repetición, pero la historia no es algo que se pueda enseñar de esta manera. No es como las ecuaciones matemáticas ni como las tablas de multiplicar.

Abordar la historia de esta manera sugiere cierto sentido de lo absoluto. Sin duda, la historia está compuesta de determinados absolutos, dado que estudiar historia es estudiar una serie real de acontecimientos que ocurrieron en otro tiempo (Linenthal, 1994). Sin embargo, afirmar que la historia *es* absoluta evita la cuestión de la ontología, una rama de indagación y de complejos temas filosóficos que cuestiona la naturaleza del ser. Y con ello no se tendrá en cuenta la importancia de las lentes históricas, de los recuerdos y las distintas formas de interpretar los acontecimientos del pasado. Así pues, la historia «cambia siempre a medida que se refina el conocimiento» (Linenthal, 1994, p. 987).

¿Qué es la historia?

En 1961, el gran historiador E. H. Carr formuló la pregunta, «¿Qué es la historia?» tras lo cual comentó que «la parte más importante del trabajo de un historiador se halla en el edificio de explicaciones e interpretaciones que se erigió en su fundación» (Carr, 1932, p. 200). Carr no minimizó la importancia del carácter absoluto de la historia, sino que aceptó que la historia es, en parte, relativa. Por su parte, el historiador Carl Becker, en un artículo que definió su carrera, «Everyman His Own Historian» [Cada cual su propia historia], coincidía en afirmar que existe una dualidad en la historia, llegando a afirmar que «Existen dos historias» (Becker, 1932, p. 222). Para Becker, la primera historia era «absoluta e inalterable; era lo que era con independencia de lo que pudiéramos decir de ella», mientras que la segunda historia «es relativa» (Becker, 1932). Becker aceptaba que existe una relatividad en la historia, pero resaltaba su carácter absoluto, al promocionar una visión más práctica: «la historia es, para nosotros y para el porvenir, lo que sabemos que es» (Becker, 1932).

Aunque no lo abordara de forma explícita, el académico Edward Linenthal, especialista en estudios religiosos y americanos y en espacios sagrados, coincidía con la definición dual de Becker acerca de la historia en su artículo «Committing History in Public» [Confiar la historia al público]. Pero decía que esas dos historias son la académica y la popular. Se lamentaba de que muchos historiadores académicos se sintieran tan alejados de la historia pública, a pesar del creciente interés en la historia de la población en general, evidente en el incremento de programas de televisión históricos, en la participación de la gente en recreaciones históricas, en el número de visitas a sitios históricos y museos y en su preocupación por la preservación de emplazamientos históricos.

Por ejemplo, en una visita al Monumento Nacional del Campo de Batalla de Little Bighorn,[1] Linenthal se enteró de que el Servicio Nacional de Parques había quitado una placa de homenaje a los nativos americanos que habían luchado en la batalla, placa que habían puesto miembros de estos pueblos en unas protestas. Pero en vez de deshacerse de la placa, el Servicio de Parques había decidido exhibirla en el centro de visitantes, con una explicación del punto de vista de los nativos americanos. Para Linenthal, este gesto hacía de los y las «visitantes parte de esa historia, ayudándoles a comprender que su presencia en el lugar y sus reacciones seguían siendo parte de la historia de Little Bighorn» (Linenthal, 1994, p. 987). De este modo, Linenthal resalta la relatividad y la fluidez de la historia.

La diferencia principal entre ambos enfoques de lo que es o debería ser la historia es que, en tanto que Linenthal postula fomentar la historia mediante la implicación del público, Becker quería «reducirla a sus mínimos términos» (Becker, 1932, p. 222). Pero, si se presenta la historia al público en sus mínimos términos, los historiadores corren el riesgo de perder el interés del público, debido a la diversidad y la singularidad de los recuerdos y las experiencias de la gente. Posiblemente, cuanto más sencilla sea la interpretación, menos personas se sentirán atraídas, porque reducción significa quitar algo. Por tanto, los historiadores pueden llegar mejor a la gente ampliando la narrativa, no reduciéndola; de este modo podrán cerrar la brecha existente entre la academia y el público en general, ofreciendo un paisaje histórico más inclusivo y justo, algo de lo que se han beneficiado

---

1. Célebre batalla en la que guerreros lakotas, cheyennes y arapajoes aniquilaron al 7.º de Caballería del general Custer en 1876. (*N. del T.*)

investigadores considerados «marginales», como Sitchin y otros. Convirtiendo en tabú determinadas teorías o a determinados autores no se hace otra cosa que hacerlos más atractivos.

En mi primer curso en la universidad, recuerdo el entusiasmo que me embargaba cuando llegué a mi primera clase de arqueología. Recuerdo que contemplé anhelante mi carísimo y enorme libro de texto, de tapa dura y brillante. Teniendo en cuenta lo mucho que había estado anticipando aquella clase, y lo caro que era aquel libro de texto –sobre todo para una estudiante universitaria en quiebra–, yo estaba dispuesta a creerme todo lo que dijera aquel libro. Era una obviedad. Era como si sostuviera entre mis manos las llaves del conocimiento humano. Pero, de ese modo, yo estaba sentando las bases para el sesgo de confirmación, lo cual me iba a hacer más vulnerable a las indicaciones del libro, debido al valor que yo misma le había otorgado, así como a la asignatura en general. Éste es un territorio peligroso, sobre todo para una mente joven.

Después de transmitirnos el plan del curso, el profesor nos detalló el reglamento de asistencias, la escala de calificaciones y demás, y procedió a plantearnos nuestra primera tarea. Con el bolígrafo en la mano, yo absorbía intensamente cada una de sus palabras. Nuestra primera tarea consistía en elegir a un «pseudoarqueólogo» de entre una lista que nos había proporcionado el profesor. Una vez hecha la selección, lo que teníamos que hacer era desacreditarlo. Mientras mis ojos recorrían la lista, mi entusiasmo fue dejando paso al embarazo. Reconocía algunos de los nombres de la lista como investigadores y autores de libros que me habían inspirado mucho. Y, aunque no suscribía personalmente todas sus teorías, sí que había unos cuantos autores con los que estaba de acuerdo. No sabía qué hacer ni a quiénes elegir, de modo que elegí finalmente a un autor que no conocía. Hice lo que pude, si tenemos en cuenta lo sorprendente de la situación, aunque seguía interesada en ver cómo se desarrollaba todo aquello. Al fin y al cabo, se supone que la universidad pone a prueba tu pensamiento, ¿no?

Al día siguiente, nos pusimos manos a la obra y, durante toda la semana siguiente, seguimos desacreditando teóricos marginales. En un momento determinado, alguien se quejó, diciendo que quería aprender de una vez métodos de excavación. El profesor le dijo que la formación de nuevos arqueólogos se inicia siempre enseñándoles a desacreditar a los pseudoarqueólogos. Pero lo que más me impactó no fue tanto la práctica en el debate o el pensamiento crítico, sino el motivo que dio para este método de enseñanza. El profesor clarificó su posición afirmando que, si los arqueólogos y arqueólogas profesionales no se esfuerzan por desacreditar de forma constante a los arqueólogos «aficionados» o «de sillón», ponen en riesgo su propio trabajo. Lo comparó con un sindicato o gremio, indicando que debíamos mantenernos unidas por el bien del oficio, y explicando que ése es el motivo por el cual utilizamos «academicismos» cuando escribimos.

¿Te has preguntado alguna vez por qué los artículos académicos son tan áridos y, me atrevería a decir, aburridos? Es una cuestión de diseño. El academicismo es la manera de diferenciarnos nosotras (las académicas) de vosotros (el público en general). Según la definición del diccionario, *academicismo*[2] «es el estilo y la dicción eruditas, y con frecuencia áridas, de un académico o experto. Es una jerga académica pedante, pretenciosa y, normalmente, confusa» *(Dictionary.com)*. El ejemplo dado es «El cacicazgo como fuente sancionadora, referente simbólico, integracional entero, y por definición étnica y subétnica, representa una base orientativa para lo carismático». ¿Hasta qué punto resulta interesante una frase así? No mucho, me temo. No me atrevería a insultar tu inteligencia suponiendo que el lector medio no puede comprender los academicismos, porque no es cierto. Puedes tomar un informe escrito en este estilo palabra por palabra, estudiarlo atentamente y comprender lo que está comunicando. Pero ése no es el tema. El tema es que *no interesa, no engancha.* Y esto crea una barrera al interés, y, por tanto, las cosas dejan de ser accesibles.

Así es cómo información científica que podría remecer los cimientos de la tierra puede llegar a publicarse sin que la gente se entere. Está todo oculto a simple vista. Pero otra de las barreras al acceso público a la información histórica y científica se halla en la propia distribución de las publicaciones. Para poder acceder a muchos de los más importantes artículos académicos disponibles has de poder acceder, al menos, a una

2. *Academese en el original inglés. A falta de una palabra en castellano equivalente, he optado por utilizar «academicismo», si bien hay que advertir que en el Diccionario de la Real Academia Española no se le da el significado que la autora da aquí a academese. (N. del T.)*

de las muchas bases de datos académicas; pero hay que suscribirse a ellas y son extremadamente caras. Académicas, alumnado y antiguo alumnado tienen acceso a estas bases de datos merced a su afiliación universitaria, pero esto significa que la mayoría de las personas no tiene acceso a la información que se publica. Sí que puedes acceder a estas exclusivistas bases de datos en tu biblioteca pública local, pero no todo el mundo lo sabe. ¿Cómo lo iban a saber? ¿Dónde lo anuncian? No se anuncia. Los académicos que trabajan en el complejo industrial educativo lo que quieren es que confíes en ellos y en nadie más. No sólo eso, sino que intentan disuadir activamente a su alumnado de que exploren ideas innovadoras.

Mi experiencia personal en aquel primer curso de arqueología me abrió los ojos realmente. Me motivó para seguir buscando teorías alternativas, precisamente por el tabú impuesto sobre ellas. (Siempre he sido muy rebelde). Hubo momentos en mi recorrido académico en que, inevitablemente, me vine abajo, preguntándome para qué tanto esfuerzo. En una de aquellas ocasiones, decidí contactar con uno de mis investigadores alternativos favoritos, Michael Cremo, autor del libro *Forbidden Archaeology* [Arqueología prohibida], del cual ya hablé cuando hice referencia al filtro del conocimiento. Me sorprendió gratamente que respondiera a mi pregunta. Le había contado algunas de mis experiencias en clase, y le preguntaba si no sería mejor dejar la carrera y dedicarme a la investigación alternativa. La respuesta de Cremo me puso en el rumbo que actualmente sigo. Su sabio consejo consistió en señalarme que yo tenía dos senderos delante de mí. Si seguía en la academia, podría tener impacto empujando los límites impuestos, pero eso sólo podía ser poco a poco. Si abandonaba la academia, podría llegar a más gente, pero perdería credibilidad y seguiría sin cambiar el paisaje académico. Finalmente, me animó a que no me rindiera.

Después de esto, decidí permanecer en la universidad, pero desde la rebeldía y como una especie de agente doble. Juré que aprendería cuanto pudiera y que luego aplicaría los métodos en mis estudios independientes. Siempre le estaré agradecida a Michael Cremo. Tuve el placer de conocerle en una comida, durante un congreso, hace algunos años. Fue como cerrar el círculo. Le debo mucho a este gran arqueólogo e investigador prohibido, un hombre cuyo nombre aparecía como «pseudoarqueólogo» en aquella vieja lista de mi profesor de arqueología. No pasaría mucho tiempo, después de abandonar la universidad, hasta que descubriera la conexión anunnaki y supiera hasta qué punto llegaba el encubrimiento. Este descubrimiento me llevó al sendero de mi propia iniciación, el paso de la novata ingenua a la de la guerrera curtida en la guerra por salvar la historia.

Sumer, suprimido

En marzo de 2013 recibí un correo electrónico de un caballero que afirmaba saber algo de un nuevo descubrimiento realizado en las cercanías de la ciudad mesopotámica de Ur. Tras confirmar la historia, descubrí que, ciertamente, se estaban llevando a cabo nuevas excavaciones en un emplazamiento menos conocido, denominado Tell Jaiber. Esto resultaba sorprendente, habida cuenta de que esa zona estaba fuera de los límites impuestos a los investigadores debido al clima político del actual Irak. Hasta hace poco, las excavaciones habían evitado Ur y los emplazamientos circundantes por razones de seguridad. Sólo un puñado de grupos, como el Global Heritage Fund (GHF), una ONG con base en California, había estado en la zona. Durante los últimos treinta años, la región viene sucumbiendo a las guerras y a la violencia. Tras la revolución de la década de 1950, que derribó la monarquía, se instaló en las cercanías una base aérea militar, haciendo que esta zona quedara fuera de los límites de los arqueólogos durante sesenta años.

Aunque la invasión de Estados Unidos en 2003 sacó a Saddam Hussein del poder, el gobierno de Bagdad y la economía se vieron forzados a abordar otras prioridades más acuciantes que la financiación de excavaciones arqueológicas. Los iraquíes tenían que centrarse en la reconstrucción de sus actuales ciudades, y no en resucitar ciudades del pasado. Por ello, las nuevas excavaciones no sólo resultaban sorprendentes, sino también apasionantes. Eran las primeras excavaciones de extranjeros en el sur de Irak desde la década de 1930, cuando un equipo británico y estadounidense, dirigido por *sir* Charles Leonard Woolley, hijo de George Herbert Woolley, excavó Ur durante las décadas de 1920 y 1930. El trabajo de Woolley trajo consigo uno de los más importantes descubrimientos de los tiempos modernos, como ya hemos visto en el capítulo anterior.

Con la importancia de Ur, y siendo conscientes de las limitaciones impuestas a investigaciones posteriores, se puede comprender por qué tantos investigadores e investigadoras dieron un salto, cuando las imágenes por satélite de la zona mostraron la presencia de una gran estructura con el aspecto de un templo. La excavación del emplazamiento se inició oficialmente en marzo de 2013, con un equipo conjunto de arqueólogos británicos e iraquíes. Un equipo británico de seis personas trabajó con otro de cuatro iraquíes en la provincia meridional de Thi Qar, a algo más de trescientos kilómetros al sur de Bagdad y a más de quince kilómetros de Ur. Este emplazamiento es el primer descubrimiento arqueológico de importancia que se haya encontrado tan cerca del centro de la ciudad.

Al cabo de tres semanas de trabajo, se confirmó la presencia de, al menos, un edificio monumental. Las imágenes por satélite mostraban que era cuadrado y que medía, al menos, 76 metros en uno de sus lados. Se encontraron hileras de habitaciones circundando un gran patio. Las habitaciones excavadas a lo largo de la pared oriental del edificio dejaron al descubierto sólidos pavimentos hechos con ladrillos de arcilla regulares. Los muros, de 2,74 metros de espesor, indicaban que fuera lo que fuera que hubiera tras ellos se trataba de algo de gran importancia. El descubrimiento de una gran sala con una serie de suelos hermosamente decorados vino a confirmar que se trataba de un lugar sagrado.

No es habitual descubrir un complejo tan monumental. Es muy inusual encontrar complejos tan antiguos y tan enormes. Las primeras teorías formuladas fueron que se trataba de un templo, de un palacio o de un «centro administrativo», con una antigüedad de, al menos, cuatro mil años. Pero la construcción no es el único descubrimiento interesante aquí. Algunos de los objetos más antiguos de los que se ha dado cuenta son una placa de arcilla de 0,9 centímetros de espesor, que representa a un adorador ataviado con una túnica de largos flecos, junto con todo un surtido de fragmentos de cerámica. También se extrajeron fragmentos de vasijas de piedra y una pieza de marfil, junto con diversas herramientas de cobre y de piedra. Se encontró también un fragmento del borde de lo que debió de ser un magnífico cuenco de alabastro y no una, sino dos placas de arcilla moldeadas, en las que aparecían un adorador masculino y otra figura femenina respectivamente. Pero quizás lo más sorprendente es que se encontraran también restos humanos. Se encontró la tumba poco profunda de un bebé, enterrado justo debajo de la superficie. Habían colocado su cuerpo en una vasija de cerámica, que posteriormente se había puesto sobre un costado.

Entre los descubrimientos, se desenterraron también tablillas, algunas de las cuales estaban simplemente desperdigadas sobre lo que había sido el suelo del complejo. Pero esto resulta sorprendente, dado que la arcilla no cocida es muy frágil. Se enviaron a analizar, pero los primeros atisbos de su contenido apuntaban a una lista parcial de nombres masculinos, junto con los nombres de los padres, lo cual parecía indicar que se trataba de un registro de linajes patriarcales, posiblemente relacionado con las élites. ¿Podría ser otra lista de reyes? Sorprendentemente, una pieza pequeña de una tablilla hablaba de huertos y jardines, como en el Jardín del Edén. Otro fragmento de tablilla mencionaba al gobernador de la ciudad, lo cual nos llevaría a teorizar que el asentamiento de Tell Jaiber era lo suficientemente importante como para tener un gobernador. La idea del centro administrativo es en estos momentos la teoría principal.

Además de la cerámica, las tablillas y los cuerpos, se descubrió un misterioso objeto hecho de la rara y cara diorita, un objeto que tiene desconcertados a los arqueólogos. La diorita es una roca gris que es relativamente extraña y sumamente dura, lo que la hace notoriamente difícil de trabajar. Es tan dura que las civilizaciones de la antigüedad utilizaban bolas de diorita para trabajar el granito. La utilización de diorita en el arte revistió gran importancia en los imperios mesopotámicos, pero también en las civilizaciones inca y maya, que la utilizaban tanto en sus murallas como en su armamento, lo cual es una prueba de su dureza. Pues bien, el objeto de diorita ha generado diversas teorías, que van desde la posibilidad de que fuera un fragmento reciclado de una reliquia más grande hasta una pieza de un juego. Nadie sabe exactamente qué era. Pero hay otros objetos, entre los cuales hallamos un variado surtido de herramientas, como grandes muelas, husillos, fragmentos de una hoz de pedernal, mazas y amoladoras hechas de piedra importada y armas de cobre. Esto sería prueba de las numerosas actividades económicas que tuvieron lugar en este centro administrativo.

Quizás uno de los descubrimientos más interesantes sea el de una estatua que representa a la diosa mesopotámica de la sanación, Gula, conocida también como Ninkarrak. ¿Podría significar esto que el supuesto centro administrativo fuera en realidad un centro de curación? Antes de que podamos responder a esta pregunta, convendrá que veamos primero quién fue la diosa Ninkarrak y por qué era tan importante.

Al igual que la mayoría de las deidades antiguas, Ninkarrak fue conocida por diferentes nombres a lo largo de los diferentes períodos de su culto: Gula, Ninisinna, Bau o Baba. Mucho más tarde, sería sincretizada con Ishtar. Pero, además de tener diferentes nombres, Ninkarrak ostentaba también diferentes títulos, como «la dama que hace que lo roto se recomponga», «la gran sanadora de los de las cabezas negras», «la crecedora de hierbas» y «crea vida en la tierra». Todos estos títulos apuntan a una diosa de la vegetación con poderes regenerativos. De hecho, se le acredita haber «alentado la vida» de nuevo en la humanidad después del diluvio. Ninkarrak no sólo representaba la sanación, los jardines y la creación de vida, sino que también se la vinculaba con las puertas. Como protectora de fronteras, su imagen se representaba frecuentemente sobre *kudurrus,* o piedras fronterizas, mojones.

Ninkarrak era hija de Anu y esposa del dios guerrero Pabilsag (en Isin), Ninurta (en Nippur) y Ningirsu (en Lagaš), y madre de otras tres deidades sanadoras: Damu, Ninazu y Gunurra. Tan reverenciada diosa de la curación tenía muchos centros de culto, incluidos Nippur, Umma, Lagaš, Larsa, Uruk, Borsippa, Babilonia y Asur, pero su más importante centro de culto era Isin, donde su templo recibía el nombre de «Templo Perro». En su templo en Isin, se han descubierto más de treinta enterramientos de perros, así como muchos figurines de perros. Aunque las teorías abundan, en la comunidad arqueológica aún no existe la certeza de por qué se la asociaba con este animal. Personalmente, creo que existe alguna relación con la estrella Sirio, conocida también como «la Estrella Perro».

Si tenemos en cuenta que Ninkarrak sería posteriormente vista como Ishtar –que, más tarde, los egipcios asociarían con Isis–, un análisis comparativo de su iconografía nos ofrece interesantes conexiones. En primer lugar, los principales iconos de Ishtar son el león y el toro, o las constelaciones de Leo y Tauro. Pero, curiosamente, en los mitos de la creación babilónicos, la constelación de Leo no era conocida como un felino, sino como «el Gran Perro»; y es que los símbolos zodiacales también fueron sincretizados, al igual que las deidades.

Además, existen textos sumerios que se refieren al león como *Mul Ur-Gu-la,* que podría traducirse como «un gran carnívoro» (Gula, la diosa, también significa «grande»). Se trata de un término que permite ser usado de manera intercambiable para significar león, perro, lobo, etc. Por último, los babilonios conocían a la estrella brillante que se halla en el pecho de Leo como Regulus, que significa «estrella real», pues se creía que las élites nacidas bajo esta estrella obtendrían la victoria y el poder definitivo sobre sus pueblos en la Tierra.

Cada año se da un importante alineamiento de Sirio y Leo, lo cual ha llevado a algunos a considerarlo como un momento adecuado para la sanación espiritual, en el que las almas son iniciadas en los reinos superiores de la consciencia. Históricamente, la Estrella Perro y Leo se combinan calendáricamente, dado que emergen juntas y están intrínsecamente relacionadas (Malina y Pilch, 2000).

Pero, la reverencia por determinados alineamientos astronómicos de Leo, Tauro y Sirio no fue exclusiva de los sumerios. Los investigadores en el campo de la arqueología alternativa Graham Hancock y Robert Bauval han propuesto una teoría acerca de la relación entre las constelaciones de Leo y Tauro y el diseño de la meseta de Guiza. Sostienen que la gran pirámide tiene una concavidad en sus caras, la cual hace que la cara norte de la pirámide refleje la luz del sol entre dos áreas concretas a lo largo del año, cuando el sol está sobre la gran pirámide al mediodía. Estos dos puntos de luz se corresponden con la posición del Sol en los signos de Leo y Tauro en el Zodíaco tropical (Hancock y Bauval, 1997).

Después de excavar el emplazamiento parcialmente, los arqueólogos utilizaron un gradiómetro para medir el campo magnético del lugar. Un gradiómetro es un tipo de magnetómetro con dos sensores: uno más cerca del suelo, que recoge datos magnéticos de la superficie, y otro por encima del primer sensor, que recoge información del campo magnético terrestre. Restando una lectura de la otra, podemos filtrar el ruido del campo magnético terrestre y detectar así rasgos sutiles de posible interés arqueológico. En teoría, el gradiómetro podría registrar diferencias magnéticas entre los muros y las salas del complejo sin perturbar los depósitos subyacentes. De este modo, podrían localizar cualquier otro posible edificio. Desde 2013, el campo magnético del emplazamiento está siendo investigado y registrado.

Las excavaciones se reanudaron en Tell Jaiber el 12 de enero de 2014, con un equipo más numeroso que el anterior. Esta vez, once arqueólogas y arqueólogos británicos trabajaron en el campo durante casi tres meses. Continuaron excavando la primera construcción y comenzaron a darse cuenta de lo importante que era este descubrimiento, dijeron de la disposición del edificio que tenía una curiosa simetría y «un plano de suelo sin parangón» (Campbell, Killick y Moon, 2014). Así, aún resultó más sorprendente saber que, cuando volvieron, encontraron un segundo edificio a escasa distancia del centro administrativo. Aunque todavía se sabe poco de este nuevo edificio, algo sí que podemos sospechar: que este emplazamiento podría convertirse en la versión sumeria de la meseta de Guiza.

Junto con este edificio recién descubierto, se extrajeron catorce tablillas de arcilla, quedando otras muchas en su lugar. Muchas de estas tablillas son documentos administrativos, como recibos y registros de ventas, la mayoría de los cuales hacen referencia a cereales. Algunos de ellos son notas breves, en tanto que otros son libros de registro mucho más grandes y complejos. Estos registros económicos se albergaban en una sala muy concreta del edificio. En estos modelos se pueden ver vehículos con ruedas, figuras humanas y misteriosos objetos tridimensionales. Pero, como si todo esto no fuera suficientemente extraño, en la sección septentrional del edificio, las arqueólogas se sorprendieron al encontrar un ojo hecho de lo que parecería ser una forma temprana de vidrio.

Pero no sólo se desenterraron objetos. Al igual que en 2013, se encontró un cadáver enterrado en cerámica. Esta vez, no era el cadáver de un bebé, sino el de una mujer cercana a los treinta años. La habían puesto en el interior de un par de vasijas grandes de cerámica y, posteriormente, la habían enterrado en la esquina de una sala. En torno a su cuello encontraron un magnífico collar, compuesto por más de cincuenta piedras semipreciosas. También llevaba dos broches de hermoso diseño, denotando cierta riqueza y estatus. ¿Quién sería esta mujer y por qué la enterraron en aquel rincón? El misterio sigue sin resolverse. Se tomaron muestras de colágeno y se enviaron a la Universidad de Liverpool para realizar un análisis de ADN. Quizás se nos revelen más cosas tras la obtención de los resultados. Pero, si así fuera, seguramente quedarán enterradas entre las noticias de Associated Press. Aparte de más cerámica, estatuas y tablillas, hubo un objeto que llamó la atención, dado que dejó a los arqueólogos «absolutamente perplejos» (URAP Report, 2013). Era una pieza cilíndrica de cerámica de unos 45 centímetros de altura sellada por ambos extremos. Sin embargo, se apreciaban tres pequeñas muescas circulares en orden descendente en torno a la sección media de uno de sus lados.

Tan sólo unos cuantos de estos descubrimientos fueron mencionados en la nota de prensa emitida. Sin embargo, al enterarme de los detalles, me puse en contacto de inmediato con la universidad implicada en estas investigaciones. El director del proyecto me concedió una entrevista, pero posteriormente me dieron la espalda y ya no pude mantener un contacto fructífero. Como consecuencia de ello, me decidí a investigar los apoyos financieros de esta excavación. Esto me llevó a descubrir un entramado de grandes compañías petrolíferas, bancos globales, familias de la élite industrial, sociedades secretas, presidentes de Estados Unidos y nazis; sí, nazis. Como se suele decir, «sigue el dinero».

Poseer el pasado

«¡Yo no sabía que uno puede comprar realmente antigüedades dignas de un museo!», dijo el barón Lorne Thyssen, en una entrevista con *Apollo Magazine,* el 11 de mayo de 2014. El rico donante de las excavaciones cercanas a Ur es un conocido coleccionista de arte antiguo y heredero de una de las familias más ricas del mundo. La familia Thyssen posee la colección privada de reliquias antiguas más grande y más valiosa del mundo. Sólo puede rivalizar con ella la colección de la reina Isabel de Inglaterra.

Pero, por si no fuese suficiente que el barón Lorne Thyssen haya amasado una inmensa colección privada, también está ahora en el negocio de la venta de estos objetos, pues abrió un frente minorista en Londres dedicado a las antigüedades griegas. Imagino que te estarás preguntando si esto es legal; pero, si formas parte del 1%, parece que estás por encima de la ley. Quizás sea su linaje el que le da la sensación de tener derecho a ello. Los Thyssen son uno de esos linajes de sangre que creen realmente que pueden remontarse en su árbol genealógico hasta la antigua Mesopotamia. Los miembros de la familia Thyssen han hecho su hogar en diversos países y se extienden al estilo imperialista corporativo, de forma muy parecida a como lo hace la familia banquera Rothschild. La familia Thyssen tiene muchos miembros notables, todos los cuales descienden de Friedrich Thyssen, que creó acerías, fábricas de ascensores, escaleras mecánicas, conglomerados industriales, bancos y colecciones de arte inmensas.

Fritz Thyssen sería finalmente arrestado por negarse a acceder a las demandas de las autoridades francesas que ocupaban el Ruhr. Sin embargo, en 1921, el Gobierno alemán lo acusó de traicionar al distrito del Ruhr en favor de los franceses durante la guerra. Fue Fritz quien financió al recién formado Partido Nazi con 25 000 dólares, lo cual suponía una significativa cantidad de dinero a mediados de la década de 1920. En 1931, Fritz Thyssen se unió al Partido Nazi, y no tardó en convertirse en amigo íntimo de Adolf Hitler, mientras seguía utilizando sus bancos *offshore* para bombear dinero en la máquina de guerra nazi. Con el transcurso de los años, Thyssen llegó a ser conocido como «el financiero más importante y prominente de Hitler» (Rogers, 2002). Hay una cita de Thyssen, que respondió al ser preguntado acerca de Hitler, «Me percaté de sus dotes para la oratoria y de su habilidad para dirigir a las masas. Pero lo que más me impresionó fue el orden que reinaba en sus mítines, la disciplina casi militar de sus seguidores» (Neumann, 2013). Thyssen persuadió también a la Asociación de Industriales Alemanes para que donaran 3 millones de reichmarks al Partido Nazi para las elecciones al Reichstag de 1933. Como recompensa, se le elegiría como miembro nazi del Reichstag y se le designaría para el Consejo de Estado Prusiano, el más grande de los estados alemanes.

Tras la II Guerra Mundial, Thyssen fue juzgado como partidario del nazismo, lo cual no negó, admitiendo que había apoyado la exclusión de los judíos de los negocios alemanes y que había tratado injustamente a sus propios empleados judíos en la década de 1930. Como detallo en mi informe de 2013, *The Sumerian Controversy* [La controversia sumeria], Prescott Sheldon Bush (miembro de «La Orden» 1917), padre del presidente de Estados Unidos, George Herbert Walker Bush, fue socio comercial de Fritz Thyssen (Lynn, 2013). Grandes petroleras, grandes bancos, órdenes secretas…, todas ellas tienen un lugar en esta historia. Y, sin embargo, la pregunta sigue siendo: ¿por qué están financiando excavaciones arqueológicas?

La historia nos pertenece al 100 % de las personas, no es del dominio exclusivo de ese 1 % de élites, y la arqueología puede ser una valiosa herramienta de influencia. Si no fuera éste el caso, el ISIS no habría destruido ni vandalizado los antiguos emplazamientos del patrimonio mundial ni habrían asesinado a académicos. Los descubrimientos arqueológicos constituyen una fuente de orgullo nacional y tienen el potencial de unificar pueblos. Como Orwell dijo, «Aquel que controla el pasado controla el futuro. Aquel que controla el presente controla el pasado». Si borras de forma sistemática el pasado, puedes controlar el futuro rellenando los espacios en blanco con cualquier cosa que tú quieras que la gente crea. Así es como la historia se convierte en un arma. Las élites corporativas compran o roban de manera rutinaria el legado cultural de las poblaciones vulnerables. No te lleves a engaño si alguno de estos objetos termina en una exposición. Los académicos a los que se les permite examinarlos son unos cuantos elegidos de una red aprobada. Recuerda, no obstante, que los propios investigadores son parte del problema en tanto en cuanto son engranajes de la maquinaria. La mejor manera de descubrir a quién pertenecen esas manos ocultas es seguir el rastro del dinero y averiguar quién financia las exposiciones; si bien, en algunos casos, cuando la historia está siendo atacada, lo que hay que preguntarse no es quién financia el museo, sino quién ha dejado de financiarlo.

Tablillas sumerias almacenadas en un museo.

Otro filtro existente, aunque probablemente no intencionado, es que la financiación de empleos se limita a la investigación histórica, cuando el problema es que no hay suficientes historiadoras y arqueólogos con las habilidades y las cualificaciones necesarias para descifrar tablillas y otros objetos. Como consecuencia de ello, existen innumerables tablillas cuneiformes sumerias ocultas en los sótanos de los museos, como las que se muestran aquí. Estas tablillas están hechas de delicada arcilla, que se halla en constante estado de desintegración, y el tiempo para descifrarlas se está agotando.

Destruir el pasado

Como ya se vio en el capítulo 3, las élites sumerias creían que podían canalizar a seres a los que llamaban los «sabios antediluvianos» (Lenzi, 2013). A lo largo de muchos miles de años, el *niṣirtu*, el secreto sagrado de Enki, se conservó y se transmitió en las escuelas de misterios, donde la élite de los escribas registraba y traducía el conocimiento una y otra vez. Con el tiempo, estos textos se conservarían en grandes bibliotecas, como la Biblioteca Real de Asurbanipal, desde donde se abrirían paso hasta buscadores y magos de todo el mundo antiguo y más allá.

La tradición persa cuenta que Alejandro Magno sintió una admiración tan profunda por la Biblioteca Real de Asurbanipal de Nínive que se planteó como objetivo vital crear una biblioteca tan grande o mayor que aquélla. Con el tiempo, este deseo llevaría a la creación de la Biblioteca de Alejandría. ¿Por qué la biblioteca de Asurbanipal sobrecogía tanto? En la Biblioteca Real de Asurbanipal había miles de tablillas de arcilla (en su mayor parte fragmentos) con textos que databan incluso del siglo VII a. C., entre los cuales estaba el famoso poema de la *Epopeya de Gilgamesh*. El viajero inglés *sir* Austen Henry Layard desenterró muchos fragmentos de tablillas que contaban variaciones de las leyendas babilónicas del diluvio y de la creación. Los textos existentes en los fragmentos de las tablillas primera y quinta de la creación describen la lucha entre los «dioses y el caos». la tercera tablilla describía la «caída del hombre».

Los expertos están intentando descifrar todavía todo lo que se encontró en aquel sitio, porque las personas que manipularon los objetos originales dejaron un completo caos de fragmentos esparcidos. Los fragmentos de las tablillas se encuentran ahora en archivos museísticos como piezas de puzles en el dormitorio de un niño de ocho años. No se sabe qué más tenemos que aprender de estos raros documentos. ¿Habrá acaso textos sin examinar en los que se halle la clave de los orígenes del ser humano? ¿Lo sabremos algún día, o el acceso a tales respuestas sigue siendo dominio exclusivo de una élite de académicos, que forcejean por lo que Indiana Jones, arqueólogo en la franquicia cinematográfica clásica de Spielberg, denominó «fortuna y gloria»?

El sucio negocio de la arqueología

Descubrimientos sorprendentes tienen lugar de cuando en cuando como por accidente. En 1846, Layard hizo un viaje a Oriente. Siempre se había sentido atraído por países con climas cálidos, y la oportunidad de desenterrar una antigua ciudad le llevó a Mesopotamia. Aunque no era historiador ni arqueólogo, se las arregló para encontrar la capital del reino asirio: Nínive. Llevaba casi tres mil años esperando a salir a la luz. Desde aquel descubrimiento, Layard es celebrado como un héroe de la arqueología. Sin embargo, gran parte de su crédito debería dársele al arqueólogo otomano Hormuzd Rassam, que le ayudó a descubrir el emplazamiento de Nínive en 1854. Pero, antes de introducirnos en los contenidos de la Biblioteca de Asurbanipal, echemos un vistazo a la verdad que se esconde tras el descubrimiento de legendario emplazamiento.

La vida de Hormuzd Rassam (1826-1910) nos revela algunos aspectos oscuros del imperialismo británico del siglo XIX y, ciertamente, de la arqueología, que llegaron a sufrir incluso aquellas personas que acogían cálidamente a Gran Bretaña y su misión imperial. Rassam nació en 1826 en Mosul, parte de la provincia mesopotámica del Imperio otomano, que se encuentra ahora en el norte de Irak. Fue el octavo y último hijo de Antun y de Theresa Rassam, que eran diseñadores de un tipo de tejido que debe su nombre a la ciudad de Mosul: la muselina.

Los progenitores de Rassam eran miembros de la Iglesia Católica Caldea y de la Iglesia Asiria del Este. La Iglesia Católica Caldea se escindió de la Iglesia Asiria del Este con anterioridad a 1800, para convertirse posteriormente en parte de la Iglesia Católica, a diferencia de su «Iglesia madre». El padre de Rassam era incluso archidiácono de la Iglesia Asiria del Este en Mosul. Pero, a causa de su fe y de su etnia asiria, la familia se contaba entre las minorías de la Mesopotamia otomana. No obstante, los

Rassam pudieron explotar esta situación gracias a la creciente presencia británica en la zona a comienzos del siglo xix. Los británicos veían a los miembros de las diferentes iglesias cristianas de Mesopotamia como religiosamente «más puros» que a los de la Iglesia Católica occidental, y sentían cierta conexión con ellos como nación protestante.

En aquellos años, Hormuzd Rassam aprendió inglés con Maria Badger, y se convirtió también a la fe anglicana. Su fe jugaría posteriormente un importante papel en sus trabajos arqueológicos, dado que la vería como un medio para confirmar la autenticidad histórica de la Biblia. Junto a su conversión al protestantismo, también despertó en él un fanático amor por Gran Bretaña. Debido a la estratégica posición de Mesopotamia en la ruta hacia la importante colonia de la India, Gran Bretaña se había ido interesando cada vez más en esta región. Para Rassam, los británicos eran los protectores de la fe cristiana pura en Mesopotamia, y eran muy diferentes de los corruptos gobernantes musulmanes que había visto en el Imperio otomano. Los británicos eran también rivales de los católicos franceses, que también buscaban tener influencia en la zona.

En 1842, Rassam conoció a *sir* Austen Henry Layard, que, viajando por Mesopotamia, se había llegado a fascinar con la región. Ambos establecieron una estrecha relación. Tres años más tarde, Layard volvería a la zona para iniciar las excavaciones de unas colinas que eran reliquias de ciudades babilónicas y asirias, como Nínive o Nimrud, cerca de Mosul. Layard no se había olvidado de Rassam, de modo que lo empleó como secretario, supervisor y gestor del emplazamiento. Rassam conocía bien las relaciones entre las tribus locales y sabía cómo aprovecharse de ello; además, hablaba muchas lenguas. Desde octubre de 1845 hasta junio de 1847, Rassam fue empleado de Layard, hasta que éste regresó a Gran Bretaña. En septiembre de 1849, Layard volvió a Mosul de nuevo, acompañado por Rassam, y allí estuvieron excavando hasta la primavera de 1851.

Por diversos motivos, Layard ya no volvió a Mesopotamia tras su segunda campaña, centrándose en la carrera política y, posteriormente, diplomática. Sin embargo, el Museo Británico quería continuar con las excavaciones en Mesopotamia, de modo que puso a Rassam al cargo de las excavaciones en el lugar de Layard. Ésta fue la oportunidad de Rassam para desarrollarse como un arqueólogo independiente. Durante este tiempo, Rassam descubrió muchos emplazamientos y objetos importantes, como un templo en Nínive dedicado a Ishtar (la diosa del amor y de la guerra) y un templo en Nimrud dedicado a Nabu (el dios de la escritura), además de un sinfín de esculturas.

Pero quizás su mayor descubrimiento en estos meses tuvo lugar en la colina de Kuyunjik, que habían compartido británicos y franceses desde el inicio de las excavaciones. Ya durante los años de Layard en Kuyunjik, los franceses habían cedido «su» parte de la colina, y Rassam sospechaba que esa zona debía esconder importantes hallazgos. Allí descubriría Rassam un palacio que había pertenecido a los últimos reyes asirios, cuyos restos más famosos son los relieves de la caza del león del rey Asurbanipal, que todavía se exhibe parcialmente en el Museo Británico. Otra sección de esta obra terminaría por desgracia en el fondo del Tigris durante su traslado.

En 1854, Rassam hizo una pausa en sus investigaciones arqueológicas y ocupó una serie de cargos en los servicios coloniales y diplomáticos. En un principio, estuvo empleado como traductor por James Outram (1803-1863), un agente político británico en Adén, en el actual Yemen. Allí, Rassam ascendió rápidamente a primer ayudante de Outram y fue designado también magistrado, por lo cual se hacía responsable del servicio postal, de las obras hidráulicas y de los edificios municipales de la zona. Pero su talento para la diplomacia local le llevaría posteriormente a ser elegido para la misión diplomática que tenía que llevar una carta de la reina Victoria al emperador de Etiopía, Tewodros II (Teodoro II, 1818-1868). El emperador retenía como prisioneros en su país a un buen número de europeos importantes, incluido el cónsul británico, y la carta pedía que los liberara.

Tras una considerable demora, debido a las maniobras diplomáticas, a finales de 1865, Rassam y sus acompañantes recibirían el permiso para entrar en Etiopía. En enero de 1866, Rassam entregó la carta ante un emperador que, en un principio, se mostró benévolo. Pero, por desgracia, el emperador cambió de talante y, en abril de 1866, ordenó retener a toda la comitiva, incluido Rassam. Finalmente, serían rescatados en abril de 1868 por tropas británicas de la India.

Mientras tanto, la arqueología había proseguido su avance. En particular, se había dado un importante salto en el descifrado de la escritura cuneiforme, y el descubrimiento de una versión primitiva del relato bíblico del diluvio había alimentado el interés del público europeo por el pasado mesopotámico. Todo esto cambió en 1877, cuando su viejo amigo Layard, entonces un importante diplomático, fue nombrado embajador británico en Constantinopla (Estambul). En los cinco años que siguieron, Layard puso en marcha un gran número de excavaciones dirigidas por supervisores de su confianza.

Rassam trabajó de la manera habitual en su época: tenía a unos trabajadores locales haciendo el trabajo duro y él seguía el proceso y determinaba los siguientes pasos. Rassam juzgaba el valor de los objetos que encontraba sobre el terreno y ordenaba embalar y enviar a Gran Bretaña aquellas piezas que le resultaban «científicamente interesantes», en tanto que el resto era entregado a las autoridades locales. En cierta ocasión, encontró entre sesenta y setenta mil tablillas de arcilla sin cocer con escritura cuneiforme, y ordenó que las cocieran allí mismo para preservarlas.

Pero esto no significa que las autoridades locales confiaran en él. Cuando encontró un monumental umbral (pórtico) de bronce, corrió de inmediato el rumor de que era de oro puro. Bajo custodia armada, un comité local de orfebres determinó que el metal era en realidad bronce, pero durante mucho tiempo se rumoreó que Rassam se había apropiado del umbral de oro.

Entre sus más importantes hallazgos en aquellos años hubo una amplia variedad de cilindros con inscripciones cuneiformes. El más conocido es el llamado cilindro de Ciro, en el que se cuenta cómo el rey persa Ciro el Grande conquistó el nuevo Imperio babilónico en 539 a. C. para, posteriormente, liberar a los judíos. Además, Rassam descubrió un gran número de templos, y se creyó que había encontrado la ubicación de los Jardines Colgantes de Babilonia. También se le atribuyó el hallazgo de la famosa *Epopeya de Gilgamesh*.

En 1882, Rassam se trasladaría definitivamente a Gran Bretaña para instalarse en la ciudad costera meridional de Brighton. Tuvo siete hijos e hijas con su esposa, una de las cuales se convertiría en cantante de ópera profesional. Rassam falleció el 8 de septiembre de 1910, y fue enterrado en el cementerio de Hove, un pueblo pequeño cercano a Brighton. El manuscrito de su biografía se perdió, desafortunadamente.

Pero incluso antes de su fallecimiento, Rassam ya había sido desacreditado por varios colegas británicos y, como queda claro por el incidente del umbral de bronce, había perdido la confianza de los habitantes de Mesopotamia. Pocos años después de que Rassam descubriera el palacio de Asurbanipal, George Rawlinson (1812-1902) atribuyó ese descubrimiento a su propio hermano, Henry; a quien también atribuiría, erróneamente, el descifrado de la escritura cuneiforme. En vez de defender a Rassam, Henry diría que éste había sido un simple trabajador en las excavaciones. Además, Rassam siempre había tenido problemas para financiar sus excavaciones; y, en tanto que Layard pudo incluir a otro artista para sus dibujos y reconstrucciones arqueológicas en su primera expedición, a duras penas financiada, Rassam tuvo que arreglárselas siempre solo.

Sin embargo, el peor golpe que sufrió Rassam en su imagen le llegaría en 1893. Asociado públicamente por entonces con el fiasco de su misión en Etiopía –a pesar de las alabanzas del Gobierno por su comportamiento en este asunto–, Wallis Budge (1857-1934), conservador del Museo Británico, comenzó a difundir rumores acerca de Rassam. Según Budge, Rassam había enviado sólo escombros al Museo Británico durante sus excavaciones en Mesopotamia, quedándose las mejores y más importantes piezas para luego venderlas junto con sus familiares. Rassam lo demandó por difamación y ganó, apoyado en parte por prominentes arqueólogos, como Layard. Sin embargo, el daño en su reputación ya estaba hecho. El descubridor de la *Epopeya de Gilgamesh* y de innumerables templos y complejos palaciegos cayó en el olvido, en un oscuro final para un arqueólogo que mereció mucho más, tanto en su época como después.

Uno de los descubrimientos más importantes de Rassam y Layard fue la Biblioteca Real de Asurbanipal, situada en Nínive (actualmente en Irak). Asurbanipal (668-627 a. C.) fue el último gran rey del Imperio neoasirio. Su nombre significa «el dios de Asiria es el creador de un heredero» y fue hijo del rey Asarhaddón, del Imperio neoasirio. En el Antiguo Testamento, le llaman Asnapar (Esdrás 4, 10), mientras que los griegos lo conocían como Sardanapolos y los romanos como Sardanapulus. Durante su reinado, el Imperio asirio alcanzó su máxima expansión, incluyendo Babilonia, Persia, Siria y Egipto, aunque perdería Egipto finalmente como consecuencia de un levantamiento, durante el reinado del faraón Psamético I.

Asurbanipal fue un rey muy popular, que gobernó sobre ciudadanos libres, pero también fue conocido por su crueldad con aquéllos a los que venció en el campo de batalla. El ejemplo más conocido de ello es un relieve en el que se ve a un rey derrotado con una cadena de perro al cuello y obligado a vivir en una perrera en su cautiverio. Bajo el régimen de Asurbanipal, el país de Elam, largo tiempo enemigo invencible de Asiria, fue destruido, y Urartu, otro experimentado reino oponente, fue dominado. Sin embargo, hacia el final de su reinado, el Imperio asirio se había hecho demasiado grande y estaba comenzando a desmoronarse.

¿Qué había en la Biblioteca de Asurbanipal?

Entre las ruinas del palacio de Asurbanipal, Layard y Rassam encontraron varias salas con miles de tablillas cuneiformes. (¡El mundo científico estima que en la biblioteca había alrededor de treinta mil tablillas!) Cuando la ciudad cayó posteriormente, bajo las arremetidas de los guerreros medos y babilonios, los libros de arcilla de la ruinosa Nínive fueron quemados, gracias a lo cual se templaron y preservaron. Pero, por desgracia, muchos de ellos se quebraron. Cuidadosamente embalados en cajas, estos libros de arcilla fueron enviados a Londres, donde durante treinta años fueron estudiados y traducidos a una lengua moderna.

La legendaria biblioteca del rey Asurbanipal conservaba inapreciable información acerca de la cultura de Sumer y Acad. Las tablillas nos cuentan que los sabios matemáticos de Babilonia no sólo conocían cuatro operaciones aritméticas, sino que eran capaces de obtener porcentajes, medir áreas geométricas, determinar los cuadrados y extraer raíces cuadradas, y realizar sofisticados ejercicios de multiplicación con sus propias tablas. Además, la semana de siete días nació en Mesopotamia, y los eruditos babilónicos sentaron incluso las bases de la ciencia moderna sobre la estructura y el desarrollo de los cuerpos celestes.

Fueron los asirios los primeros impresores. Después de todo, por cuestiones estatales y económicas, era necesario escribir, reescribir y enviar decretos reales a todos los confines de gran Estado asirio. Y para agilizar el proceso, los asirios tallaban las inscripciones necesarias sobre un taco de madera, con el que luego imprimían las tablillas de arcilla. Éste fue el prototipo de la imprenta.

Es interesante señalar que, en la Biblioteca de Asurbanipal, los libros se guardaban en estricto orden. En la parte baja de cada tablilla se indicaba el título completo del libro junto al número de página, y en muchas tablillas aparecía repetida en la cabecera la última línea de la tablilla anterior. Había incluso un catálogo en el cual se registraba el título del libro, los números de líneas y la rama de conocimiento a la cual pertenecía el libro. No era difícil encontrar el registro necesario, pues cada estante tenía una etiqueta en arcilla con el nombre del departamento, al igual que en las bibliotecas modernas.

La biblioteca conservaba textos históricos, manuscritos de leyes, libros de referencia médicos, descripciones de viajes, diccionarios con listas de signos silábicos sumerios y formas gramaticales, e incluso diccionarios de palabras extranjeras, pues Asiria estaba vinculada con casi todos los países de Oriente Próximo. Todas las tablillas de la Biblioteca de Asurbanipal estaban hechas con arcilla de la máxima calidad. Al principio, la arcilla se amasaba durante mucho tiempo, para luego hacer placas de tamaños uniformes, con una medida aproximada de treinta y dos centímetros de ancho por veintidós de largo y dos centímetros y medio de espesor. Cuando la pieza estaba lista, el escriba escribía con un estilo triangular sobre la tablilla sin cocer.

Algunos de los libros de la Biblioteca de Asurbanipal procedían de países derrotados por Asiria, y otros habían sido llevados de templos de distintas ciudades o de colecciones privadas. Después de todo, en cuanto aparecían libros, también aparecían los amantes de los libros. Asurbanipal es considerado un caso sumamente raro entre los reyes del Oriente Próximo de la antigüedad, pues parece haber sido la persona más educada de su época. Su padre, Asarhaddón, quería que su hijo fuera sumo sacerdote, de ahí que Asurbanipal estudiara todas las ciencias de su tiempo. Como consecuencia de una formación tan esmerada, Asurbanipal adquirió un gran amor por los libros, de manera que eligió varias salas del segundo piso de su palacio para transformarlas en biblioteca.

Conviene señalar que casi todas las tablillas de la Biblioteca de Asurbanipal son o bien copias de textos sumerio-babilónicos o bien antiguas tablillas de los archivos estatales y de los templos. Por orden del rey, numerosos escribas hacían copias de monumentos literarios en todos los rincones de su inmenso Estado; todo hecho con gran diligencia, puesto que muchas de las tablillas llevaban una inscripción en la que se confirmaba la identidad de la copia y el original, dado que el texto antiguo era transcrito y, a continuación, verificado. Asurbanipal se encargó personalmente de incrementar su colección, ordenando que, «Cualquier tablilla preciosa que no esté en Asur, sea encontrada y se me entregue».

El depósito de libros de Asurbanipal parecía una inmensa bodega de vinos. A lo largo de las bancadas se extendían hileras de vasijas de arcilla, dentro de las cuales se introducían las tablillas de los libros. Muchos de los estantes de la biblioteca estaban también hechos de arcilla, dado que en Mesopotamia casi no hay árboles y la madera era muy cara. En otras bancadas había vasijas más pequeñas, con registros reales autografiados de las campañas militares, decretos y cartas, así como listas de los reyes que habían gobernado en Mesopotamia. En las vasijas más pequeñas había canciones de los antiguos sumerios, colecciones de proverbios, lamentos e himnos a las deidades.

Durante los últimos diez años del reinado de Asurbanipal, los escribas de Nínive dejaron de escribir los anales del gran rey. Con todo, hasta la fecha, no se ha encontrado ningún rey de Asiria ni ningún soberano de Mesopotamia con tanto inscrito en tablillas acerca de sus campañas militares, sus actos memorables y su formación intelectual. Está escrito que Asurbanipal era capaz de descifrar el secreto oculto del arte del escriba, así como las señales del cielo y la tierra, y que podía leer los escritos de las piedras de antes del diluvio, inclusive las sutiles tablillas sumerias. Esto fue clave.

Asurbanipal no sólo sabía leer y escribir, sino que también conocía el sumerio, una lengua que llevaba muerta quince siglos, una lengua litúrgica que se utilizaba principalmente con fines científicos en toda Mesopotamia, de un modo parecido a como se usó el latín en la Europa medieval, como lengua de élites e intelectuales. Todo esto desaparecería de la memoria humana durante miles de años, tras la caída del Imperio asirio en 610 a. C. Tras muchos años de especulaciones y búsquedas, la biblioteca se encontró finalmente en 1847 en la orilla oriental del Tigris, frente a la actual ciudad de Mosul.

El saqueo del Museo de Irak

Fundado en 1923, el Museo Nacional de Irak había tenido un difícil pasado. Se había trasladado a su actual ubicación en 1966, y fue ampliado posteriormente en 1986. El museo tenía cerca de 10 000 objetos en exhibición pública, objetos que iban desde tiempos prehistóricos hasta los diferentes períodos islámicos. Pero esos diez mil objetos no llegaban ni al 5 % del total que se conservaba en el museo. Esto fue antes de la guerra del Golfo, de 1990-1991. Aunque la estructura exterior del edificio sufrió daños en los bombardeos durante la guerra, sus miles y miles de tesoros culturales sobrevivieron intactos gracias al dedicado personal del museo. En los años que siguieron a la guerra, el Museo Nacional de Irak adquirió otras muchas piezas nuevas, hasta que, para la guerra de Irak de 2003, gran parte de los materiales fueron trasladados a otros lugares más seguros.

En marzo de 2003, el museo cerró al público. La mayoría de los objetos de las galerías públicas se guardaron en lugar seguro. La ubicación de estos importantes objetos sólo la conocían cinco miembros del personal, todos los cuales juraron sobre el Corán no revelarla. Sin embargo, no todos los objetos podían ser trasladados debido a su tamaño, por lo que fueron protegidos con almohadillas de goma espuma. Además de asegurar los objetos, los miembros del personal pensaron en sellar las entradas del museo con muros de ladrillo, pero al final decidieron no hacerlo porque, en caso de incendio, los servicios de emergencia no podrían acceder al interior.

Tras la guerra del Golfo, las fuerzas de Estados Unidos fueron duramente criticadas por haber dañado emplazamientos arqueológicos en Irak. Como consecuencia de ello, McGuire Gibson, del Instituto Oriental de la Universidad de Chicago, acompañó a una delegación del Consejo Americano de Política Cultural hasta el Departamento de Defensa con el fin de proporcionar la situación de cuatro mil –posteriormente, cinco mil– emplazamientos arqueológicos que deberían ser protegidos de toda acción militar durante la guerra (Bogdanos, 2005). Gibson advirtió también sobre posibles saqueos. Según el Departamento de Defensa, las tropas de Estados Unidos tenían la orden de no dañar emplazamientos arqueológicos y culturales, pero que no intervendrían en caso de que civiles iraquíes iniciaran saqueos.

El relato de lo que ocurrió después es la historia oficial. Parece ser que el 19 de marzo de 2003, las fuerzas de la coalición invadieron Irak y que, hacia el 5 de abril, habían llegado a las afueras de Bagdad (Bogdanos, 2005). En ese momento, los guardas de seguridad evacuaron el museo.

Tres días después, el 8 de abril, las tropas iraquíes llegaron a los terrenos del museo. Incluso en el relato oficial existen desacuerdos sobre quiénes formaban esas tropas. Hay quien dice que eran fedayines irregulares, en tanto que otros dicen que era la Guardia Republicana (Bogdanos, 2005). En cualquier caso, las fuerzas iraquíes en torno al museo se vieron envueltas en dos días de duros combates con las tropas de Estados Unidos. Posteriormente, poco después del jueves, 10 de abril, los combates continuaban en el exterior, mientras los ladrones hacían su ronda por el museo. Se llevaron lo que quisieron hasta que el personal del museo intentó detenerlos cuando volvieron, el 12 de abril. En ese momento, los combates habían terminado, de modo que el personal del museo puso un cartel grande advirtiendo a los saqueadores que el museo estaba bajo la protección del ejército norteamericano. En realidad, no lo estuvo hasta cuatro días después, el 16 de abril, cuando cuatro tanques de Estados Unidos llegaron al lugar.

Comenzaron a circular rumores, tanto en casa como fuera, que sugerían que las tropas de los Estados Unidos no habían protegido el museo de forma intencionada, para que la élite rica y los coleccionistas de antigüedades con influencia política pudieran «comprar» lo que quisieran. También se acusó a parte de las tropas estadounidenses de ayudar a recoger esos objetos, pues muchos de ellos se los llevaron como siguiendo órdenes. Algunos objetos quedaron atrás, incluso algunos que se podrían haber vendido a buen precio. Según los informes, los saqueadores entraban y sabían exactamente dónde tenían que ir, sabían la ubicación concreta de objetos específicos, muchos de los cuales no estaban en exhibición pública, sino almacenados y bien localizados. Además, las oficinas y los laboratorios de los museos fueron saqueados a conciencia. También se llevaron los equipos técnicos e informáticos, y las cajas fuertes fueron vaciadas.

Entre los objetos robados había cuarenta de las mejores y más valiosas piezas, robadas «evidentemente, por alguien que reconocía su valor» (Bogdanos, 2005, p. 213). Muchos de los más importantes objetos se habían reunido previamente y se habían llevado a la sala de restauración del museo, como si estuviera todo planeado de antemano (Bogdanos, 2005, pp. 214-215). De este modo, hubiera sido mucho más fácil llevárselos de las instalaciones. Además, estos objetos eran tan importantes y tan fácilmente reconocibles que no habrían podido venderse abiertamente en el mercado de antigüedades. Todo esto llamó la atención del coronel Matthew Bogdanos, actualmente ayudante del fiscal del distrito de Manhattan (desde 1988) y coronel de la Reserva del Cuerpo de Marines. En 2003, él estaba en servicio activo, y llevó a cabo una investigación sobre el saqueo del museo. Tras analizar las evidencias, Bogdanos concluyó que la premeditación y el conocimiento de qué objetos llevarse implicaba que debía de haber ya compradores dispuestos antes del robo (Bogdanos, 2005, p. 215). Al menos 3138 objetos fueron robados de la sala de restauración y de las salas de almacenaje superiores.

Además de los importantes robos de la sala de restauración, Bogdanos identificó otro robo que, muy probablemente, también había sido planeado previamente. De las cuatro salas de almacenamiento del sótano, los saqueadores fueron directamente a una que contenía la colección de monedas, joyas y sellos cilíndricos del museo. Los ladrones parecían saber de antemano qué estaban buscando exactamente y dónde encontrarlo con precisión. Además, los ladrones iban bien equipados, con las llaves necesarias para abrir las taquillas de almacenamiento, lo cual les permitió llevarse 10 686 elementos, entre los que había 5144 sellos cilíndricos (Bogdanos, 2005). ¿Te imaginas la información que podía haber en más de cinco mil sellos cilíndricos? Este saqueo supuso una pérdida devastadora para la historia de la humanidad, no sólo para Irak. ¿Qué buscaban los ladrones? Dudo en llamarles saqueadores, porque el saqueo supone un robo aleatorio que se realiza de forma oportunista, y éste no fue el caso: fue un ataque orquestado en uno de los lugares históricos culturalmente más ricos del mundo en provecho de las élites ricas.

Los académicos y expertos del establishment se burlan de la idea de que se roben objetos o de que un gobierno pueda estar involucrado en tales robos. Pero por mucho que los medios de comunicación del sistema y el complejo industrial académico intente convencer al público de que no ha ocurrido nada y que deberían creer en su palabra y seguir adelante, la gente está empezando a darse cuenta de que lo que ocurrió realmente fue un robo de identidad. A través del robo, la corrupción y la distorsión de los objetos y de la narrativa histórica, los poderosos se llevan nuestra identidad cultural, dejándonos a oscuras, mientras nos preguntamos quiénes somos, qué somos, de dónde venimos y para qué estamos aquí. Por desgracia, la historia está llena de destrucción y de sabiduría perdida:

desde la biblioteca más antigua de Mesopotamia hasta, quizás, la famosa Biblioteca de Alejandría. Quizás, incluso, hasta un reciente incidente ocurrido en 2018, ¡cuando el mundo perdió más objetos de valor histórico que los perdidos en Alejandría e Irak juntos!

Una catástrofe actual

El 2 de septiembre de 2018, en torno a las 7:30 p. m., el mundo perdió más historia que en la Biblioteca de Alejandría y la Biblioteca de Asurbanipal juntas, en una de las más grandes pérdidas históricas jamás registradas. El Museo Nacional de Brasil, con 200 años de historia, se incendió y ardió hasta los cimientos; y, con él, más de 20 millones de objetos que abarcaban 11 000 años de historia, no sólo historia brasileña, sino también egipcia, grecorromana, paleontológica, geológica y biológica. Esta tragedia es mucho peor, en número de objetos históricos desaparecidos, que la que supuso el incendio de la Biblioteca de Alejandría; y, sin embargo, apenas recibió la atención de los medios de comunicación, sobre todo fuera de Brasil.

Supongo que mi comparación debe sonar excesiva, porque el incendio de la Biblioteca de Alejandría ha adquirido el estatus de legendario. No obstante, las principales estimaciones calculan que en Alejandría se perdieron en torno a cuarenta mil rollos de pergamino. Eruditos modernos, como el profesor Luciano Canfora, de la Universidad de Bari, en Italia, afirman también que el número puede ser mucho menor de lo que se nos dice en los relatos antiguos, porque las obras literarias individuales estaban compuestas por múltiples rollos de pergamino. Desde nuestra mentalidad moderna, nos imaginamos libros individuales ardiendo, cuando en aquella época cada pergamino era un capítulo, con lo cual el número total de pérdidas sería inferior a lo que imaginamos. Una de las estimaciones más elevadas de pérdidas en Alejandría es la de Aulus Gellius, que, aproximadamente en 169 d. C., afirmaba que 700 000 rollos ardieron durante el saqueo de Alejandría (Canfora, 1990). Independientemente de la estimación que te parezca más acertada, la montaña de historia y sabiduría perdida en la Biblioteca de Alejandría sigue siendo pequeña comparada con la pérdida de 20 millones de objetos del Museo Nacional de Brasil.

¿Cómo pudo ocurrir esto? Los detalles son sorprendentes, hasta el punto que una se queda dudando si fue un caso de negligencia o hubo una intención premeditada. El museo, situado en Río de Janeiro, fue fundado en 1818 por el rey Dom João VI. No era una simple atracción turística, pues era también un importante centro de investigaciones afiliado a la Universidad de Brasil (ahora UFRJ). Según la página web del Museo Nacional de Brasil, la colección estaba compuesta por más de 20 millones de objetos que cubrían múltiples áreas de la ciencia, como arqueología, etnología, geología, paleontología, zoología y antropología biológica (Localizacao, 2018).

Incendio del Museo Nacional de Brasil, un museo con 200 años de historia. (Felipe Milanez [CC BY-SA 4.0 creativecommons.org, via Wikimedia Commons])

El incendio estuvo fuera de control durante toda la noche, pero pequeñas llamas siguieron ardiendo en distintas partes de las instalaciones durante la mañana, haciendo que las cenizas de los documentos almacenados cayeran del cielo en distintos barrios de la ciudad. Investigadoras y funcionarios del museo se reunieron con los mandos de los bomberos en un intento por salvar cuanto fuera posible. El objetivo era impedir que el fuego llegara a una parte del museo en la que había productos químicos combustibles, que se utilizan para la preservación de extraños especímenes animales (Localizacao, 2018). En el momento de escribir este libro, las causas del incendio siguen siendo un misterio. La policía brasileña todavía no ha determinado si fue un acto criminal o no.

Por desgracia, la mayor parte del histórico edificio estaba hecha de madera, y la propia colección contenía materiales inflamables, de ahí que el fuego se extendiera con rapidez. Sin embargo, existen algunos detalles desconcertantes en todo esto, como señaló *O Globo,* el principal periódico de Río de Janeiro. Por ejemplo, aquella noche sólo había cuatro guardas de seguridad, y los detectores de humo del museo no funcionaron. Los bomberos llegaron poco después de iniciarse el incendio, pero, según ellos, las dos bocas de incendios más cercanas al museo no disponían de la suficiente presión; aunque, según el rector de la Universidad de Río de Janeiro, el profesor Roberto Lehrer, había una reserva de agua en el propio museo *(O Globo,* 2018). El comandante en jefe de los bomberos, el coronel Roberto Robadey Costa Jr., dijo que la falta de agua hizo que la intervención de los bomberos se demorara media hora, mientras intentaban hacer uso del agua de un estanque cercano en un inútil esfuerzo por extinguir el incendio *(O Globo,* 2018). Al alba del día siguiente, la lluvia fue de gran ayuda para la extinción de las llamas.

En los días posteriores al incendio, cientos de manifestantes tomaron las calles para expresar su ira contra el Gobierno del presidente Michel Temer, por los recortes en presupuesto y en la seguridad del museo de los años previos. Hay que tener en cuenta que el Gobierno optó por emplear muchos millones de dólares de los contribuyentes para pagar la Copa del Mundo de 2014 y los Juegos Olímpicos de 2016 *(O Globo,* 2018).

Los conservadores del museo confirmaron que el 90 % de la colección había quedado calcinado. Entre los tesoros que había en aquel museo estaba la calavera de Luzía, el fósil humano más antiguo que se hubiera encontrado en todo el continente americano; la colección de objetos del antiguo Egipto más grande de toda América Latina, que incluía momias y extraños objetos egipcios que habían comprado Dom Pedro I y Dom Pedro II; objetos incas y momias andinas; una gran colección de arte grecorromano y la colección de la emperatriz Teresa Cristina; una colección paleontológica con los restos del dinosauro *Maxakalisaurus topai,* de

80 millones de años de antigüedad. Lo único que sobrevivió al fuego fue el meteorito Bendegó, de cinco toneladas, el más grande encontrado en Brasil (*O Globo*, 2018).

En cuanto a objetos y documentos importantes, las pérdidas fueron incontables. Aunque pueda resultar difícil imaginar que las colecciones de un museo, en su totalidad, puedan haberse convertido en cenizas, quizás resulté aún más difícil imaginar qué otros objetos pudieron perderse. ¿Qué pasó con los objetos almacenados, que no estaban en las exhibiciones a la vista del público? El museo, como parte independiente de la universidad, era una institución dedicada a la investigación. Innumerables objetos que no estaban a la vista del público desaparecieron también. ¿Ardieron asimismo? ¿O pudo ser una tapadera para uno de los más sofisticados atracos de todos los tiempos?

¿Qué hay de cierto?

Quizás nunca tengamos respuestas para estas preguntas, pero es importante cuestionar la narrativa imperante. Vivimos en una época en la que se va restando progresivamente importancia a los hechos. Incluso en los colectivos de investigadoras alternativas existe la necesidad de investigaciones alternativas. Basándonos en las evidencias de los registros arqueológicos e históricos, creo que los anunnaki fueron un colectivo de seres avanzados que se asentaron en un valle montañoso de Oriente Próximo en torno al 8200 a. C. Estas gentes trajeron consigo y compartieron tecnologías nunca antes vistas por unas bandas primitivas de seres humanos con las que repoblaron sus propias regiones, tras ser devastadas por una gran inundación. Estas sorprendentes personas habían conservado sus conocimientos sagrados de las artes y las ciencias tras verse obligadas a abandonar sus tierras, que debieron de estar más al norte, diez mil años atrás, probablemente debido a un evento cercano a la extinción, quizás desencadenado por un meteorito.

Con el tiempo, estos eruditos y científicos desplazados darían forma a la vida de las gentes de Mesopotamia y asumirían posiciones de liderazgo, de las cuales los posteriores líderes afirmarían proceder con el fin de reivindicar su legitimidad. Además de traer consigo las artes y las ciencias, estos colonos trajeron también sus tradiciones ocultas, que posteriormente conformarían las escuelas de misterios. Entre estas prácticas de misterios se incluiría la capacidad para contactar con entidades de otros mundos, a las cuales tenían por sabios no humanos. Estos sabios serían los que dirigirían a los gobernantes, convirtiéndose en la mano oculta tras un gobierno jerárquico burocrático, que evolucionaría hasta llegar a ser el modelo de todo sistema social administrativo.

Pero el poder que estos seres ostentaban infló sus egos, y el choque cultural, unido a la nueva estratificación social en clases baja, media y alta, tensionó la sociedad. Esto llevó finalmente deshumanización de las gentes locales desde la visión de las clases superiores, que llegarían a tratarlas como a esclavas, generando los consiguientes prejuicios de con quién y con quién no se podían casar. El sometimiento al que fueron sometidas las «gentes de cabeza negra» o adamah llevó a que estos consideraran a las élites como deidades, sobre todo ante el asombro mágico con que veían sus tecnologías. Estas gentes eran obligadas a trabajar, principalmente, en labores agrícolas, en «El Jardín»; hasta que, eventualmente, un miembro de las élites llamado Enki se apiadó de ellas.

Enki rompería con su propia clase y, sabedor de que conocimiento es poder, se rebeló contra los suyos enseñando al adamah las artes sagradas. Mientras tanto, la civilización se expandía con rapidez gracias al «genio de unos pocos» y «el esforzado trabajo de muchos». Tras romper con los suyos y darle al adamah el conocimiento prohibido, los «dioses» rebeldes del entorno de Enki comenzaron a asimilar la cultura local y a dejarse absorber por ésta a través del matrimonio, siendo sus descendientes literalmente demonizados. Con el tiempo, el relato de cómo la humanidad terminó organizándose en civilizaciones adquirió un estatus legendario. A los dioses se los convertiría en seres celestiales, en mitos o demonios, tras muchos siglos reescribiendo y revisando las tablillas en las que se hablaba de ellos.

Pero ¿fueron los responsables de «crear» al hombre? No en un sentido biológico. Sin embargo, como hemos visto una y otra vez en la literatura científica, la idea de que la vida en la Tierra fue «sembrada» desde el exterior por una inteligencia extraterrestre no puede descartarse. De hecho, parece el escenario más probable, un escenario que precisará de más investigaciones y de una cuidadosa reflexión. Aun así, eso fue el pasado, pero el presente no es más que una derivada más compleja del primer sistema mundial. En la actualidad, todavía existe la estratificación social, los prejuicios, la explotación de mano de obra, la división, las mentiras, la manipulación de las masas e, incluso, las tradiciones de misterios. La gente sigue en contacto —o, al menos, creen estar en contacto— con esas extrañas entidades semibiológicas de una dimensión diferente. Puede que ahora las llamen elfos máquinas, pero no dejan de ser lo mismo. Son los Siete Sabios o Apkallu, los Arcontes de los gnósticos, los dioses serpiente de Lejano Oriente y de América Central, los titanes de los griegos, los hermanos serpiente de los hopis, los jinns del islam, los demonios del cristianismo y los elohim del Antiguo Testamento.

Son los Vigilantes, y siguen estando aquí.

El momento de la conexión

Estamos todos conectados. Estamos conectados entre nosotros, biológicamente; con la Tierra, químicamente; con el resto del universo, atómicamente.

Neil Degrasse Tyson, astrofísico estadounidense

La historia es un campo dinámico y vivo, y pensar que es un sistema estanco por el hecho de ocuparse de personas muertas y de viejas reliquias polvorientas es un error. En contra de lo que se nos enseñó en la infancia, la historia no es simplemente un ejercicio de memorización absurdo de fechas y hechos. ¡La historia está viva merced al descubrimiento, al debate y el discurso! Como historiadora, puedo asegurarte que, justo en estos momentos, hay académicas debatiendo y cuestionando activamente casi todos los hechos históricos que hay en el mundo. No dejes que te digan que no hay nada que discutir, que vayas, lo memorices todo y lo repitas, porque esto es control. Tenemos que seguir luchando por la libertad de pensamiento. Tenemos que leer a aquellos autores, autoras y teorías que las corrientes dominantes descartan. No te aferres incondicionalmente a ninguna idea, sea alternativa o convencional, simplemente porque es divertida o emocionante. Esta división de mentes cerradas está alimentando la mentalidad del «nosotros contra ellos» que vivimos actualmente en todos los aspectos de la cultura.

Ahora, más que nunca, es el momento de la conexión, entre ideas y entre personas. Las personas involucradas en la investigación deben mantener una mentalidad abierta a la hora de valorar teorías y afirmaciones sobre los anunnaki, pero deben aproximarse también al tema con una lente más crítica. Muchas personas señalarán los problemas de la investigación convencional, pero normalmente es más difícil hacer brillar la luz en nosotras mismas. Como rebelde que soy, no valoro de forma irreflexiva las afirmaciones de la academia convencional; sin embargo, tampoco acepto ciegamente la palabra de ningún investigador alternativo o independiente, porque el culto a la personalidad es una amenaza para la validez de la investigación alternativa. «El problema estriba en el veneno de las ideologías, que tienen el mismo efecto que las religiones dictatoriales [...]. Los "dogmáticos" reinan en la supremacía» (Von Däniken, 2018, p. 174).

Los teóricos, sea cual sea su teoría, no deberían posicionarse como gurús en vez de académicos, porque los gurús buscan seguidores, en tanto que los académicos buscan retos. Es cuestionando respetuosamente las ideas como podremos llegar a una imagen más completa de la verdad. El gurú se siente amenazado cuando alguien cuestiona sus ideas, porque ve ese cuestionamiento como hostil hacia su autoridad. Sin embargo, un académico da la bienvenida al cuestionamiento, porque lo ve como una oportunidad para acercarse más a la verdad.

Otra distinción importante entre un gurú y una académica es que el gurú quiere ser la única fuente de verdad, mientras que la académica sabe que no es más que un peldaño de la escalera que la humanidad utiliza para superar la gigantesca muralla de la ignorancia. Toma, por ejemplo, a Carl Sagan, el cual dicen que repetía una y otra vez que estamos subidos a los hombros de gigantes, cuando, irónicamente, ese comentario era una cita secundaria de Isaac Newton, de una carta a su rival Robert Hooke, en 1676:

> Descartes dio un buen paso, y usted ha agregado mucho de diversas maneras, sobre todo al tomar los colores de placas delgadas bajo la consideración filosófica. Si yo he visto un poco más allá es por haberme subido a hombros de gigantes.

Aun así, Newton construyó esta cita sobre los hombros de un gigante del siglo XII, el teólogo y escritor Juan de Salisbury, que escribió algo similar en un tratado en latín sobre la lógica denominado *Metalogicon*, en 1159:

Somos como enanos sobre los hombros de gigantes. Vemos más cosas, y cosas más distantes, de las que vieron ellos, no porque nuestra visión sea superior o porque seamos más altos que ellos, sino porque ellos nos pusieron sobre sus hombros, sumando su estatura a la nuestra.

Aunque las teorías alternativas acerca de la historia nos parezcan contrarias a nuestro sistema de creencias, es conveniente valorarlas al menos. Con ello, no sólo someteremos a prueba nuestro pensamiento, sino que espolearemos nuestra creatividad. Mi consejo para todas aquellas personas que estén interesadas en las teorías de los anunnaki como nuestros creadores extraterrestres es «investígalo por ti misma» y toma en consideración los diferentes puntos de vista. Piensa creativa y críticamente. Resístete al impulso de centrarte sólo en uno o dos puntos que te puedan parecer de interés. En vez de eso, ponte a prueba y abre la perspectiva de tu visión hasta que consigas ver el cuadro en su conjunto. Centrándonos en lo que nos conecta y en nuestras ideas, nos percataremos de que estamos más interrelacionadas de lo que creíamos, y que la verdad última de la humanidad se revelará a aquellas personas que estén dispuestas a concebir lo inconcebible.

Creemos un potente discurso público acerca de estos y otros temas relativos a nuestro pasado, para convertirnos así en creadoras de historia. Las académicas juegan un importante papel en este empeño, pero su papel debería ser más el de una guía cualificada y entendida, una servidora pública, y no una dictadora infalible. Cuanto más inculquemos esa historia en los demás, así como en todo empeño académico, más estaremos *haciendo* en lugar de *opinando,* y más lograremos elevar el intelecto general de la humanidad. Y, en lo relativo a nuestra historia, tendremos que dejar de ser simplemente observadoras para pasar a ser participantes.

Bibliografía

ACTOR, J. K.: *Elseviers Integrated Review Immunology and Microbiology.* Elsevier/ Mosby, Filadelfia, Pensilvania, 2012.

ALLEGRO, J. M.: *The Mushroom and the Bride.* The Citadel Press, Nueva York, 1970.

ALLEN, R. H.: *Star-names and Their Meanings.* Stechert, Nueva York, 1899.

ANNUS, A.: «On the origin of Watchers: A comparative study of the antediluvian wisdom in Mesopotamia and Jewish traditions». *Journal for the Study of the Pseudepigrapha,* 19(4), 2010, pp. 277-320.

ARMSTRONG, K.: *Fields of Blood: Religion and the History of Vioilence.* Vintage, Londres, 2015. (Trad. cast.: *Campos de sangre: La religion y la historia de la violencia.* Ediciones Paidós: Barcelona, 2015).

ARRHENIUS, S.: *Worlds in the Making: The Evolution of the Universe.* Harper, Nueva York, 1908.

BAHN, P. G.: *The Cambridge Illustrated History of Prehistoric Art.* Cambridge, S.I., 1998.

BARTON, G. A.: *Miscellaneous Babylonian Inscriptions.* Yale University Press, New Haven, Connecticut, 1918.

BASALLA, G.: *Civilized Life in the Universe: Scientists on Intelligent Extraterrestrials.* Oxford University Press, Oxford, 2006.

BAUVAL, R.: «Investigation on the origins of the Benben Stone: Was it an iron meteorite?». *Discussions in Egyptology,* 1989, pp. 5-7. *gizamedia.rc.fas.harvard.edu/documents/legon_de_14_1989.pdf*

BAUVAL, R. y GILBERT, A. G.: *The Orion Mystery: Unlocking the Secrets of the Pyramids.* Arrow Books, Londres, 1994. (Trad. cast.: *El misterio de Orión: El revolucionario descubrimiento que reescribe la historia.* Edaf: Madrid, 2007).

BECK, H.: *Reallexikon der Germanischen Alterumskunde.* W. De Gruyter, Berlín, 2000.

BECKER, C.; «Everyman his own historian». *The American Historical Review,* 37(2), 1932, pp. 221.

BOCQUENTIN, F. y GARRARD, A.: «Natufian collective burial practice and cranial pigmentation: A reconstruction from Azraq 18 (Jordan)». *Journal of Archaeological Science: Reports,* 10, 2016, pp. 693-702.

BOGDANOS, M.: «The casualties of war: The truth about the Iraq Museum». *American Journal of Archaeology,* 109(3), 2005, pp. 477-526.

BOGDANOS, M. y PATRICK, W.: *Thieves of Baghdad: One Marine's Passion to Recover the World's Greatest Stolen Treasures.* Bloomsbury Publications, Nueva York, 2006.

BRADY, B.: *Brady's Book of Fixed Stars.* Samuel Weiser, York Beach, Maine, 1998.

BRAUDEL, F.: *The Structures of Everyday Life: Civilization and Capitalism, 15th-18th Century, Volume 1.* Harper & Row, Nueva York, 1982. (Trad. cast.: *Civilización material, economía y capitalismo, siglos XV-XVIII.* Alianza Editorial: Madrid, 1984).

BREISACH, E.: *Historiography: Ancient, Medieval & Modern.* University of Chicago Press, Chicago, 1983.

BRUMFIEL, G.: «Russian meteor largest in a century». *Nature,* 2013.

BUDGE, E. A. W.: *The Book of the Dead: The Hieroglyphic Transcript of the Papyrus of Ani.* Kessinger Publications, Whitefish, Montana, 2003. (Trad. cast.: *El libro egipcio de los muertos: El papiro de Ani.* Editorial Sirio: Málaga, 2007).

—: *An Egyptian Hieroglyphic Dictionary.* Ungar: Nueva York, 1960.

BUTLER, S. A. L.: *Mesopotamian Conceptions of Dreams and Dream Rituals.* Ugarit-Verlag, Münster, Alemania, 1998.

CAPRICORNUS: *Wikipedia.* 2019 Febrero 1. *Wikipedia.org*

CAMPBELL, J.: *The Power of Myth.* Turtleback Books, Logan, Iowa, 2012. (Trad. cast.: *El poder del mito: Entrevista con Bill Moyers.* Capitán Swing Libros: Madrid, 2015).

CANFORA, L.: *The Vanished Library a Wonder of the Ancient World.* Vintage, Londres, 1990. (Trad. cast.: *La biblioteca desaparecida.* Ediciones Trea: Gijón, 1998).

CAPT, E. E.: RAYMOND. *Glory of the Stars: A Study of the Zodiac.* Artisan Publishers, Muskogee, Oklahoma, s.f.

CARDWELL, D. S. L.: *Wheels, Clocks, and Rockets: A History of Technology.* Norton, Nueva York, 2001. (Trad. cast.: *Historia de la tecnología.* Alianza Editorial: Madrid, 2001).

CARR, E. H.: *What Is History Now?* Palgrave, Basingstoke, Inglaterra, 2002. (Trad. cast.: ¿Qué es la historia? Editorial Ariel: Barcelona, 2017).

CHARLES, R. H.: *The Book of Enoch.* Society for Promoting Christian Knowledge, Londres, 1917.

CHARLESWORTH, J. H.: *The Old Testament Pseudepigrapha.* Hendrickson Publishers, Peabody, Massachusetts, 2010.

CHOUDHURI, S. y KOTEWICZ, M.: *Bioinformatics for Beginners: Genes, Genomes, Molecular Evolution, Databases, and Analytical Tools.* Elsevier, Londres, 2014.

ĆIRKOVIĆ, M.: «Cosmic irony: SETI optimism from catastrophes?». *Contact in Context: A Journal of Research on Life in the Universe*, 2(1), enero de 2004, pp. 1-8.

CLARK, A. J. H. y CLARK, D. H.: *Aliens: Can We Make Contact with Extraterrestrial Intelligence?* Fromm International, Nueva York, 2000.

CLARKE, A. C.: *Profiles of the Future: An Inquiry into the Limits of the Possible.* Victor Gollancz, Londres, 1982. (Trad. cast.: *Perfiles del futuro: Investigación sobre los límites de lo posible.* Luis de Caralt: Barcelona, 1977).

CLAY, A. T.: «Ellil, the God of Nippur». *The American Journal of Semitic Languages and Literatures,* 23(4), 1907, pp. 269-279.

CLOTTES, J. y LEWIS-WILLIAMS, J. D.: *The Shamans of Prehistory: Trance and Magic in the Painted Caves.* Harry N. Abrams, Nueva York, 1998. (Trad. cast.: *Los chamanes de la Prehistoria.* Editorial Ariel: Barcelona, 2010).

CORNFORD, F. (trad).: «Tiamaeus». *Tiamaeus,* de Platón. Project Gutenberg. Accedido el 9 diciembre de 2019, www.gutenberg.org

CORY, I. P.: *The Ancient Fragments: …Containing of Sanchoniatho, Berossus, Abydenus, Megasthenes, and Manetho. Also the Hermetic Creed, the Old (Egyptian) Chronicle, the Laterculus of Eratosthenes, the Tyrian Annals, the Oracles of Zoroaster, and the Periplus of Hanno.* 1828.

CREMO, M. A. y THOMPSON, R. L.: *Forbidden Archaeology: The Hidden History of the Human Race.* Bhaktivedanta Institute, Los Ángeles, 1993.

DÄNIKEN, E. VON: *The Gods Never Left Us: The Long Awaited Sequel to the Worldwide Best-Seller Chariots of the Gods.* New Page Books, Wayne, Nueva Jersey, 2018. (Trad. cast.: *Los dioses nunca nos abandonaron.* Edaf: Madrid, 2019).

DARLISON, B.: *The Gospel and the Zodiac: The Secret Truth about Jesus.* Duckworth Overlook, Londres, 2007.

DAVID, G. A.: *Eye of the Phoenix: Mysterious Visions and Secrets in the American Southwest.* Adventures Unlimited Press, Kempton, Illinois, 2008.

DICK, S. J.: «Comment: Don't expect ET to look like us». *New Scientist,* 198(2658), 2008, p. 21.

EIBERG, H.; TROELSEN, J.; NIELSEN, M.; ANNEMETTE, M.; MENGEL-FROM, J.; KJAER, K. W. y HANSEN, L.: «Blue eye color in humans may be caused by a perfectly associated founder mutation in a regulatory element located within the HERC2 gene inhibiting OCA2 expression». *Human Genetics,* 123(2), 2008, pp. 177-187.

«Eridanus (constellation)», *Wikipedia.* 29 de enero de 2019. *Wikipedia.org*

FOSTER, B. R.: *Before the Muses: An Anthology of Akkadian Literature.* CDL Press, Baltimore, Maryland, 2005.

FRITZ, K. VON: «Herodotus and the growth of Greek historiography». *Transactions and Proceedings of the American Philological Association,* 67, 1936, p. 315.

GARRARD, A.; BAIRD, D.; COLLEDGE, L. M. y WRIGHT, K.: «Prehistoric environment and settlement in the Azraq Basin: An interim report on the 1987 and 1988 excavation seasons». *Levant,* 26(1), 1991,pp. 73-109.

GRIGGS, J.: «Time for SETI to start listening for alien conversations». *New Scientist,* 200(2680), 2008, p. 14.

HANCOCK, G.: *Fingerprints of the Gods.* Crown, 1996. (Trad. cast.: *Las huellas de los dioses.* Editorial Folio: Madrid, 2000).

—: *Fingerprints of the Gods: The Evidence of Earth's Lost Civilization.* MJF Books, Nueva York, 2011.

HANCOCK, G. y BAUVAL, R.: *The Message of the Sphinx: A Quest for the Hidden Legacy of Mankind.* Doubleday Canada, Toronto, 1997. (Trad. cast.: *Guardián del Génesis: La búsqueda del legado oculto de la humanidad.* Editorial Planeta/Seix Barral: Barcelona, 1997).

HECHT, J.: «Modern optics may make optical SETI practical». *Laser Focus World,* 32(7), julio 1996.

KALER, J.: «Cursa». Enif. *stars.astro.illinois.edu.*

KING, L. W. (trad.): «The Code of Hammurabi». The Avalon Project – Laws of War: Laws and Customs of War on Land (Hague IV); 18 octubre 1907. Accedido el 12 de mayo de 2018. *Avalon.law.yale.edu*

KOTZE, Z.: «The evil eye of Sumerian deities». *Asian and African Studies,* 26(1), s.f., pp. 102-115.

KOVACS, M. G.: *The Epic of Gilgamesh.* Stanford University Press, Stanford, California, 2004.

KRAMER, S. N.: *History Begins at Sumer.* University of Pennsylvania Press, Filadelfia, 1988. (Trad. cast.: *La historia empieza en Sumer.* Orbis: Barcelona, 1985).

—: *The Sumerians: Their History, Culture, and Character.* University of Chicago Press, Chicago, 1963.

KRASNER, B.: *Ancient Mesopotamian Daily Life.* Rosen Publishing, Nueva York, 2016.

KRUEGER, D.: *Symeon the Holy Fool: Leontius's Life and the Late Antique City.* University of California Press, Berkeley, 1996.

KULIK, A.: *3 Baruch: Greek-Slavonic Apocalypse of Baruch.* De Gruyter, Berlín, 2009.

KUNITZSCH, P. y SMART, T.: *A Dictionray of Modern Star Names: A Short Guide to 254 Star Names and Their Derivations.* Sky Pub., Cambridge, Massachusetts, 2006.

LEAKEY, R. E. F.: «Early *Homo sapiens* remains from the Omo River region of South-west Ethiopia: Faunal remains from the Omo Valley». *Nature,* 222(5199), 1969, pp. 1132-1133.

Lenzi, A.: «Advertising secrecy, creating power in ancient Mesopotamia: How scholars used secrecy in scribal education to bolster and perpetuate their social prestige and power». *Antiguo Oriente,* 11, 2013, pp. 13-41.

Lexham Press: Accedido el 19 de diciembre de 2018. *lexhampress.com*

Lieder, N.: Pole shift in 2003 date. *www.zetatalk.com*

Linenthal, E.: «Committing history in public». *The Journal of American History,* 81(3), diciembre de 1994, p. 986.

Livengood, J. M.: «On causal inferences in the humanities and social sciences: Actual causation». Tesis doctoral, Universidad de Pittsburgh, 2011.

«Localização», Museu Nacional-UFRJ. Accedido el 29 de septiembre de 2018. *www.museunacional.ufrj.br*

Lynn, H.: *The Sumerian Controversy.* Vol. 1. Midnight Crescent Publishing, Cleveland, Ohio, 2013.

Malina, B. J. y Pilch, J. J.: *Social-Science Commentary on the Book of Revelation.* Fortress Press, Minneapolis, 2000.

McDonough, T. R.: *The Search for Extraterrestrial Intelligence: Listening for Life in the Cosmos.* Wiley, Nueva York, 1987.

McKenna, D.: «Dr. Dennis J. McKenna–Is DMT a chemical messenger from an extraterrestrial civilization?». Ponencia, Entheogenic Plant Sentience – Private Symposium, Tiringham Hall, Milton Keynes, 2017.

Melvin, D. P.: «Divine mediation and the rise of civilization in Mesopotamian literature and in Genesis 1-11». *Journal of Hebrew Scriptures,* 10, 2010.

Michalowski, P.: «The unbearable lightness of Enlil». *Intellectual Life of the Ancient Near East: Ponencias presentadas en el 43.º Rencontre Assyriologique Internationale, Praga,* 1 de julio de 1996, pp. 237-247.

—: *The Lamentation over the Destruction of Sumer and Ur.* Eisenbrauns, Winona Lake, Indiana, 1989.

Moore, S.: «Baron Lorne Thyssen-Bornemisza De Kászon: April Apollo». *Apollo Magazine.* 11 de mayo de 2014. Accedido el 27 de mayo de 2014. *www.apollo-magazine.com*

«Mul-Apin 1», Ancient Mesopotamian Gods and Goddesses. *oracc.museum.upenn.edu*

Neumann, F. L.; Marcuse, H.; Kirchheimer, O. y Laudani, R.: *Secret Reports on Nazi Germany: The Frankfurt School Contribution to the War Effort.* Princeton University Press, Princeton, Nueva Jersey, 2013.

«Ninurta's Return to Nibiru», ETCSL Translation: T.1.6.1. Accedido el 7 de agosto de 2018. *etcsl.orinst.ox.ac.uk*

Nowicki, S.: «Menu of the gods. Mesopotamian supernatural powers and their nourishment, with reference to selected literary sources». *Archiv Orientalni,* 82(2), 2014, 211-II-409.

O'Brien, C. A. E.: *The Genius of the Few: The Story of Those Who Founded the Garden of Eden*. Edición de Barbara Joy O'Brien. Borgo Press, San Bernardino, California, 1989.

Ossendrijver, M.: «Ancient Babylonian astronomers calculated Jupiter's position from the area under a time-velocity graph». *Science*, 351(6272), 2016, pp.482-484.

Paulose, A.: «Adam and Eve: An adaptation». *Lehigh Preserve*, 20(2), 2012, pp. 55-63.

Payne, S.: *Viruses: From Understanding to Investigation*. Elsevier Science Publishing, 2017.

«The Pennsylvania Sumerian Dictionary», University of Pennsylvania Museum of Anthropology and Archaeology. *psd.museum.upenn.edu*

Peters, J.; Schmidt, K.; Dietrich, O. y Pöllath, N.: «Göbekli Tepe: Agriculture and domestication». *Encyclopedia of Global Archaeology*, 2014, pp. 3065-3068.

Peters, T.: *Science, Theology, and Ethics*. Taylor and Francis, Milton Park, Abingdon, Inglaterra, 2017.

«Phoenix (constellation)». *Wikipedia*. 19 de febrero de 2019. *Wikipedia.org*

Pickover, C. A.: *Sex, Drugs, Einstein & Elves: Sushi, Psychedelics, Parallel Universes, and the Quest for Transcendence*. Smart Publications, Petaluma, California, 2005.

Platón, y Piest, O.: *Timaeus*. Liberal Arts Press, Nueva York, 1959.

Popova, O. P.; Jenniskens, P.; Emelyanenko, V.; Kartashova, A.; Biryukov, E.; Khaibrakhmanov, S.; Shuvalov, V.; Rybnov, Y.; Dudonov, A.; Grokhovsky, V. I.; Badyukov, D. D.; Yin, Q.-Z.; Gural, P. S.; Albers, J.; Granvik, M.; Evers, L. G.; Kuiper, J.; Kharlamov, V.; Solovyov, A.; Rusakov, Y. S.; Korotkiy, S.; Serdyuk, I.; Korochantsev, A. V.; Larionov, M. Y.; Glazachev, D.; Sanborn, M. E.; Yamakawa, A.; Verosub, K. L.; Rowland, D. J.; Roeske, S.; Botto, N. W.; Friedrich, J. M.; Zolensky, M. E.; Le, L.; Ross, D.; Ziegler, K.; Nakamura, T.; Ahn, I.; Lee, J. I.; Zhou, Q.; Li, X.-H.; Li, Q.-L.; Liu, Y.; Tang, G.-Q.; Hiroi, T.; Sears, D.; Weinstein, I. A.; Vokhmintsev, A. S.; Ishchenko, A. V.; Schmitt-Kopplin, P.; Hertkorn, N.; Nagao, K.; Haba, M. K.; Komatsu, M. y Mikouchi, T.: «Chelyabinsk airburst, damage assessment, meteorite recovery, and characterization». *Science*, 342(6162), 2013, pp. 1069-1073.

Porada, E. y Moortgat, A.: «Vorderasiatische rollsiegel. Ein beirag zur geschichte der steinschneidekunst». *Journal of the American Oriental Society*, 61(2), 1941, p. 107.

Praetorius, D.: «Scientist: We may have 2 Suns by 2012». *The Huffington Post*. 25 de mayo de 2011. *huffingtonpost.com*

REYMOND, E. A. E.: *The Mythical Origin of the Egyptian Temple.* Manchester University Press, Manchester, Inglaterra, 1969.

ROGERS, T.: «Heir to the Holocaust». *Clamor,* mayo/junio de 2002.

SALLA, M.: «An exopolitical perspective on the preemptive war against Iraq». *www.exopolitics.org,* 3 de febrero de 2003.

SANTILLANA, G. DE; DECHEND, H. VON y ALOU, D.: *El molino de Hamlet: Los orígenes del conocimiento humano y su transmisión a través del mito.* Sexto Piso, México D. F., 2015.

SAPIR, E.: «The status of linguistics as a science». *Language,* 5(4), 1929, p. 207.

SCHMIDT, G. A. y FRANK, A.: «The Silurian Hypothesis: Would it be possible to detect an industrial civilization in the geological record?», *International Journal of Astrobiology,* 2018, pp. 1-9.

SETI INSTITUTE. «Mission». Accedido el 19 de diciembre de 2018. *www.seti.org*

SHEPARD, L.: *Encyclopedia of Occultism and Parapsychology: A Compendium of Information on the Occult Sciences, Magic, Demonology… with Biographical and Bibliographical Notes and Comprehensive Indexes.* Gale, Detroit, Michigan, 1982.

SITCHIN, Z.: *The Cosmic Code: Book VI of the Earth Chronicles.* Harper, Nueva York, 2007. (Trad. cast.: *El código cósmico.* Ediciones Obelisco: Barcelona, 2005).

—: *The 12th Planet.* Ishi Press International, Bronx, Nueva York, 2016. (Trad. cast.: *El 12.º planeta.* Ediciones Obelisco: Barcelona, 2006).

STANFORD, J. D.; HEMINGWAY, R.; ROHLING, E. J.; CHALLENOR, P. G.; MEDINA-LIZALDE, M. y LESTER, A. J.: «Sea-level probability for the last deglaciation: A statistical analysis of Farfield Records». *Global and Planetary Change,* 79(3-4), 2011, pp. 193-203.

STEELE, E.; AL-MUFTI, S.; AUGUSTYN, K. A.; CHANDRAJITH, R.; COGHLAN, J. P.; COULSON, S. G.; GHOSH, S.; GILLMAN, M.; GORCZYNSKI, R. M.; KLYCE, B.; LOUIS, G.; MAHANAMA, K.; OLIVER, K. R.; PADRÓN, J.; QU, J.; SCHUSTER, J. A.; SMITH, W. E.; SNYDER, D. P.; STEELE, J. A.; STEWART, B. J.; TEMPLE, R.; TOKORO, G.; TOUT, C. A.; UNZICKER, A.; WAINWRIGHT, M.; WALLIS, J.; WALLIS, D. H.; WALLIS, M. K.; WETHERALL, J.; WICKRAMASINGHE, D. T.; WICKRAMASINGHE, J. T.; WICKRAMASINGHE, N. C. y LIU, Y.: «Cause of Cambrian Explosion–Terrestrial or cosmic?». *Progress in Biophysics and Molecular Biology,* 136, 2018, pp. 3-23.

«Story (n.1)» Etymonline. Accedido el 26 de septiembre de 2018. *www.etymonline.com*

STRASSMAN, R.: *DMT: The Spirit Molecule.* Park Street Press, Rochester, VT, 2001.

TEAL, E.: «Medicine and doctoring in ancient Mesopotamia». *Grand Valley Journal of History,* 3(1), octubre de 2014. *scholarworks.gvsu.edu*

Tinney, S.: *The Nippur Lament: Royal Rhetoric and Divine Legitimation in the Reign of Isme-Dagan of Isin (1953-1935 B.C)*. Samuel Noah Kramer Fund, Filadelfia, 1996.

Trigger, B. G.: *Understanding Early Civilizations: A Comparative Study*. Cambridge University Press, Cambridge, Inglaterra, 2010.

«Ubaid Period», *Wikipedia*. 14 de enero de 2019. *Wikipedia.org*

«URAP 2013 Report Ur Region Archaeology Project». *URAP 2013 Report Ur Region Archaeology Project*. Manchester, Inglaterra, 2013.

U.S. Department of Commerce, and National Oceanic and Atmospheric Administration. «How much of the ocean have we explored?» NOAA's National Ocean Service. 1 de enero de 2009. Accedido el 5 de enero de 2019. *ocean-service.noaa.gov*

Wazana, N.: «Anzu and Ziz: Great mythical birds in ancient Near Eastern, Biblical and Rabbinic traditions». *Journal of the Ancient Near Eastern Society*, 31, 2009, pp. 111-135.

Weinstein-Evron, M. e Ilani, S.: «Provenance of ochre in the Natufian layers of El-Wad Cave, Mount Carmel, Israel». *Journal of Archaeological Science*, 21(4), 1994, pp. 461-467.

Willgress, L.: «Prince Charles and Camilla avoid eating garlic to stop them "stinking" during engagements». *The Telegraph*. 27 de septiembre de 2016. Accedido el 12 de agosto de 2018. *www.telegraph.co.uk*

Wrangham, R.: *Catching Fire: How cooking made us human*. Basic Books, Nueva York, 2010. (Trad. cast.: *En llamas: Cómo la cocina nos hizo humanos*. Editorial Capitán Swing: Madrid, 2019).

Zaitsev, A. L.: «Sending and searching for interstelar messages». *Acta Astronautica*, 63(4-5), 2008, pp. 614-617.

Ziskind, J. R.: «The Sumerian Problem». *The History Teacher*, 5(2), 1972, p. 34.

Acerca de la autora

LA DOCTORA HEATHER LYNN es una escritora, historiadora y renegada de la arqueología que intenta descubrir la verdad oculta tras los misterios de la antigüedad. Tras obtener un grado en arqueología, prosiguió sus estudios en antropología e historia, obteniendo un máster universitario en historia. En su tesis examinó la intersección de la desigualdad de clases, la cultura del consumismo, la propaganda y la educación pública en la incipiente Europa moderna. Finalmente, obtendría su doctorado en educación en la Universidad de Nueva Inglaterra. Incansable en el estudio, tiene también un certificado en osteoarqueología humana por la Universidad de Leiden y otro en arqueoastronomía por el Politécnico de Milán.

Lynn es miembro de organizaciones profesionales prestigiosas como la Asociación Histórica Americana, la Sociedad para la Arqueología Histórica, la Asociación de Historiadores de la Antigüedad y el Congreso Mundial Arqueológico. En sus investigaciones ha indagado en historia oculta, misterios de la antigüedad, mitología, folklore, lo oculto, el simbolismo, el paleocontacto y la consciencia. Además de sus apariciones regulares en programas de radio como *Coast to Coast AM,* Lynn ha trabajado como asesora histórica en diversos programas de televisión, como *Alienígenas ancestrales,* y ha ofrecido conferencias y ponencias en multitud de eventos. Tiene un programa propio, titulado *Digging Deeper* [Excavando más profundo], que está disponible en YouTube, iTunes, TuneIn, Stitcher y Spotify.

Puedes visitar su página web en *www.drheatherlynn.com*

Índice